Georg Henrik von Wright
Erklären und Verstehen

W0065708

Georg Henrik von Wright

Erklären und Verstehen

Aus dem Englischen
von Günther Grewendorf und Georg Meggle

Athenäum Fischer Taschenbuch Verlag

Athenäum Fischer Taschenbuch Verlag GmbH & Co., Frankfurt am Main
Alle Rechte vorbehalten
© 1974 by Athenäum Verlag GmbH, Frankfurt am Main
Die Originalausgabe dieses Werks erschien unter dem Titel
Explanation and Understanding bei *Cornell University Press,
Ithaca, New York 1971*
Umschlagentwurf Endrikat + Wenn
Satzherstellung Gutfreund & Sohn, Darmstadt
Druck und Bindearbeit Clausen & Bosse, Leck (Schleswig)
Printed in Germany
ISBN 3-8072-1002-4

»... und tiefer als der Tag gedacht ...«
NIETZSCHE, *Zarathustra*

Für Norman Malcolm

Inhaltsverzeichnis

II. Kausalität und kausale Erklärung

III. Intentionalität und teleologische Erklärung

IV. Erklärung in den Geschichts- und Sozialwissenschaften

Vorwort

Dieses Buch entwuchs meinem Interesse an der Handlungstheorie, welches selbst wiederum auf mein Interesse an Normen und Werten zurückgeht. Was mich zunächst interessierte, waren die formal-logischen Aspekte von Handlungsbegriffen. Das war ein Gebiet, in dem bislang nur wenig getan worden war, dessen Klärung jedoch notwendig erschien, wenn die »deontische Logik« je festen Boden unter den Füßen gewinnen sollte. Von der Logik der Handlung verlagerte sich mein Interesse auf die Erklärung von Handlung. Mein Denken ist stark beeinflußt worden durch Charles Taylors Buch *The Explanation of Behavior*. Dieses Buch hat mir klargemacht, wie fundamental der traditionelle Problemkomplex nicht nur der Wissenschaftstheorie, sondern auch der Philosophie im allgemeinen von Erklärungsfragen betroffen ist. Aus einer Untersuchung über Handlungen wurde so schließlich ein Beitrag zu dem traditionellen Problem, welche Beziehung zwischen Naturwissenschaften und Humanwissenschaften besteht.

Die hier diskutierten Fragen sind kontrovers, sie waren Gegenstand zahlreicher Debatten, und sie sind außerordentlich komplex. Nie zuvor habe ich so intensiv die Gefahr von Mißverständnissen selbst auf der terminologischen Ebene gespürt. Was ein Autor wirklich meint, dürfte kaum klar werden, wenn man sich nur auf den Wortlaut einiger weniger von ihm vorgetragener und verteidigter Thesen stützt. So könnte man z. B. sagen, es ginge mir darum, eine Auffassung zu verteidigen, nach der menschliche Handlungen *keine* Ursachen haben *können*. Nun wird jedoch von vielen früheren wie zeitgenössischen Autoren die Ansicht vertreten, daß Handlungen verursacht sein *können*. Unterscheide ich mich tatsächlich von ihren Auffassungen? Nicht notwendig. Denn diejenigen, die die Auffassung vertreten, daß Handlungen Ursachen haben, verwenden »Ursache« oft in einem viel weiteren Sinne als ich es tue, wenn ich dies bestreite. Oder sie verstehen vielleicht unter »Handlung« etwas anderes. Es kann also sehr gut sein, daß »Handlungen« in ihrem Sinne »Ursachen« in meinem Sinne haben oder daß »Handlungen« in meinem Sinne »Ursachen« in ihrem Sinne haben. Ich bestehe nicht darauf, daß – bezogen auf den normalen Sprachgebrauch – mein eigener Sprachgebrauch besser oder natürlicher ist.

Zugleich wäre es ganz verkehrt, zu glauben, daß der Unterschied zwischen diesen Auffassungen ein rein terminologischer ist, wenn das

14

soviel heißen soll wie, daß eine völlige Klärung der Begriffe zu einer völligen inhaltlichen Übereinstimmung führen muß. Bei der Klärung der Bedeutung werden neue Begriffe verwendet werden, die nicht weniger kontrovers sind als »Ursache« und »Handlung«. Je nachdem, ob man für oder gegen die Auffassung ist, daß Handlungen Ursachen haben können, wird man »Ursache« und »Handlung« mit diesen neuen Begriffen wahrscheinlich anders verbinden. Unterschiede, die der eine betont, werden vom andern eher verwischt oder übersehen. Der »Kausalist« wird vielleicht Intentionen, Motive und Gründe mit Ursachen verknüpfen, und Handlungen mit Ereignissen. Der »Aktionist« hingegen gruppiert die Begriffe in anderer Weise: Motive und Gründe mit Handlungen und Ereignisse mit Ursachen – und zwischen den beiden Gruppen zieht er eine scharfe Grenze. Ersterer wird Experimenten keine entscheidende Funktion bei der Bildung des *Begriffs* »Ursache« zugestehen wollen. Oder er wird zumindest nicht zugestehen wollen, daß – da Experimentieren ein bestimmter Modus von Handlungen ist – der Begriff der Handlung für den der Verursachung grundlegend ist. Mit anderen Worten, der »Kausalist« und der »Aktionist« knüpfen das Begriffsnetz, durch das sie die Welt sehen, verschieden – und dementsprechend sehen sie auch die Welt verschieden. Historisch gesehen verbinden sich ihre »Weltanschauungen« mit den zwei Traditionen des Denkens, die ich in Kapitel I zu beschreiben und zu differenzieren versuche.

Bei den ersten drei Kapiteln dieses Buches handelte es sich ursprünglich um unabhängige Essays. Man kann auch jetzt noch sagen, daß es sich um relativ eigenständige Komplexe handelt. Das vierte Kapitel ist jedoch weitgehend eine Skizze, die zeigen soll, wie die in Kapitel II und III abstrakt diskutierten Erklärungsmuster zu explikativen Zwecken in der Geschichtsschreibung und in den Sozialwissenschaften angewandt werden können.

Vorläufige Fassungen des zweiten und dritten Kapitels wurden seit 1965 verschiedenen akademischen Hörerkreisen vorgetragen. Ich bin dankbar für die Kritik und die Anregung, die ich von meinen Zuhörern empfangen habe und die der Weiterentwicklung meiner Ideen dienten. Die erste zusammenfassende Darstellung des in diesem Buch enthaltenen Materials trug ich in meinen Tarner Lectures in Cambridge im Herbst 1969 vor. Dem Council of Trinity College, Cambridge, möchte ich für diese Einladung danken. Ohne diesen Anstoß von außen wären die Ergebnisse meiner Untersuchungen in diesem Bereich nicht zur Form eines Buches gediehen. Auszüge aus einer endgültigeren Fassung des Manuskripts habe ich in öffentlichen Vorlesungen in Cornell im Frühjahr 1970 vorgetragen. Sehr zu Dank verpflichtet bin ich dem Direktor des *Andrew D. White Professors-at-Large Programms* und dem Hauptherausgeber der *Contemporary Philosophy series*, Professor Max Black, für die günstigen Bedingungen, die für die Fertigstellung und die Publikation meiner Arbeit wesentlich waren.

Georg Henrik von Wright

I

Zwei Traditionen

1. Man kann sagen, daß wissenschaftliche Forschung, sieht man sie unter einer sehr weit gefaßten Perspektive, zwei Hauptaspekte aufweist. Der eine besteht in der Feststellung und Entdeckung von Tatsachen, der andere in der Kontruktion von Hypothesen und Theorien. Diese beiden Aspekte wissenschaftlicher Tätigkeit werden manchmal als *deskriptive* und *theoretische* Wissenschaft bezeichnet.

Theorienbildung, so kann man sagen, dient zwei Hauptzwecken. Der eine besteht darin, das Vorkommen von Ereignissen oder Ergebnissen von Experimenten *vorauszusagen* und so neue Tatsachen zu antizipieren. Der andere besteht darin, bereits bekannte Tatsachen zu *erklären* oder verständlich zu machen.

Diese Einteilungen sind für eine erste Annäherung brauchbar, sie dürfen jedoch nicht zu streng gefaßt werden. Die Entdeckung und Beschreibung von Tatsachen läßt sich von einer Theorie über sie begrifflich nicht immer trennen und ist oft ein wichtiger Schritt zu einem Verständnis ihrer Natur[1]. Voraussage und Erklärung wiederum werden manchmal als grundsätzlich identische Prozesse wissenschaftlichen Denkens angesehen – die sich sozusagen lediglich in der Zeitperspektive unterscheiden[2]. Die Voraussage richtet ihren Blick von der Gegenwart auf die Zukunft, die Erklärung richtet ihren Blick von der Gegenwart auf die Vergangenheit. Doch, so wird behauptet, die Glieder der Voraussage- und Erklärungsrelationen gleichen sich und ebenso die Beziehung, die zwischen ihnen besteht. Erstere bestehen aus bestimmten Tatsachen, die letztere ist ein Gesetz. Diese Konzeption von Voraussage und Erklärung kann jedoch kritisiert werden[3]. Sie kritisieren heißt die Rolle allgemeiner Gesetze in wissenschaftlichen Erklärungen in Frage stellen und das Problem aufwerfen, ob Theorienbildung in Naturwissenschaften im wesentlichen dasselbe Unternehmen ist wie Theorienbildung in den human- und sozialwissenschaftlichen Disziplinen.

Ein Teil der Probleme, die mit der gegenseitigen Beziehung der eben erwähnten verschiedenartigen Begriffe – Beschreibung, Erklärung, Voraussage und Theorie – zusammenhängen, läßt sich am besten im Lichte der Geistesgeschichte betrachten.

Ideengeschichtlich lassen sich zwei Haupttraditionen unterscheiden, deren Unterschied die Bedingungen betrifft, die eine Erklärung zu erfüllen hat, um als wissenschaftlich zu gelten. Die eine Tradition wird manchmal die *aristotelische*, die andere die *galileische* genannt[4]. Die Namen legen nahe, daß die erstere geistesgeschichtlich bis in die Antike zurückgeht, während die letztere relativ jüngeren Ursprungs ist. Daran ist zwar etwas Wahres, es sollte jedoch mit einiger Vorsicht aufgenommen werden. Was ich hier die galileische Tradition nenne, läßt sich bis zu Platon, also über Aristoteles hinaus, zurückverfolgen[5]. Man sollte sich ferner vor dem Glauben hüten, daß die aristotelische Tradition heute nur noch die schwindenden Relikte obsoleter Elemente repräsentiert, von denen die Wissenschaft langsam aber sicher »befreit« wird.

Was die Auffassungen von wissenschaftlicher Erklärung betrifft, so wird der Gegensatz zwischen den beiden Traditionen gewöhnlich als kausale *versus* teleologische Erklärung charakterisiert[6]. Der erstere Erklärungstyp wird auch mechanistisch[7], der letztere finalistisch genannt. Die galileische Tradition in der Wissenschaft verläuft parallel zu der Ausbreitung des kausal-mechanistischen Standpunktes in den Bemühungen des Menschen, Phänomene zu erklären und vorauszusagen; die aristotelische Tradition verläuft parallel zu seinen Bemühungen, Tatsachen teleologisch und finalistisch verstehbar zu machen.

Ich werde nicht versuchen, die Entwicklung der beiden Traditionen von ihren Anfängen an zu umreißen. Ich versuche auch nicht, ihre jeweilige Bedeutung für den Fortschritt der Wissenschaft zu beurteilen. Ich werde meine *aperçuhafte* Darstellung zeitlich auf die Ära ungefähr von Mitte des neunzehnten Jahrhunderts an bis heute – mit Schwerpunkt auf jüngere Entwicklungen – beschränken. Ich werde den Bereich meiner Darstellungen ferner auf die Methodologie beschränken, worunter ich die Philosophie der wissenschaftlichen Methode verstehe.

2. Das große Erwachen bzw. die große Revolution in den Naturwissenschaften z. Z. der Spätrenaissance und des Barock fand in der systematischen Erforschung des Menschen, seiner Geschichte, seiner Sprachen, Sitten und sozialen Institutionen eine gewisse Parallele im neunzehnten Jahrhundert. Die Arbeiten von Ranke und Mommsen auf dem Gebiet der Geschichtsschreibung, von Wilhelm von Humboldt, Rasmus Rask und Jacob Grimm in der Sprachwissenschaft und Philologie, von Tylor in der Sozialanthropologie, entsprechen den zwei oder drei Jahrhunderte früher erbrachten Leistungen von Kopernikus und Kepler in der Astronomie, von Galilei und Newton in der Physik oder von Vesalius und Harvey auf dem Gebiet der Anatomie und Physiologie.

Da sich die Naturwissenschaften im Geistesleben bereits etabliert hatten und die Human»wissenschaften« mit ihren wissenschaftlichen Ambitionen Neulinge waren, war es nur natürlich, daß eine der zentralen Streitfragen der Methodologie und Wissenschaftstheorie des neunzehnten Jahrhunderts die Beziehung zwischen diesen beiden Hauptzweigen empirischer Forschung betraf. Die Hauptpositionen in dieser Kontroverse lassen sich den hier unterschiedenen zwei Haupttraditionen methodologischen Denkens zuordnen.

Eine Position ist die am typischsten von Auguste Comte und John Stuart Mill repräsentierte Wissenschaftstheorie. Sie wird gewöhnlich *Positivismus* genannt. Der Name wurde von Comte geprägt, paßt aber – mit der entsprechenden Vorsicht verwendet – ebenso für die Position Mills[8] sowie für eine gesamte Geistestradition, die von Comte und Mill nicht nur bis in die heutige Zeit, sondern ebenso zurück bis Hume und die Philosophie der Aufklärung reicht.

Eine der Grundannahmen des Positivismus[9] ist der *methodologische Monismus* bzw. die Idee von der Einheit der wissenschaftlichen Methode inmitten der Verschiedenartigkeit des Gegenstandes wissenschaftlicher Untersuchungen[10]. Eine zweite Grundannahme besteht in der Ansicht, daß die exakten Naturwissenschaften, insbesondere die mathematische Physik, ein methodologisches Ideal bzw. einen methodologischen Standard setzen, an dem der Entwicklungs- und Perfektionsstand aller anderen Wissenschaften, einschließlich der Humanwissenschaften, zu messen sei[11]. Eine dritte Grundannahme ist schließlich eine charakteristische Auffassung von wissenschaftlicher Erklärung[12]. Solche Erklärung ist, in einem weiten Sinne, »kausal«[13]. Sie besteht konkreter gesagt in der Subsumption individueller Sachverhalte unter hypothetisch angenommene allgemeine Naturgesetze[14], einschließlich Gesetze der »menschlichen Natur«[15]. Finalistische Erklärungen, d. h. Versuche, Tatsachen mit Hilfe von Intentionen, Zielen und Zwecken zu erklären, werden entweder als unwissenschaftlich abgelehnt oder es wird zu zeigen versucht, daß sie bei entsprechender Eliminierung »animistischer« oder »vitalistischer« Relikte in Kausalerklärungen transformiert werden können[16].

Durch seine Betonung der methodischen Einheit, des mathematischen Idealtypus einer Wissenschaft sowie der Bedeutung allgemeiner Gesetze für Erklärungen steht der Positivismus ideengeschichtlich in jener größeren und verzweigteren Tradition, die ich die galileische genannt habe[17].

3. Eine andere Position in der Frage der Beziehung zwischen Natur- und Humanwissenschaften war eine Reaktion gegen den Positivismus. Die antipositivistische Wissenschaftstheorie, die gegen Ende des neun-

zehnten Jahrhunderts populär wurde, ist ein wesentlich variations-
reicherer und heterogenerer Trend als der Positivismus. Die Bezeichnung
»Idealismus«, die manchmal zu seiner Charakterisierung verwendet
wird, paßt lediglich auf einige Aspekte dieses Trends. Ein besserer
Name scheint mir *Hermeneutik* zu sein. (Siehe unten S. 38 ff.) Zu Repräsentanten dieses Denktyps gehörten einige bedeutende deutsche
Philosophen, Historiker und Sozialwissenschaftler. Die bekanntesten
sind vielleicht Droysen, Dilthey, Simmel und Max Weber. Windelband
und Rickert von der neo-kantianischen Südwestdeutschen Schule gehören in ihren Umkreis. Den Italiener Croce und den bedeutenden
englischen Geschichts- und Kunstphilosophen Collingwood kann man
zum idealistischen Flügel dieses antipositivistischen Trends in der
Methodologie rechnen.

Alle diese Denker verwerfen den methodologischen Monismus des
Positivismus und lehnen es ab, das von den exakten Naturwissenschaften vorgegebene Muster als das einzige und höchste Ideal eines rationalen Realitätsverständnisses anzusehen. Viele von ihnen verweisen
mit Nachdruck auf einen Gegensatz zwischen jenen Wissenschaften,
die wie die Physik, Chemie oder Physiologie auf Generalisierungen
über reproduzierbare und prognostizierbare Phänomene abzielen, und
jenen, die wie die Geschichtswissenschaft die individuellen und spezifischen Merkmale ihrer Gegenstände erfassen wollen. Windelband
prägte die Bezeichnung »nomothetisch« für Wissenschaften, die auf
der Suche nach Gesetzen sind, und »ideographisch« für die deskriptive
Untersuchung von Individualität[18].

Die Antipositivisten griffen ebenfalls die positivistische Auffassung
von Erklärung an. Der deutsche Historiker und Philosoph Droysen
hat wohl als erster eine methodologische Dichotomie eingeführt, die
großen Einfluß gehabt hat. Er prägte dafür die Namen *Erklären*
und *Verstehen*[19]. Das Ziel der Naturwissenschaften, so sagte er, liegt
im Erklären; das Ziel der »Historik« ist es, die in ihren Bereich fallen-
den Phänomene zu verstehen. Diese methodologischen Ideen wurden
dann von Wilhelm Dilthey systematisch ausgearbeitet[20]. Er verwandte für den gesamten Bereich der Methode des Verstehens die Bezeichnung *Geisteswissenschaften*. Es sollte vielleicht erwähnt werden,
daß dieser Begriff ursprünglich für eine Übersetzung des englischen
»moral science« geprägt wurde[21].

Der normale Sprachgebrauch macht keinen scharfen Unterschied
zwischen den Wörtern »erklären« und »verstehen«. Man kann praktisch von jeder Erklärung, sei sie kausal, teleologisch oder von irgendeiner anderen Art, sagen, daß sie unser Verstehen fördert. Allerdings
hat »Verstehen« auch einen psychologischen Beiklang, den »Erklären«
nicht hat. Dieses psychologische Merkmal wurde von mehreren

antipositivistischen Methodologen des neunzehnten Jahrhunderts besonders hervorgehoben, am eindringlichsten vielleicht von Simmel, der der Ansicht war, daß Verstehen als eine für die Geisteswissenschaften charakteristische Methode eine Form von *Einfühlung* oder innerem Nachvollzug der geistigen Atmosphäre ist, d. h. der Gedanken, Gefühle und Motivationen, kurz der Gegenstände, die der Geisteswissenschaftler untersucht[22].

Es ist jedoch nicht nur dieser psychologische Anstrich, wodurch sich das Verstehen vom Erklären unterscheiden läßt. Verstehen hängt auch mit *Intentionalität* zusammen, und zwar in einer Weise, in der dies für Erklären nicht gilt. Man versteht die Ziele und Absichten eines Handelnden, die Bedeutung eines Zeichens oder Symbols und den tieferen Sinn einer sozialen Institution oder eines religiösen Ritus. Diese intentionalistische oder, wie man sie vielleicht ebenfalls nennen könnte, semantische Dimension des Verstehens trat in der jüngeren methodologischen Diskussion immer mehr in den Vordergrund (vgl. unten, Abschn. 10).[23]

Akzeptiert man eine fundamentale methodologische Trennung zwischen den Naturwissenschaften und den historischen Geisteswissenschaften, so wird sofort die Frage auftauchen, wo die Sozial- und Verhaltenswissenschaften stehen. Diese Wissenschaften entstanden zum Großteil unter dem Einfluß eines wechselseitigen Drucks der positivistischen und antipositivistischen Tendenzen im letzten Jahrhundert. Es ist daher nicht überraschend, daß sie zum Austragungsort für den Konflikt zwischen den beiden entgegengesetzten Strömungen in der Philosophie der wissenschaftlichen Methode geworden sind. Die Anwendung mathematischer Methoden auf die politische Ökonomie und andere Formen sozialwissenschaftlicher Untersuchung war ein Erbe der Aufklärung des achtzehnten Jahrhunderts, das von den Positivisten des neunzehnten Jahrhunderts bereitwillig aufgegriffen wurde. Comte selbst prägte für die wissenschaftliche Untersuchung der menschlichen Gesellschaft die Bezeichnung »Soziologie«[24]. Von den zwei großen Soziologen der Jahrhundertwende war Emile Durkheim, was seine Methodologie betrifft, im wesentlichen ein Positivist[25], während bei Max Weber ein positivistischer Anstrich mit teleologischen Akzenten (»*zweckrationales Handeln*«) und einer Hervorhebung einfühlenden Verstehens (»*verstehende Soziologie*«) kombiniert ist[26].

4. Hegel und Marx sind zwei große Philosophen des vergangenen Jahrhunderts, die nicht zuletzt auf methodologische Denkweisen einen starken und bleibenden Einfluß hatten, der jedoch in bezug auf den Positivismus des neunzehnten Jahrhunderts bzw. die Reaktionen gegen

den Positivismus schwer einzuordnen ist[27]. Die Hegelschen und Marxschen Ansichten zur Methode legen starken Nachdruck auf Gesetze, universelle Gültigkeit und Notwendigkeit[28]. Darin gleichen sie, zumindest oberflächlich, dem positivistischen, (natur-)wissenschaftlich orientierten Trend. Doch die Vorstellung von Gesetzen, die sich in den Schriften von Hegel und Marx findet, wenn sie beispielsweise den historischen Prozeß diskutieren, unterscheidet sich stark von der Gesetzeskonzeption, die (»galileischen«) Kausalerklärungen zugrunde liegt. Ebenso ist das dialektische Schema der Entwicklung durch These, Antithese und Synthese kein *kausal*(istisch)*es* Denkmuster[29]. Die Hegelschen und Marxschen Konzeptionen von Gesetz und Entwicklung kommen dem näher, was wir Muster begrifflicher oder logischer Verknüpfungen nennen würden[30]. In dieser Hinsicht gleichen sie den methodologischen Ideen eines intentionalistischen und teleologischen Typs, wie sie von antipositivistischen Philosophen wie Croce und Collingwood entwickelt wurden, die beide vom Hegelianismus beeinflußt waren.

Hegel hielt sich selbst für einen Jünger des Aristoteles[31]. Im Gegensatz zu Aristoteles verstand Hegel jedoch wenig von den Naturwissenschaften. Darin ist der Geist seines Denkens dem des Positivismus fremd und zeigt starke Affinitäten zu dem der Philosophen der *Geisteswissenschaften*. Doch ungeachtet dieser »humanistischen« und nicht »naturalistischen« Akzentsetzung scheint es mir richtig, daß Hegel – nach dem Mittelalter und daher notwendigerweise im Gegensatz zu dem platonisierenden Geist der Renaissance- und Barockwissenschaft – der große Erneuerer einer aristotelischen Tradition in der Philosophie der Methode ist. Für Hegel wie für Aristoteles ist die Vorstellung von einem Gesetz primär die Vorstellung von einem durch reflektierendes Verstehen zu erfassenden inneren Zusammenhang und nicht die von einer induktiven Generalisierung, zu der man durch Beobachtung und Experimente kommt. Für beide Philosophen besteht Erklärung darin, Phänomene teleologisch verständlich zu machen, und nicht darin, sie aufgrund der Kenntnis ihrer wirkenden Ursachen vorauszusagen[32]. Sieht man sie in ihrer Affinität und Beziehung zu Hegel, so läßt sich die gesamte antipositivistische Methodologie des neunzehnten Jahrhunderts mit einer älteren aristotelischen Tradition in Verbindung bringen, einer Tradition, die drei Jahrhunderte früher durch einen neuen Geist in der Wissenschaftstheorie, dessen eindrucksvollster Vertreter Galilei war, verdrängt worden war[33].

5. Auf dem Höhepunkt des Positivismus in der Mitte des neunzehnten Jahrhunderts folgte gegen Ende des Jahrhunderts bzw. um die Jahr-

hundertwende eine antipositivistische Reaktion. In der Zeit zwischen den beiden Weltkriegen jedoch kam der Positivismus wieder auf, und zwar stärker denn je. Die neue Bewegung wurde Neo-Positivismus oder logischer Positivismus genannt, später auch logischer Empirismus. Das Attribut »logisch« sollte anzeigen, daß sich der wiedererwachte Positivismus u. a. auf die neuen Entwicklungen in der formalen Logik stützte.

Der neue Aufschwung der Logik nach einem halben Jahrtausend des Rückgangs und der Stagnation – von ungefähr 1350 bis 1850, wenn man die brillanten, aber alleinstehenden Beiträge von Leibniz im siebzehnten Jahrhundert unberücksichtigt läßt – hatte bereits schon an sich eine überaus große Bedeutung für die Methodologie und Wissenschaftstheorie. Man kann jedoch kaum sagen, daß die formale Logik mit dem Positivismus oder mit einer positivistischen Wissenschaftstheorie in einem inneren Zusammenhang stünde. Die Verbindung von Logik und Positivismus in diesem Jahrhundert ist daher eher ein historischer Zufall als eine philosophische Notwendigkeit.

Der logische Positivismus der zwanziger und dreißiger Jahre war eine wesentliche, wenn auch keineswegs die einzige Quelle für jene breitere Strömung philosophischen Denkens, die heute allgemein als analytische Philosophie bekannt ist. Es wäre ganz falsch, die analytische Philosophie insgesamt als Positivismus zu brandmarken. Es ist jedoch richtig, daß die Beiträge der analytischen Philosophie zur Methodologie und Wissenschaftstheorie bis vor kurzem vorwiegend vom Geist des Positivismus getragen waren, wenn man unter »Positivismus« eine Philosophie versteht, die einen methodologischen Monismus, mathematische Perfektionsideale und eine subsumptionstheoretische Auffassung von wissenschaftlicher Erklärung vertritt. Es gibt mehrere Gründe dafür. Einer hängt mit einer Verzweigung der analytischen Philosophie zusammen.

Die eine Richtung wird linguistische Philosophie oder Philosophie der normalen Sprache genannt. Ihre hauptsächliche Anregung erhielt sie von der Spätphilosophie Wittgensteins, ihr Zentrum war das Oxford der 50er Jahre. Man könnte sagen, daß dieser Zweig der analytischen Philosophie eigentlich gegen den Positivismus eingestellt war, wenn auch diese Einstellung bis vor kurzem eher latent als manifest vorhanden war. Die Philosophie der normalen Sprache hat sich aus verständlichen Gründen relativ wenig für die Wissenschaftstheorie interessiert.

Die andere Strömung der analytischen Philosophie ist etwas völlig anderes. Sie leitet sich her von dem logischen Atomismus Russells, dem frühen Wittgenstein und dem Neopositivismus des Wiener Kreises. Man kann mit gutem Recht sagen, daß das vorwiegende Interesse dieser Richtung die Wissenschaftstheorie gewesen ist. Allerdings war sie schon ihrer Herkunft nach wesentlich positivistisch ausgerichtet. Mit dem Positivismus des neunzehnten Jahrhunderts teilt sie weitgehend ein implizites Vertrauen auf Fortschritt durch die Weiterentwicklung der Wissenschaften und die Förderung einer rationalistischen »sozialtechnologischen« Einstellung gegenüber menschlichen Angelegenheiten[34].

Die analytischen Wissenschaftstheoretiker befaßten sich lange Zeit hindurch fast ausschließlich mit den Grundlagen der Mathematik und mit der Methodologie der exakten Naturwissenschaften. Dies muß zum Teil vor dem Hintergrund des Einflusses der (mathematischen) Logik auf diesen Typ von Philosophie gesehen werden. Sukzessive fand jedoch auch die Methodologie der Verhaltens- und Sozialwissenschaften sowie der Geschichtswissenschaft das Interesse analytischer Philosophen, was zum Teil zweifellos auf die allmähliche Verwendung exakter Methoden in diesen Wissenschaften zurückzuführen ist. Mit dieser Verlagerung der Interessen betrat die analytische Wissenschaftstheorie den traditionellen Austragungsort für den Konflikt zwischen positivistischer und antipositivistischer Methodologie, und die alten Kontroversen flammten um die Jahrhundertmitte wieder auf. Der unmittelbare Ausgangspunkt der wiederaufgelebten Diskussion war eine moderne Version der alten positivistischen Theorie der wissenschaftlichen Erklärung.

6. Die Diskussion von Erklärungsproblemen innerhalb der Tradition der analytischen Philosophie erhielt ihren entscheidenden Anstoß von Carl Gustav Hempels klassischem Aufsatz »The Function of General Laws in History«, veröffentlicht im *Journal of Philosophy* 1942. Ähnliche Auffassungen von Erklärung, wie sie Hempel vertritt, waren bereits von logischen Positivisten und anderen analytischen Philosophen vorgebracht worden[35]. Im wesentlichen sind all diese Auffassungen Varianten der Erklärungstheorie, die von den Klassikern des Positivismus, insbesondere von Mill, vertreten wurden.

Rückblickend scheint es fast eine Ironie des Schicksals zu sein, daß die vollständigste und klarste Formulierung der positivistischen Theorie der Erklärung im Zusammenhang mit dem Gegenstand geliefert wurde, für den die Theorie offensichtlich am wenigsten angemessen ist, nämlich der Geschichte. Doch wahrscheinlich ist zum großen Teil gerade darin der Grund dafür zu sehen, daß Hempels Aufsatz eine solche Fülle von Diskussionen und Kontroversen ausgelöst hat.

Die Hempelsche Theorie der Erklärung wurde als »Covering Law-Modell (bzw. Theorie)« [i. f.: Gesetzesschema der Erklärung; d. Übers.]

24

bekannt. Der Name stammt von einem der Kritiker der Theorie, William Dray[36]. Eine alternative und vielleicht bessere Bezeichnung dafür wäre »Subsumptions-Theorie der Erklärung«.

In einer Reihe späterer Publikationen hat Hempel seine ursprünglichen Auffassungen erweitert, erläutert und in einigen Details modifiziert[37]. Er hat ferner zwei Varianten des allgemeinen Gesetzesschemas der Erklärung unterschieden. Wir werden sie hier das deduktivnomologische und das induktiv-probabilistische Schema nennen[38]. Das erstere läßt sich schematisch folgendermaßen beschreiben:

E sei ein Ereignis, von dem man weiß, daß es in einer bestimmten Situation stattgefunden hat und das eine Erklärung verlangt. Warum geschah E? Zur Beantwortung dieser Frage verweisen wir auf gewisse andere Ereignisse oder Zustände $E_1, \ldots, E_m$ und auf eine oder mehrere generelle Propositionen oder Gesetze $L_1, \ldots, L_n$, so daß das Vorkommen von E (in der betreffenden Situation) aus diesen Gesetzen und der Tatsache, daß diese anderen Ereignisse (Zustände) stattgefunden haben (vorliegen), logisch folgt.

E in der obigen schematischen Beschreibung von Hempels deduktivnomologischem Schema wird das *Explanandum* oder *Explikandum* genannt. Ich werde es auch den *Gegenstand* der Erklärung nennen. $E_1, \ldots, E_m$ werde ich das *Explanans* oder *Explikatum* nennen. $E_1, \ldots,$ E_m kann man auch die Basis der Erklärung nennen. $L_1, \ldots, L_n$ sind die allgemeinen Gesetze (»covering laws«), unter die die Erklärung das *Explanans* und das *Explanandum* subsumiert[39].

Man könnte fragen, ob Hempels Modell nur für solche Erklärungsgegenstände gilt, die Ereignisse sind. Wir wollen häufig nicht wissen, warum ein Ereignis stattgefunden hat, sondern warum ein bestimmter Zustand vorliegt oder nicht. Offensichtlich läßt sich auch dieser Fall in Hempels Schema unterbringen. Er kann sogar insofern als der fundamentalere Fall angesehen werden, als sich der Begriff eines Ereignisses mit Hilfe des Zustandsbegriffs analysieren (definieren) läßt. Ein Ereignis, so könnte man sagen, ist ein Paar von aufeinanderfolgenden Zuständen[40].

Eine andere Frage, die unsere Beschreibung des Modells aufwirft, ist, ob die Ereignisse oder Zustände $E_1, \ldots, E_m$, die die Basis der Erklärung darstellen, früher als E stattgefunden haben bzw. eingetreten sein müssen oder ob sie gleichzeitig mit oder sogar später als E liegen können. Dies ist eine wichtige Frage; einige Aspekte davon werden wir später diskutieren. Wenn die Ereignisse E_i zeitlich vor dem Erklärungsgegenstand E liegen, werden wir sie als *Antecedensdaten* von E bezeichnen.

Hempels eigenes schon berühmtes Beispiel einer deduktiv-nomologischen Erklärung sieht typischerweise so aus, daß das *Explanandum* ein

Ereignis ist, während das *Explanans* aus Antecedens-Ereignissen und -Zuständen besteht[41]. Warum platzte über Nacht der Kühler meines Autos? Der Tank war bis an den Rand mit Wasser voll; der Deckel war fest verschlossen; es war kein Anti-Frost-Mittel eingefüllt worden; der Wagen stand im Hof; die Temperatur sank während der Nacht wider Erwarten auf einige Grade unter Null. Dies waren die Antecedensdaten. In Verbindung mit den Gesetzen der Physik – insbesondere dem Gesetz, daß sich das Volumen von Wasser ausdehnt, wenn es gefriert – erklären sie, daß der Kühler geplatzt ist. Mit der Kenntnis der Antecedensdaten und der Gesetze hätten wir das Ereignis mit Sicherheit *voraussagen* können. Dies ist in der Tat ein gutes Beispiel für eine Erklärung, allerdings *nicht* für die Typen von Erklärung, auf die die Historiker aus sind.

Unsere Diskussion der Subsumptions-Theorie der Erklärung wird sich beinahe ausschließlich auf das deduktiv-nomologische Schema beschränken. Im folgenden soll jedoch zumindest eine kurze Darstellung des induktiv-probabilistischen Schemas gegeben werden, zu dem wir ebenfalls eine kritische Anmerkung machen werden[42].

Auch der Gegenstand einer induktiv-probabilistischen Erklärung ist ein individuelles Ereignis E. Die Basis ist eine Menge anderer Ereignisse oder Zustände $E_1, \ldots, E_m$. Das allgemeine Gesetz, die »Brücke« oder das »Band«, das die Basis mit dem Gegenstand der Erklärung verknüpft, ist eine Wahrscheinlichkeits-Hypothese, nach der es dann, wenn $E_1, \ldots, E_m$ gegeben sind, *sehr wahrscheinlich* ist, daß E stattfindet.

An dieser Stelle ist die Frage angebracht, in welchem Sinn – wenn überhaupt in einem – man sagen könnte, daß dieser Typ von Basis und allgemeinem Gesetz das tatsächliche Vorkommen eines Ereignisses *erklärt*[43]?

Was eine deduktiv-nomologische Erklärung zu einer »Erklärung« macht, ist, so könnte man sagen, der Umstand, daß sie uns sagt, warum E stattfinden *mußte*, warum E *notwendig* war, sobald die Basis einmal gegeben war und die Gesetze akzeptiert wurden. Es ist dagegen ein wesentlicher Bestandteil einer induktiv-probabilistischen Erklärung, daß sie die Möglichkeit zuläßt, daß E *nicht* stattgefunden haben könnte. Sie läßt daher Raum für die Forderung nach einer weiteren Erklärung: warum fand E in dieser Situation tatsächlich statt und warum war nicht das Gegenteil der Fall? *Diese* Frage zu beantworten wäre die Aufgabe einer deduktiv-nomologischen Erklärung. Manchmal können wir sie beantworten. Dies ist dann der Fall, wenn wir zur Basis der Erklärung irgendein weiteres Ereignis bzw. einen weiteren Zustand E_{m+1} hinzufügen können, so daß – gemäß akzeptierten Gesetzen – ein Ereignis der Art E immer dann stattfindet, wenn Ereignisse der Art $E_1, \ldots, E_{m+1}$ zusammen realisiert sind[44]. Man könnte nun eine Unterscheidung vornehmen und sagen, daß wir ohne eine solche zusätzliche Information, die uns eine deduktiv-nomologische Erklärung von E liefert, nicht erklärt haben, warum E *stattfand*, sondern nur, warum E *zu erwarten war*.

Gegeben sei ein Wahrscheinlichkeitsgesetz (Hypothese), wonach E mit der Wahrscheinlichkeit p stattfindet, wenn $E_1, \ldots, E_m$ eintreffen, wobei p eine mittlere oder niedrige Wahrscheinlichkeit ist. Niemand würde dann sagen, daß das Wahrscheinlichkeitsgesetz das tatsächliche Vorkommen von E erklärt. Es könnte jedoch sein, daß man die in dem Gesetz enthaltene Information zur Ableitung eines anderen Wahrscheinlichkeitsgesetzes verwenden kann, das besagt, daß es in hohem Maße *wahrscheinlich* ist, daß die *relative Häufigkeit*, mit der E beim Eintreffen von $E_1, \ldots, E_m$ stattfinden wird, nahe dem Wert p liegt. Das Vorkommen von E mit dieser relativen Häufigkeit ist ein anderes individuelles Ereignis. Dieses Ereignis ist hier zu erwarten.

Eine charakteristische Verwendung von Wahrscheinlichkeitsgesetzen besteht darin, über die relativen Häufigkeiten von Vorkommnissen von Ereignissen mit irgendeinem Wahrscheinlichkeitswert – ob hoch, niedrig oder mittel – Voraussagen zu machen, die einen hohen Wahrscheinlichkeitswert besitzen. Ist das Häufigkeits-Ereignis das Vorkommen von E selbst, d. h. das Vorkommen von E mit – in einer bestimmten Situation – einer relativen Häufigkeit von 1, so haben wir einen Grenzfall eines allgemeinen Musters für die prognostische Verwendung von Wahrscheinlichkeiten. Das Hempelsche induktiv-probabilistische Schema, so sollte ich daher sagen, ist nur ein Spezialfall einer charakteristischen, nämlich prognostischen, Verwendung des Wahrscheinlichkeitskalküls.

Die zwei Schemata unterscheiden sich stärker, als man oft annimmt. Eine primäre Funktion des deduktiv-nomologischen Schemas ist es zu erklären, warum sich bestimmte Dinge ereignet haben. Es sagt uns daher sekundär auch, warum diese Dinge zu erwarten waren. Man konnte sie erwarten, *da* sie sich ereignen mußten. Beim induktiv-probabilistischen Schema sind die Rollen vertauscht. Es erklärt in erster Linie, warum Dinge, die sich ereignet haben, zu erwarten (bzw. nicht zu erwarten) waren, und nur in einem sekundären Sinn erklärt es, warum sich bestimmte Dinge ereignet haben, nämlich, »weil« sie in hohem Maße wahrscheinlich waren. Es scheint mir jedoch besser, wenn man nicht sagt, daß das induktiv-probabilistische Schema erklärt, was sich ereignet, sondern lediglich, daß es gewisse Erwartungen und Voraussagen rechtfertigt.

Damit leugnet man nicht die Existenz von (echten) Erklärungsmustern, in denen Wahrscheinlichkeit eine charakteristische Rolle spielt. Ein solches Muster ist etwa das folgende:

Gegeben sei eine Hypothese, nach der die Wahrscheinlichkeit des Ereignisses E bei zufälliger Realisierung der Daten $E_1, \ldots, E_m$ so und so groß ist, sagen wir den Wert p hat. Wie sich herausstellt, findet das Ereignis in einer (großen) Menge von Realisierungen der Daten mit einer relativen Häufigkeit statt, die sich von p deutlich unterscheidet. Wieso dieser Unterschied? Es gibt prinzipiell zwei Möglichkeiten, ihn zu erklären. Die eine besteht darin, ihn dem »Zufall« zuzuschreiben. Diese Möglichkeit steht uns zwar immer offen, ist jedoch im großen und ganzen nur ein letzter Ausweg. Die andere Möglichkeit besteht darin, ein weiteres Datum E_{m+1} zu suchen und ausfindig zu machen, das in der Menge der Realisierungen von $E_1, \ldots, E_m$ ebenfalls gegeben war. Dem Vorkommen von E bei einer Realisierung von $E_1, \ldots, E_m$, E_{m+1} wird nun eine von p verschiedene Wahrscheinlichkeit p' zugeordnet. Diese Wahrscheinlichkeit, so wollen wir annehmen, sieht so aus, daß die relative Häufigkeit, mit der E in der Menge der Realisierungen tatsächlich stattfand (in dem vorher erklärten Sinn), zu erwarten war. Dies gleicht der Entdeckung einer *Ursache* (E_{m+1}) für die beobachtete Diskrepanz zwischen Häufigkeit und Wahrscheinlichkeit (p). Das Verfahren, mit dem man die Richtigkeit der vorgeschlagenen Erklärung prüft, gleicht dem Verfahren, das wir später unter der Bezeichnung *Kausalanalyse* beschreiben werden. Man könnte es *probabilistische* Kausalanalyse nennen. Es nimmt zwar eine wichtige Stelle in der Methodologie der Erklärung(en) ein, wird jedoch in diesem Buch nicht detaillierter diskutiert werden[45].

7. Hempels (deduktiv-nomologisches) Erklärungsschema erwähnt die Begriffe der Ursache und der Wirkung nicht. Das Schema erfaßt einen weiteren Bereich; Kausalerklärungen sollen darin einen Teilbereich darstellen[46]. Es ist fraglich, ob tatsächlich alle Kausalerklärungen dem Hempelschen Schema entsprechen. Ebenso fraglich ist, ob das Schema wirklich als eine Erklärung gelten kann, wenn die allgemeinen Gesetze keine Kausalgesetze sind.

Wie man diese beiden Fragen beantwortet, hängt davon ab, welche Auffassung man von der Natur der Kausalität hat. Ich werde zu zeigen versuchen, daß es im Zusammenhang mit Erklärungen wichtige Verwendungsweisen von »Ursache« gibt, die von dem Gesetzesschema der Erklärung nicht erfaßt werden. Allerdings gibt es auch wichtige Verwendungsweisen, die von ihm erfaßt werden. Es macht m. E. die Sache klarer, wenn man den Ausdruck »Kausalerklärung« für solche Verwendungsweisen reserviert. Dann ist es zweifellos richtig, daß Kausalerklärungen dem Gesetzesschema der Erklärung entsprechen, wenn auch nicht notwendigerweise jener vereinfachten Version, die wir im vorangehenden Abschnitt darstellten.

Der Anspruch, die Subsumptions-Theorie der Erklärung besitze universelle Gültigkeit, läßt sich primär daran testen, ob das Gesetzesschema der Erklärung auch teleologische Erklärungen erfaßt. Man könnte das traditionell der Teleologie zugewiesene Gebiet in zwei Teilbereiche aufteilen. Der eine ist der Bereich der Begriffe *Funktion, Ziel*(gerichtetheit) und »*organische Ganzheiten*« (»Systeme«). Der andere ist der Bereich von *Zielintendiertheit* und *Intentionalität*[47]. Funktion und Zielgerichtetheit figurieren vorwiegend in den biologischen Wissenschaften, Intentionalität dagegen in den Verhaltenswissenschaften, in sozialwissenschaftlichen Untersuchungen und in der Historiographie. Doch da sich die Bereiche von Biologie und Verhaltenswissenschaften großenteils überschneiden, überschneiden sich natürlich auch die Bereiche der Begriffe Funktion, Zielgerichtetheit und Ganzheit mit denen der Begriffe Zielintendiertheit und Intentionalität. Sie zu unterscheiden mag dennoch nützlich sein.

Im Jahre 1943, ein Jahr nach der Veröffentlichung von Hempels Artikel, erschien unter dem Titel »Behavior, Purpose, and Teleology« ein wichtiger Artikel von Rosenblueth, Wiener und Bigelow[48]. Er stellt einen weiteren Markstein in der modernen Geschichte der Erklärungstheorie dar. Die Autoren schrieben unabhängig von Hempel. Unter historischen Gesichtspunkten sollte man ihren Beitrag jedoch als einen Versuch sehen, die »kausalistische«[49] und damit die subsumptionstheoretische Auffassung der Erklärung auf Biologie und Verhaltenswissenschaften auszudehnen.

Ein Schlüsselbegriff in der »kausalistischen« Theorie der Zielgerichtetheit, wie sie von den drei Autoren dieses Artikels vorgeschlagen wird[50], ist der des *negativen Feedback*. Ein System, in dem ein Ursache-Faktor, etwa eine Heizung, eine Wirkung, etwa das Ansteigen der Zimmertemperatur, hervorbringt, kann so mit einem anderen System verbunden sein, daß ein »Defekt« in der Wirkung des ersten Systems, etwa das Fallen der Temperatur unter einen bestimmten Punkt, in der Wirkungsweise seines Ursache-Faktors eine »Korrektur« auslöst, etwa eine verstärkte Heiztätigkeit. Der Wirkungs-Faktor des zweiten Systems verleiht dann der Wirkungsweise des Ursache-Faktors des ersten Systems einen »Anschein von Teleologie«. Beide Systeme funktionieren jedoch nach Kausalgesetzen. Die Wirkungen innerhalb der beiden Systeme werden auf der Basis von »Anfangsbedingungen«, den Ursache-Faktoren, und mit Hilfe von allgemeinen Gesetzen erklärt, die die Ursachen mit ihren Wirkungen verknüpfen.

Die Autoren des Artikels vertraten die These, daß sich Zielgerichtetheit generell mit Hilfe einer solchen Verkettung von Kausalsystemen erklären ließe[51]. Das System mit dem korrelierten Feedback-Mechanismus wird homöostatisch oder selbst-regulierend genannt. Für lebende Organismen sind derartige Mechanismen in hohem Maße charakteristisch. Die Temperaturregulation bei den Wirbeltieren ist z. B. so ein Fall einer »Heizung« mit einem »Thermostat«.

Die von Rosenblueth, Wiener und Bigelow vorgeschlagene Analyse der Teleologie stimmt offensichtlich mit einer subsumptionstheoretischen Auffassung von wissenschaftlicher Erklärung überein. Es ist jedoch nicht klar, ob das Erklärungsmuster dieser Analyse genau dem des Hempelschen deduktiv-nomologischen Schemas, wie wir es vorher erklärt haben, entspricht. Dies zeigt sich erst, wenn die Analyse noch weiter ausgearbeitet ist. In der Folgezeit wurden von mehreren Autoren bedeutende Beiträge zur logischen Analyse von selbst-regulierenden und anderen teleologischen Prozessen gemacht. Zu nennen wären hier vor allem Braithwaite und Nagel[52].

Die allgemeine Untersuchung von Systemkontrolle und Steuerungs-Mechanismen – Homöostasis ist lediglich ein Beispiel dafür – ist unter dem Namen *Kybernetik* bekannt. Sie hatte einen großen, um nicht zu sagen revolutionären Einfluß auf die moderne Wissenschaft, insbesondere auf die Biologie und die technischen Wissenschaften. Manche halten sie für einen wissenschaftlichen Beitrag der Jahrhundertmitte, der dem Einfluß nach der Revolution in der Physik vergleichbar ist, die in den ersten Jahrzehnten des Jahrhunderts durch Relativitäts- und Quantentheorie bewirkt wurde[53]. Meiner Ansicht nach lag die Bedeutung dieses Beitrages für die Methodologie darin, daß er für den »kausalistischen« und »mechanistischen« Standpunkt einen großen Fortschritt im Geiste der galileischen Tradition darstellte. Gleichzeitig hat er einige der wesentlichen Grundannahmen der positivistischen Wissenschaftstheorie bestätigt, insbesondere die Auffassung von der Einheit der Methode und die Subsumptions-Theorie der Erklärung. In dem Positivismus feindlich gesinnten Lagern wurde dies bisweilen mit dem Hinweis auf die gewaltigen Unterschiede zwischen kybernetischen Systemen und mechanistischen Systemen eines traditionelleren und einfacheren Typs bestritten. Solche Unterschiede existieren zweifellos[54]. Sie zeigen sich in dem Unterschied zwischen dem Schema, das das Funktionieren der kybernetischen Steuerungs- und Kontrollmechanismen erklärt, und dem »simpleren« Schematismus des Hempelschen Gesetzesschemas der Erklärung. Doch diese Unterschiede sind, so würde ich sagen, im wesentlichen Unterschiede im Komplexitätsgrad und logischen Reichtum der Schemata und nicht in den Grundprinzipien der Erklärung oder in der Auffassung von der Natur wissenschaftlicher Gesetze.

8. Der Begriff eines Naturgesetzes bzw. einer gesetzesartigen Gleichförmigkeit im allgemeinen nimmt in der positivistischen Wissenschafts-

theorie einen bedeutenden Platz ein[55]. Hempels Erklärungsschemata sind in dieser Hinsicht typisch »positivistisch«.

Ebenfalls charakteristisch für den Positivismus war eine mehr oder weniger klar artikulierte Auffassung vom *Wesen* von Natur- oder anderen wissenschaftlichen Gesetzen. Nach dieser Auffassung drücken Gesetze die regelmäßige oder konstante Kookkurrenz (Korrelation) von Phänomenen aus, d. h. von Merkmalen an Gegenständen, von Zuständen oder Ereignissen. Das prototypische Beispiel eines Gesetzes ist entweder eine universelle Implikation (»alle *A* sind *B*«) oder eine probabilistische Korrelation. Die durch das Gesetz miteinander verknüpften Phänomene sollen idealiter voneinander logisch unabhängig sein. Diese Forderung ist ungefähr äquivalent mit der Idee, daß der Wahrheitswert von Gesetzen nicht eine Frage der logischen Notwendigkeit ist, sondern vielmehr von empirischen Befunden abhängt[56]. Und da jeglicher Wahrheitsanspruch von Gesetzen die tatsächlich registrierte(n) Erfahrung(en) transzendiert, sind Gesetze prinzipiell niemals vollständig verifizierbar.

Betrachten wir den folgenden Erklärungsversuch: Warum ist dieser Vogel schwarz? Antwort: Es handelt sich um einen Raben und alle Raben sind schwarz. Die Antwort stimmt mit Hempels deduktivnomologischem Schema überein. Doch erklärt sie wirklich, warum der Vogel schwarz ist?[57] Wenn wir nicht gerade – als Philosophen – an die Auffasung gebunden sind, daß jede Subsumption eines individuellen Sachverhalts unter eine generelle Proposition eine Erklärung ist, so werden wir, glaube ich, instinktiv daran zweifeln, ob die Antwort positiv ausfällt. Wir würden gerne wissen, warum Raben schwarz sind, was an ihnen denn für die Farbe »verantwortlich ist«, die für sie alle charakteristisch sein soll. Was erforderlich ist, wenn unser Erklärungsversuch erfolgreich sein soll, ist, daß die Basis der Erklärung irgendwie enger mit dem Gegenstand der Erklärung verbunden ist als bloß durch das Gesetz, nach dem die beiden Eigenschaften, ein Rabe zu sein und schwarz zu sein, immer zusammen vorkommen.

Es scheint zwei Möglichkeiten zu geben, diese Forderung zu erfüllen. Die eine besteht darin, nach einer »Ursache« dafür zu suchen, daß Raben schwarz sind, d. h. also nach irgendeiner anderen Eigenschaft dieser Vogelart, die deren Farbe erklärt. Die andere Möglichkeit besteht darin, der vorgeschlagenen Antwort einen Erklärungswert zu verleihen, indem man erklärt, daß die Eigenschaft, schwarz zu sein, tatsächlich ein definierendes Merkmal von Raben darstellt. Eine der beiden Antworten zu akzeptieren, heißt die Tatsache, daß die beiden Merkmale zusammen vorkommen, nicht nur als *universell*, sondern in gewisser Weise als *notwendig* anzusehen.

Der zweite Weg konfrontiert uns mit einer Auffassung von Naturgesetzen, die als eine Alternative zu der klassischen positivistischen
Auffassung angesehen werden kann. Nach dieser alternativen Konzeption kann ein wissenschaftliches Gesetz gegenüber empirischer Widerlegung immun sein, da es analytisch, logisch wahr ist. Übereinstimmung
mit dem Gesetz ist dann ein Standard, nach dem individuelle Sachverhalte als unter die durch das Gesetz verknüpften generischen Phänomene fallend oder nicht klassifiziert werden. Alle A sind B; wenn sich
also herausstellt, daß etwas, das angeblich ein A ist, kein B ist, dann ist
es in Wirklichkeit schließlich doch kein A. Solche Standards für die Beurteilung von Dingen sind vom Menschen getroffene Übereinkünfte,
die im Laufe der Begriffsbildung angenommen wurden. Diese Auffassung wird daher *Konventionalismus* genannt[58].

In ihrer extremen Form bilden Positivismus und Konventionalismus
gegensätzliche Auffassungen, ungefähr in demselben Sinn, in dem der
extreme Empirismus und der extreme Rationalismus Gegensätze darstellen. Es ist jedoch relativ leicht ein Kompromiß zwischen den Extremen zu finden. Ein einsichtiger Positivist wird zugeben, daß einige
wissenschaftliche Prinzipien den Charakter analytischer Wahrheiten
besitzen, während andere offensichtlich empirische Generalisierungen
darstellen. Er wird außerdem sehen, daß sich die Grenze zwischen den
beiden Kategorien im Laufe der historischen Entwicklung einer Wissenschaft oft verändert hat[59].

Die konventionalistische Auffassung von wissenschaftlichen Gesetzen, so könnte man sagen, enthält keine begrifflichen Elemente, die
einer positivistischen Wissenschaftstheorie zuwiderlaufen. Obwohl der
Konventionalismus den Positivismus oft angegriffen hat und umgekehrt, spürte man doch, daß die beiden Positionen viel gemeinsam
haben[60]. Ein gemeinsamer Grundzug in den Auffassungen von wissenschaftlichen Gesetzen besteht etwa darin, daß die Existenz eines,
manchmal *Natur-Notwendigkeit* genannten, »mittleren« Bereichs, der
sich sowohl von empirischer Allgemeinheit als auch von logischer Notwendigkeit unterscheidet, geleugnet wird.

Aus demselben Grund würden sowohl der Positivismus als auch der
Konventionalismus abstreiten, daß Kausalgesetze ihren »Erklärungswert« von der vermeintlichen Tatsache erhielten, daß sie notwendige
Verknüpfungen zwischen Naturereignissen feststellen. Die Infragestel-
lung der Idee, daß universelle Wahrheit entweder akzidentell (kontingent, empirisch) oder *logisch* notwendig sein muß, ist für den Positivismus eine wesentlich gefährlichere Kritik als die, die von seiten des
Konventionalismus vorgebracht wird.

Diese Kritik ist jedoch traditionell verankert und hängt mit dem Gegensatz zwischen der »aristotelischen« und der »galileischen« Richtung

in der Wissenschaftstheorie zusammen. Von besonderem Interesse ist hier die Feststellung, daß sie – mit einer neuen Brisanz – innerhalb der analytischen Philosophie selbst aufkam, wo sie aus zwei Quellen stammt.

Die eine ist das um die Jahrhundertmitte wiedererwachende Interesse an *modaler Logik* und an der Philosophie der modalen Begriffe. Philosophische Logiker kamen zu der Auffassung, daß das *logisch* Notwendige und Mögliche nur eine *Spezies* einer umfassenderen *Gattung* ist, innerhalb derer sich die verschiedensten Formen von Notwendigkeit und Möglichkeit unterscheiden lassen. Das Wiederaufkommen der Modallogik hat den Begriff einer – von logischer Notwendigkeit und »bloßer« akzidenteller Allgemeinheit verschiedenen – Natur-Notwendigkeit nicht an sich schon rehabilitiert. Die Idee bleibt kontrovers und wird von vielen analytischen Philosophen als suspekt oder eindeutig unhaltbar angesehen. Immerhin hat die Modallogik den Weg geebnet für eine Veränderung in der positivistischen Auffassung von Naturgesetzen, die bei den analytischen Philosophen lange Zeit hindurch akzeptiert war[61].

Eine unmittelbarere Kritik der in der positivistischen Tradition akzeptierten Auffassung von Naturgesetzen kam vom Problem der *irrealen Konditionalsätze*. Dieses Problem wurde in den klassischen Aufsätzen Chisholms (1946) und Goodmans (1947) aufgeworfen. Von da an wurde es in unzähligen Artikeln und Büchern diskutiert. In einer etwas vereinfachten Form läßt sich seine Relevanz für das Problem der Naturgesetze folgendermaßen darstellen:

Manchmal gründet sich unsere Überzeugung – sollten wir eine derartige besitzen –, daß q der Fall gewesen wäre, falls p nicht der Fall gewesen wäre, auf unseren Glauben an eine gesetzmäßige oder gesetzesartige Verknüpfung zwischen den (generischen) Propositionen p und q. Nicht jede beliebige universelle Implikation, die die beiden Propositionen verknüpft, könnte als Grund fungieren. Es taucht daher die Frage auf, wie Gesetzesartigkeit zu charakterisieren bzw. wie eine (nichtlogische) gesetzmäßige Verknüpfung von »akzidenteller« universeller Kookkurrenz zu unterscheiden sei[62]. In einem ungefähr vor fünfzehn Jahren geschriebenen Artikel behauptete ich, daß der Begriff eines irrealen Konditionalsatzes in dieser Unterscheidung selbst involviert ist – und daher nicht mit deren Hilfe geklärt werden kann[63]. Die »Moral« aus der Diskussion des Problems der irrealen Konditionalsätze ist, daß *Notwendigkeit und nicht Universalität* das Kennzeichen einer gesetzmäßigen Verknüpfung bzw. von Gesetzesartigkeit ist[64]. Wenn dies stimmt, so destruiert es die positivistische Gesetzeskonzeption, wenn auch nicht notwendig die Gültigkeit der Subsumptions-Theorie der Erklärung. Ich werde die irrealen Konditionalsätze hier nicht diskutieren, hoffe jedoch, ein bißchen mehr Licht auf das Wesen der »Notwendigkeit« werfen zu können, die einigen universellen Regelmäßigkeiten Gesetzescharakter verleiht.

9. Wie tief dringen kybernetische Erklärungen in den Bereich der Teleologie ein? Gehen sie über die Grenzen der Biologie hinaus bis ins Gebiet der Humanwissenschaften? Diese letzte Frage ließe sich durch den Hinweis auf den großen Einfluß kybernetischen Denkens auf Nationalökonomie, Sozialpsychologie und sogar auf die Rechtstheorie beantworten[65]. Doch diese Antwort ist nicht sehr erhellend. Sie sagt uns nicht, ob uns die Verwendung kybernetischer Ideen in diesen Bereichen Erklärungen des subsumptionstheoretischen Typs liefert. Nach meiner eigenen Vermutung tun sie das im großen und ganzen nicht. Wenn ich damit recht habe, und wenn ich ebenfalls mit der Annahme recht habe, daß die kybernetischen Erklärungen homöostatischer Systeme etc. in der Biologie subsumptionstheoretischen Mustern entsprechen, dann unterscheidet sich die »Kybernetik« der Sozialwissenschaften wesentlich stärker von der der Biologie, als es die mit dieser gemeinsamen Bezeichnung vorgenommene Gleichsetzung verschiedener Forschungstätigkeiten vermuten läßt.

Bei den Aspekten der Teleologie, die von kybernetischen Erklärungen, die einem Gesetzesschema der Erklärung entsprechen, erfaßt werden, handelt es sich, glaube ich, primär um die Aspekte, bei denen keine Intentionalität im Spiel ist. Unter den Dingen, denen Intentionalität zugeschrieben wird, nehmen *Handlungen* einen besonders wichtigen Platz ein. Der endgültige Test für die universelle Gültigkeit der Subsumptions-Theorie der Erklärung ist daher, ob sie auch für die Erklärung von Handlungen zutrifft.

Viele analytische Philosophien, vielleicht sogar die Mehrzahl, sind der Ansicht, daß die Theorie den Test besteht. Handlungen werden durch Motive veranlaßt; diese Rolle von Motiven gründet sich auf die Tatsache, daß Handelnde in der Regel charakteristischen Verhaltensmustern folgen; solche Muster (Dispositionen) liefern die »Gesetze«, die im Einzelfall die Motive mit der Handlung verbinden. Dies ist eine stark vereinfachte Darstellung einer Idee, die in mehr oder weniger komplizierten Variationen auch weiterhin eine starke Faszination auf das philosophische Denken ausübt[66]. Sie ist verwandt mit der Idee, daß Handlungen Ursachen haben, und daher ebenfalls verwandt mit einer deterministischen Position in der alten Frage der »Willensfreiheit«.

Es gibt jedoch auch analytische Philosophen, die diese Idee der Gültigkeit eines subsumptionstheoretischen Modells von Handlungserklärungen nicht akzeptieren.

Ein Teil dieser Gegner kam aus den Reihen von (analytischen) Philosophen, die sich mit der Methodologie in der Geschichtswissenschaft befaßten. Hier zentrierte sich die Kritik um die Rolle allgemeiner Gesetze in der Geschichte – also um dasselbe Thema, das den Titel zu Hempels Aufsatz, in dem das Gesetzesschema der Erklärung zum ersten Mal klar formuliert worden ist, geliefert hat.

Wie kommt es, daß die von Historikern tatsächlich vorgebrachten Erklärungen so selten – wenn überhaupt je – auf allgemeine Gesetze Bezug nehmen? Anhänger der Subsumptions-Theorie der historischen Erklärung waren sich dieser Tatsache natürlich wohlbewußt. Ihre Reaktionen darauf waren jedoch ziemlich unterschiedlich.

Nach Hempels Auffassung liegt der Grund dafür, daß historischen Erklärungen die vollständige Formulierung allgemeiner Gesetze fehlt, primär darin, daß die Gesetze zu komplex sind und wir sie nicht genau genug kennen. Erklärungen von Historikern sind in einem charakteristischen Sinne elliptisch bzw. unvollständig. Sie sind strenggenommen nur *Erklärungsskizzen*. »Eine erklärende Darstellung kann«, so sagt Hempel, »vielleicht ganz lebendig und überzeugend einen allgemeinen Umriß möglicher Ergänzungen andeuten, die auf der Basis vollständigerer Erklärungshypothesen eine lückenlosere Argumentation liefern.«[67]

Nach Popper, einem anderen bedeutenden Repräsentanten der Subsumptions-Theorie der Erklärung, ist der Grund dafür, daß in historischen Erklärungen keine allgemeinen Gesetze angeführt werden, darin zu sehen, daß die Gesetze zu trivial sind, als daß sie eine explizite Erwähnung verdienten. Wir kennen sie und nehmen sie stillschweigend als gegeben an[68].

Eine ganz andere Auffassung von der Rolle von Gesetzen in historischen Erklärungen findet sich bei William Dray in seinem 1957 veröffentlichten bedeutenden Buch *Laws and Explanation in History*. Der Grund, warum historische Erklärungen normalerweise keinen Bezug auf Gesetze enthalten, ist danach nicht, daß die Gesetze so komplex und unbekannt sind, daß wir mit einer bloßen Skizze zufrieden sein müssen, auch nicht, daß sie zu trivial sind, eigens erwähnt zu werden. Nach Dray liegt der Grund einfach darin, daß sich historische Erklärungen überhaupt nicht auf allgemeine Gesetze stützen.

Betrachten wir z. B. die Feststellung, daß Ludwig XIV. am Ende seines Lebens unbeliebt war, weil er eine für Frankreichs nationale Interessen schädliche Politik verfolgt hat[69]. Wie könnte ein Theoretiker des Gesetzesschemas seine Behauptung verteidigen, daß in dieser Erklärung implizit ein Gesetz enthalten ist? Ein allgemeines Gesetz, nach dem *alle* Herrscher, die . . . unbeliebt werden, würde nur dann ein entsprechendes Schema für diesen Fall liefern, wenn es um so viele einschränkende und modifizierende Bedingungen ergänzt würde, daß es letztlich äquivalent wäre mit der Feststellung, daß alle Herrscher unbeliebt werden, die unter genau den gleichen Bedingungen, wie sie in Frankreich und den anderen von Ludwigs Politik betroffenen Ländern vorherrschten, genau die gleiche Politik verfolgen wie Ludwig XIV. Wenn nicht allgemein spezifiziert wird, worin diese genaue Gleichheit von Politik bzw. vorherrschenden Bedingungen besteht, dann ist diese Feststellung überhaupt kein »Gesetz«, da sie sich notwendigerweise nur auf einen einzigen Fall, nämlich Ludwig XIV., bezieht. Wenn die Bedingungen für die Gleichheit spezifiziert würden – was in der Praxis kaum möglich sein dürfte – hätten wir ein echtes Gesetz, doch der einzige Fall, der unter dieses Gesetz fällt, wäre der, den es »erklären« soll. Ein Rekurs auf dieses Gesetz würde daher in jedem Fall nur auf eine erneute Beteuerung dessen hinauslaufen, was bereits festgestellt worden ist, nämlich daß die Ursache für die Unbeliebtheit des alternden Ludwig in seiner unglücklichen Außenpolitik lag.

Drays Kritik an der Rolle allgemeiner Gesetze in historischen Erklärungen führt somit zu einer vollständigen Verwerfung des Gesetzesschemas der Erklärung. Es ist aufschlußreich, Drays *Laws and Explanation in History* mit dem fünf Jahre früher (1952) erschienenen Buch Gardiners *The Nature of Historical Explanation* zu vergleichen. So wie ich diese beiden Autoren verstehe, haben sie weitgehend die gleichen »methodologischen Intentionen«. Doch während Gardiners Intentionen durch den dominierenden, wenn auch vielleicht impliziten Einfluß einer positivistischen Wissenschaftstheorie desavouiert werden, gelingt es Dray in bewundernswerter Weise, die Fesseln des Positivismus in der gegenwärtigen »analytischen« Geschichtsphilosophie zu sprengen. Er erreicht dies »negativ« durch seine Kritik des Gesetzesschemas als Mittel historischer Erklärungen und »positiv« durch seine Betonung des *sui generis*-Charakters von Erklärungsschemata für menschliche Handlungen. Die Kritik ist bei weitem der stärkste Aspekt der Drayschen Arbeit. Die positiven Beiträge zeigen Orientierungsversuche einer »analytischen« Handlungstheorie, die damals noch in ihren ersten Anfängen steckte.

Eine Handlung erklären heißt nach Drays Auffassung zeigen, daß es unter den gegebenen Umständen angemessen und rational war, diese Handlung zu vollziehen[70]. Dray nennt dies *rationale Erklärung*. Ihre Natur kann er allerdings nicht sehr klar machen. Er glaubt, wie mir scheint, ganz richtig, daß dieser Typ von Erklärung seine eigenen logischen Besonderheiten aufweist. Er verunklart jedoch seine eigene These, wenn er diese Besonderheiten in einem Element der Wertung zu finden sucht und nicht in einem bestimmten Typ von Teleologie[71].

Drays Erklärungsmodell ähnelt den traditionellen Ideen über die methodologische Rolle des Einfühlens und Verstehens. Sein Buch knüpft jedoch nicht an die frühere kontinentale Philosophie der *Geisteswissenschaften* an. Statt dessen gibt es eine interessante Verbindung, zu der durch Collingwood (und Oakeshott) repräsentierten hegelianischen Richtung[72].

Im selben Jahr wie Drays Buch erschien Elizabeth Anscombes Buch *Intention*. Es verschaffte dem Begriff der Intentionalität für die unter analytischen Philosophen im Anschluß daran geführte Diskussion der Handlungstheorie eine zentrale Rolle[73].

Obwohl es sich nicht direkt mit der Theorie der Erklärung befaßte, lieferte Anscombes Buch auch für diesen Bereich zwei wichtige Beiträge. Den ersten bildet ihre Beobachtung, daß ein Verhalten, das unter einer Beschreibung intentional ist, nicht auch unter einer anderen intentional sein muß. Für die Erklärung eines bestimmten Verhaltens ist es daher wesentlich, wie es beschrieben, d. h. als Handlung verstanden wird. Darauf kommt es etwa an, wenn die Unterscheidung zwischen Erklären und Verstehen begriffliche Signifikanz erhält (vgl. unten, Kap. III, Abschn. 2 und Kap. IV, Abschn. 1).

Anscombe hat ebenfalls auf den besonderen Charakter des Argumentierens hingewiesen, das in traditioneller Terminologie *praktischer Syllogismus* genannt wird. Die Idee geht auf Aristoteles zurück und war nach Anscombe eine seiner besten Entdeckungen, wenn sie auch in der späteren Philosophie durch Fehlinterpretationen verschüttet worden ist[74]. Der Schlüssel zu einer korrekten Interpretation ist jedoch nicht leicht zu finden. Aristoteles selbst behandelt dieses Thema sehr unsystematisch, und seine Beispiele sind häufig verwirrend. *Eine* Möglichkeit, die Grundidee dieser Sache zu rekonstruieren, sieht folgendermaßen aus: Der Ausgangspunkt oder Obersatz des Syllogismus erwähnt irgendeinen Wunschgegenstand oder ein Handlungsziel; der Untersatz setzt eine bestimmte Handlung *quasi* als Mittel zum Zweck mit diesem Gegenstand in Beziehung; die Conclusio besteht schließlich in der Verwendung dieses Mittels zur Erreichung jenes Zwecks. Wie in einem theoretischen Schluß die Behauptung der Prämissen notwendigerweise zur Behauptung der Conclusio führt, folgt somit in einem praktischen Schluß aus der Bejahung der Prämissen die ihnen entsprechende Handlung[75].

Ich glaube, Anscombe hat recht mit der Feststellung, daß der praktische Syllogismus keine Beweisform darstellt, sondern eine Begründungsform, die von anderer *Art* ist als der Beweis-Syllogismus[76]. Seine Besonderheiten sowie seine Beziehung zu theoretischen Begründungen sind jedoch komplex und bleiben unklar.

Praktische Begründungen sind von großer Bedeutung für das Erklären und Verstehen von Handlungen. Es ist eine Grundannahme der vorliegenden Arbeit, daß der praktische Syllogismus eine seit langem bestehende methodologische Lücke der Humanwissenschaften schließt: Er liefert ihnen ein eigenes Erklärungsschema, das eine deutliche Alternative zum subsumptionstheoretischen Gesetzesschema der Erklärung darstellt[77]. Allgemein gesagt, was das subsumptionstheoretische Schema für Kausalerklärungen und Erklärungen in den Naturwissenschaften ist, ist der praktische Syllogismus für teleologische Erklärungen und Erklärungen in den Geschichts- und Sozialwissenschaften.

Die Arbeiten von Anscombe und Dray zeigen das wachsende Interesse in der analytischen Philosophie am Begriff der Handlung und an Formen des praktischen Diskurses. Diesen Pionierarbeiten folgt eine Anzahl weiterer Beiträge[78]. Doch erst mit dem Erscheinen von Charles Taylors wichtigem Buch *The Explanation of Behaviour* 1964 wurde diese neue Richtung in der analytischen Philosophie mit der Erklärungstheorie in der Psychologie und den anderen Verhaltenswissenschaften in Verbindung gebracht. Wie die Beiträge der Kybernetik, allerdings mit einer ganz anderen Tendenz, hat Taylors Arbeit die Teleologiediskussion in der Wissenschaftstheorie wiederaufleben lassen. Der Tendenzunterschied läßt sich charakterisieren als ein Unterschied zwischen einer galileischen und einer aristotelischen Auffassung von zielintendiertem Verhalten.

Die Bemühungen und Ideen der analytischen Handlungstheoretiker haben natürlich Reaktionen auf seiten der mehr positivistisch orientierten Philosophen hervorgerufen. Die generelle Anwendbarkeit kausaler Kategorien auf die Erklärung von Handlungen und Verhalten wurde auch von einer Anzahl jüngerer Autoren heftig verteidigt[79].

Eine Position, die der Drayschen Position in der »analytischen« Geschichtsphilosophie ungefähr entspricht, wurde von Peter Winch in der »analytischen« Philosophie der Sozialwissenschaften vertreten. Seine Arbeit *The Idea of a Social Science* aus dem Jahre 1958 ist wie Drays Buch ein Angriff auf den Positivismus und eine Verteidigung eines auf prinzipiell anderen Methoden als in den Naturwissenschaften basierenden Verstehens sozialer Phänomene. Den Traditionshintergrund von Winchs Arbeit bildet teilweise die »Verstehens«-Methodologie von Max Weber und teilweise die in England durch Collingwood und Oakeshott repräsentierte hegelianische Richtung. Der Haupteinfluß kommt jedoch vom späten Wittgenstein.

Winchs Buch, so kann man sagen, zentriert sich um die Frage nach den Kriterien für soziales Verhalten (Handlung). Der Sozialwissenschaftler muß die »Bedeutung« der gesammelten Verhaltensdaten verstehen, um sie in soziale Fakten umwandeln zu können. Er kommt zu diesem Verstehen durch Beschreibung (Interpretation) der Daten mit Hilfe der Begriffe und Regeln, die die »soziale Realität« der untersuchten Handelnden determinieren. Die Beschreibung bzw. Erklärung sozialen Verhaltens muß dasselbe Begriffssystem verwenden wie die sozial Handelnden selbst. Aus diesem Grund kann der Sozialwissenschaftler nicht in demselben Sinn wie ein Naturwissenschaftler von außen an seinen Untersuchungsgegenstand herangehen. *Dies*, so könnte man sagen, ist der Kern an begrifflicher Wahrheit in der psychologischen Doktrin der »Einfühlung«. Einfühlendes Verstehen ist kein »Gefühl«; es ist eine Fähigkeit zur Partizipation an einer »Lebensform«[80].

Man kann sagen, daß Winch das *a priori* der Methode(n) der Sozialwissenschaften untersucht. In diesem Sinn ist sein Buch ein Beitrag zur Methodologie[81]. Einige von Winchs Kritikern scheinen der Ansicht zu sein, daß er die Soziologie als eine *a priori*-Wissenschaft ansieht, d. h. als eine Wissenschaft, die gesellschaftliche Phänomene mit Hilfe von *a priori*-Methoden erklärt und versteht. Dies ist jedoch ein grobes Mißverständnis[82].

Winchs Buch ist schwierig und schwer verständlich. Es ist, wie mir scheint, ebenfalls einseitig, indem es auf die Bedeutung von Regeln für das Verstehen gesellschaftlichen Verhaltens zu starken Wert legt. Man vermißt darin den Aspekt der Intentionalität und der Teleologie[83].

10. Somit kam es auch innerhalb der analytischen Philosophie – insbesondere nach dem Erscheinen der drei Arbeiten von Anscombe, Dray und Winch – zu einer Kritik der positivistischen Methodologie und Wissenschaftstheorie. Man kann sagen, daß die Zeit der Veröffentlichung dieser drei Werke, also 1957–1958, einen Umschwung kennzeichnet. Die Kritiker des Positivismus unter den analytischen Philosophen waren gewöhnlich Autoren, deren Denken von der Philosophie des späten Wittgenstein beeinflußt war. Eine Orientierung an der Phänomenologie und anderen Arten nichtanalytischer Philosophie auf dem europäischen Kontinent läßt sich ebenfalls bei einigen von ihnen erkennen[84].

Diese Neuorientierung findet zu einem gewissen Maß in der auf dem Kontinent betriebenen Philosophie eine Parallele, und zwar in Entwicklungen, die Affinitäten zur analytischen Philosophie aufweisen. Ich denke dabei hauptsächlich an das in die sechziger Jahre fallende Aufkommen einer Richtung, die sich selbst hermeneutische oder hermeneutisch-dialektische Philosophie nennt[85].

Es gibt zwei Merkmale der Hermeneutik, die, was Affinitäten zur analytischen Philosophie betrifft, besonders bemerkenswert sind. Das erste ist die zentrale Stellung, die die Idee der *Sprache* sowie sprachorientierte Begriffe wie Bedeutung, Intentionalität, Interpretation und

Verstehen darin einnehmen[86]. Dies zeigt sich schon in dem Namen »Hermeneutik«, was soviel heißt wie: die Kunst der Interpretation[87]. Die Probleme, die die hermeneutischen Philosophen beschäftigen, sind großteils dieselben Probleme, die auch in der Philosophie Wittgensteins, insbesondere in ihren späteren Phasen, zu finden sind[88]. Es wäre nicht überraschend, wenn diese Verwandtschaft, sollte man sie einmal klar erkennen, zu einem Einfluß Wittgensteins auf die Philosophie des europäischen Kontinents führen würde, der sich zwar nicht der Art, aber der Stärke nach mit seinem Einfluß in den 30er Jahren auf die Wiener Schule des logischen Positivismus und in den 50er Jahren auf die sprachanalytisch orientierte Oxforder Schule vergleichen ließe.

Das zweite Merkmal der hermeneutischen Philosophie, das sie den Philosophen der analytischen Tradition näher rückt als manche anderen Ableger der phänomenologischen Richtung, ist ihre Beschäftigung mit Methodologie und Wissenschaftstheorie[89]. In explizitem Gegensatz zur positivistischen Vorstellung von der Einheit der Wissenschaft verteidigt die hermeneutische Philosophie den *sui generis*-Charakter der interpretativen und verstehenden Methoden der *Geisteswissenschaften*. Darin nimmt sie das intellektuelle Erbe des neokantianischen und neohegelianischen Antipositivismus wieder auf und setzt es fort.

»Verstehen« im Sinne der hermeneutischen Philosophie sollte von *Einfühlung* unterschieden werden. Es handelt sich hier um eine semantische und nicht um eine psychologische Kategorie (vgl. oben, S. 20). Der von positivistischen Philosophen so häufig erhobene Vorwurf, Verstehen sei lediglich ein heuristisches Mittel, das vielleicht für die Ermittlung von Erklärungen ganz nützlich, für die begriffliche Natur des Erklärungsschemas selbst jedoch keineswegs konstitutiv ist, mag für einige frühere und überholte Versionen der Methodologie der Einfühlung zutreffen[90]. Er ist jedoch kein fairer Einwand gegen die Methodologie des Verstehens als solcher.

Wie oben (Abschn. 4) bemerkt, ist es schwierig, die Position von Hegel und Marx in bezug auf die positivistische und antipositivistische Wissenschaftstheorie des neunzehnten Jahrhunderts zu bestimmen. Ähnliches gilt für den Marxismus als einer Hauptströmung des modernen Denkens. Nach der russischen Revolution hatte sich die marxistische Philosophie in interne Auseinandersetzungen um die richtige Lehre verstrickt und allmählich monolithische und rigide Züge angenommen. Gegenwärtig erlangt sie jedoch offensichtlich wieder intellektuelle Bedeutung. Es scheint zudem, daß sich hier zwei Hauptströmungen unterscheiden lassen[91].

Die eine ist vorwiegend eine vom Geiste des dialektischen Materialismus inspirierte Wissenschaftstheorie. Sie hat vor kurzem durch Kybernetik und Systemtheorie sowie durch die generelle Anwendung mathematischer Hilfsmittel auf die Bio- und Verhaltenswissenschaften einen neuen Anstoß erhalten[92]. Es überrascht nicht, daß »die Kausalisierung der Teleologie« auf den marxistischen Materialismus eine so starke Wirkung ausüben sollte[93]. Trotz Traditionsunterschieden zeigt dieser Trend im Marxismus enge Beziehungen zu jenem Zweig westlicher Wissenschaftstheorie, der als der geistige Erbe des logischen Positivismus und der Idee von der Einheit der Wissenschaft gilt[94]. Man bezeichnet diesen Trend manchmal als »positivistischen«, häufiger jedoch als »szientistischen« Marxismus[95].

Die zweite Richtung im Marxismus der Gegenwart ist die philosophische Anthropologie, die sich selbst auch »sozialistischer Humanismus« nennt[96]. Ihre geistigen Wurzeln liegen zum Teil in den Schriften des jungen Marx, doch vielleicht noch mehr in der Philosophie Hegels[97]. Ihre Dialektik scheint der der hermeneutischen Philosophie verwandter als dem »Materialismus« des orthodoxen Marxismus[98]. Ihre Anthropologie und humanistische politische Philosophie und Sozialphilosophie zeigt Beziehungen zum Existentialismus, insbesondere zur Spätphilosophie Sartres, die selbst wiederum an Marx und Hegel orientiert ist[99]. Ihre Wissenschaftstheorie ist bisweilen eine Verteidigung der Humanwissenschaften gegen die monistischen Prätentionen eines Denkens, das sich unter dem Einfluß des Fortschritts in Naturwissenschaft und Technologie formiert hat.

Ich habe versucht, einige Entwicklungen in der Philosophie der wissenschaftlichen Methode mit zwei großen Traditionen in der Ideengeschichte in Beziehung zu bringen. Wir haben gesehen, wie die Wissenschaftstheorie in den letzten hundert Jahren abwechselnd an der einen oder der anderen dieser beiden von Grund auf entgegengesetzten Positionen festgehalten hat. Nach Hegel kam der Positivismus; nach der antipositivistischen und zum Teil neohegelianischen Reaktion um die Jahrhundertwende kam der Neopositivismus; gegenwärtig neigt sich das Pendel wieder mehr zur aristotelischen Seite, die einst durch Hegel wieder wachgerufen worden war.

Es wäre sicherlich eine Illusion, zu glauben, daß die Wahrheit eindeutig bei einer der beiden gegensätzlichen Positionen zu finden ist. Bei dieser Feststellung denke ich natürlich nicht an die triviale Tatsache, daß beide Positionen in bestimmten Punkten recht haben und sich in einigen Fragen ein Kompromiß erzielen ließe. Dies mag u. U. so sein. Doch es gibt auch einen grundsätzlichen Gegensatz, bei dem es weder einen Kompromiß noch eine Widerlegung geben kann – in einem gewissen Sinn auch keine Wahrheit. Er ist verankert in der Wahl von Prämissen, von Grundbegriffen für die gesamte Argumentation. Diese

Wahl, so könnte man sagen, ist »existentiell«. Es ist die Wahl eines Standpunktes, der sich nicht weiter begründen läßt.

Dennoch gibt es einen Dialog zwischen den Positionen und eine Art Fortschritt. Die temporäre Dominanz einer der beiden Richtungen ist gewöhnlich das Resultat eines Durchbruchs, der auf eine Periode der Kritik an der anderen Richtung folgt. Das Resultat eines solchen Durchbruchs ist niemals nur eine Rehabilitierung von etwas, das es bereits vorher gab, es trägt vielmehr auch den Stempel der Ideen, aus deren Kritik es hervorgegangen ist. Dieser Prozeß illustriert, was Hegel mit den Worten *aufgehoben* und *aufbewahrt* beschrieben hat. Die Position, die gerade aufgehoben wird, verschwendet gewöhnlich ihre polemischen Energien zur Bekämpfung längst überholter Züge der gegnerischen Auffassung und sieht in der Regel in dem, was in der resultierenden Position aufbewahrt ist, lediglich einen deformierten Schatten ihrer selbst. Genau dies ist beispielsweise der Fall, wenn positivistische Wissenschaftstheoretiker heutzutage mit Argumenten gegen das *Verstehen* vorgehen, die vielleicht auf Dilthey oder Collingwood zutreffen, oder wenn sie Wittgensteins Philosophie der Psychologie fälschlicherweise nur für eine andere Form von Behaviorismus halten.

Kausalität und kausale Erklärung

1. Philosophen sind es seit langem gewohnt, einen Unterschied zwischen der Relation von Ursache und Wirkung auf der einen Seite und der Relation von Grund und Folge auf der anderen zu machen. Die erste Relation hat es mit Tatsachen zu tun und ist empirisch, die zweite ist begrifflich und logisch. Bevor die Unterscheidung geläufig wurde, wurde sie oft ignoriert oder verwischt – insbesondere durch die Rationalisten des siebzehnten Jahrhunderts. Als sie deutlicher gemacht wurde, nicht zuletzt dank Hume[1], tauchten neue Probleme auf. Vielleicht sind alle kausalen Relationen Tatsachen-Relationen. Aber ganz gewiß sind nicht alle Tatsachen-Relationen kausal. Was sind also die anderen unterscheidenden Merkmale von kausalen Relationen – abgesehen davon, daß sie empirisch sind? Nach Hume ist die Relation zwischen Ursache und Wirkung eine regelmäßige zeitliche Abfolge von Realisierungen von generischen Phänomenen. Daß die Regelmäßigkeit auch in der Zukunft gelten wird, ist eine auf der bisherigen Erfahrung basierende Generalisierung[2].

Seit Hume ist Kausalität so etwas wie ein Sorgenkind von Erkenntnistheorie und Wissenschaftstheorie. Es wurden zahlreiche Anstrengungen unternommen, um zu zeigen, daß entweder Humes Auffassung der Kausalität falsch ist oder daß, wenn man seine Auffassung akzeptiert, das von ihr offengelassene Induktionsproblem – oft auch »das Humesche Problem« genannt – zufriedenstellend gelöst werden kann[3]. Diese Anstrengungen sind im großen und ganzen ohne Erfolg gewesen, und der unbefriedigende Zustand des Induktionsproblems ist »der Skandal der Philosophie« genannt worden[4].

Diese Schwierigkeiten sind wahrscheinlich *einer* der Gründe, weshalb von Philosophen behauptet wurde, daß die Idee der Kausalität in der Naturwissenschaft nur eine unbedeutende Rolle spiele und aus dem wissenschaftlichen Denken eventuell ganz verbannt werden könne[5]. Die philosophischen Schwierigkeiten bezüglich der Kausalität brauchten demnach die Wissenschaftstheorie nicht zu belasten. Diese Meinung wurde eindrucksvoll von Bertrand Russell in seinem berühmten Essay »On the Notion of Cause« vertreten. Mit seinem charakteristischen Esprit schrieb Russell: »Die Philosophen aller Richtungen stellen sich vor, daß die Kausalität zu den fundamentalen Axiomen und Postulaten der Wissenschaft gehört; doch – seltsam genug – in fortgeschrittenen Wissenschaften wie z. B. der Gravitationsastronomie kommt das Wort ›Ursache‹ gar nie vor ... Wie vieles andere, was die Zustimmung der Philosophen findet, ist m. E. auch das Kausalprinzip ein Relikt einer vergangenen Zeit, das wie die Monarchie, nur deshalb am Leben geblieben ist, weil man es irrtümlicherweise für unschädlich hält.«[6] Und weiter: »Zweifelsohne ist der Grund, weshalb das altbekannte ›Kausalprinzip‹ die Bücher der Philosophen seit so langer Zeit durchgeistert, einfach der, daß die Idee einer Funktion den meisten von ihnen unbekannt ist und daß sie deshalb nach einer ungebührlich vereinfachten Darstellung suchen.«[7]

Man kann Russell beipflichten, daß das »Kausalitätsprinzip«, was immer es auch bedeutet, in der eigentlichen Wissenschaft keinen Platz hat, sondern eine typische Philosophenkonstruktion darstellt. Russells Denunzierung schon allein des Begriffs der Ursache ist umstrittener. Seine Bemerkungen scheinen nahezulegen, daß dieser Begriff einen vorwissenschaftlichen Vorläufer des wissenschaftlichen Begriffs einer Funktion darstellt.

Gegen Russell wurde vorgebracht, daß zwar die Wörter »Ursache« und »Wirkung« und andere Elemente der kausalen *Terminologie* in den fortgeschrittenen theoretischen Wissenschaften keine große Rolle spielten, daß aber kausale Vorstellungen und ein Denken in Kausalbegriffen nicht so veraltet seien, wie es die terminologische Verschiebung – z. B. vom Reden über »kausale« zum Reden über »funktionale« Relationen – nahelegen könnte. Wie Ernest Nagel feststellt, taucht der Begriff der Ursache »nicht nur in der Alltagssprache und in ökonomischen, sozialpsychologischen und historischen Untersuchungen menschlichen Handelns auf, er durchdringt zudem die Darstellungen, die Naturwissenschaftler von ihren Laboratoriumsverfahren geben, wie auch die von vielen theoretischen Physikern vorgetragenen Interpretationen ihres mathematischen Formalismus«[8]. Ein anderer berühmter zeitgenössischer Wissenschaftstheoretiker, Patrick Suppes, geht noch weiter: »Anders als in den Tagen, als Russell seinen Essay schrieb, ist die Verwendung der Wörter ›Kausalität‹ und ›Ursache‹ gerade in den fortgeschrittensten physikalischen Arbeiten durchaus gängig und verbreitet.«[9]

Bei dieser letzten Bemerkung mag es sich dennoch um eine Übertreibung handeln. Wenn man beurteilen möchte, wie wichtig für die Wissenschaft Kausalität ist, so tut man gut daran, wenn man sich vergegenwärtigt, daß das Wort »Ursache« und andere kausale Ausdrücke im allgemeinen mit einer Vielzahl von Bedeutungen verwendet werden. Nicht nur, daß sich »Ursachen« von Naturereignissen stark unterscheiden, auch innerhalb der Naturwissenschaften selbst ist Kausalität keine homogene Kategorie. Der Begriff von Ursache, den ich in diesem Kapitel diskutieren will, ist wesentlich mit der Idee von Handlungen und daher, als ein wissenschaftlicher Begriff, mit der Idee von Experimenten verknüpft. Er spielt m. E. in den »Darstellungen, die Naturwissenschaftler von ihren Laboratoriumsverfahren geben«, eine wichtige Rolle. Ich bin mir aber nicht so sicher, ob genau dieser Begriff von Ursache in den »von vielen theoretischen Physikern vorgetragenen Interpretationen ihres mathematischen Formalismus» involviert ist.

Daß ich dennoch diesem »aktionistischen« oder »experimentalistischen« Begriff der Ursache eine grundlegende Priorität verleihen möchte, liegt daran, daß dieser Begriff nicht nur in den experimentellen Naturwissenschaften einen wichtigen Platz einnimmt, sondern daß er geradezu ein Prototyp für die Idee der Ursache in philosophischen Diskussionen über ein universelles Kausalprinzip, über Determinismus *versus* Freiheit, Interaktion von Körper und Geist usw. zu sein scheint. Ich stimme jedoch mit denen überein, die, wie Russell oder Norman Campbell[10], der Ansicht waren, daß *dieser* Begriff der Ursache in theoretisch fortgeschrittenen Wissenschaften »wie z. B. der Gravitationsastronomie« nicht so wichtig ist, und die der Meinung sind, daß es in diesen Wissenschaften vorteilhaft sein kann, anstelle von Kausalbeziehungen von verschiedenen funktionalen Relationen zu reden. Aber ob nun diese Haltung berechtigt ist oder nicht, es bleibt die Tatsache, daß das Denken in Kausalbeziehungen als solches aus der Wissenschaft nicht verbannt ist – und daß daher die philosophischen Probleme der Kausalität für die Wissenschaftstheorie zentral bleiben. Wie ernst diese Probleme sind, tritt besonders scharf in der Theorie der wissenschaftlichen Erklärung zutage.

Das Gesetzesschema der Erklärung wurde ursprünglich für eine Verallgemeinerung von mit Kausalerklärungen verknüpften Ideen gehalten[11]. Die spezifischen Probleme der Kausalität scheinen infolge dieser Erweiterung des begrifflichen Horizonts für viele ihre Brisanz verloren zu haben – gerade wie Russell geglaubt hatte, daß die Kausalität deshalb philosophisch uninteressant werden würde, weil sie unter die umfassendere Kategorie funktionaler Relationen subsumiert werden könnte. Dies ist jedoch ein Fehlschluß.

Wie wir bereits gesehen haben (Kp. I, Abschn. 8), ist der in dem Subsumptionsschema der Erklärung involvierte Begriff des Gesetzes selbst problematisch. Die neuere Diskussion dieser Probleme ließ die modalen Begriffe einer natürlichen Notwendigkeit und einer gesetzmäßigen Verknüpfung in den Vordergrund treten. Diese Begriffe wiederum hängen eng mit den Begriffen von Ursache und Wirkung zusammen, und zwar so sehr, daß man sie alle bequem unter der allgemeinen Bezeichnung »Kausalität« gruppieren könnte. Wenn man betont, daß das Gesetzesschema der Erklärung nur dann einen Erklärungswert besitzt, wenn die in ihm enthaltenen Gesetze (nichtlogische) gesetzmäßige Verknüpfungen ausdrücken, dann würde dies auf die Behauptung hinauslaufen, daß eine Erklärung nach dem Gesetzesschema und eine Kausalerklärung im wesentlichen dasselbe sind. Und dies wiederum würde die mit dem Hempelschen Modell der Erklärung verknüpften Probleme unmittelbar in eine moderne Form des Problems der Kausalität verwandeln[12].

2. Russell schlug vor, den Begriff der Ursache in der Wissenschaftstheorie durch den Begriff einer Funktion zu ersetzen. Es gibt einen weiteren Begriff außer dem der Funktion, für den man die gleiche Behauptung aufstellen könnte. Es handelt sich um den Begriff der *Bedingung*. Die hier wiedergegebene Diskussion von Ursache und Wirkung werde ich mit Hilfe von Bedingungen und *nicht* mit Hilfe funktionaler Relationen führen.

Man unterscheidet gewöhnlich zwischen notwendigen und hinreichenden Bedingungen. Es lassen sich noch weitere Bedingungs-Begriffe definieren: mitwirkende Bedingungen, substituierbare Forderungen usw. Für unsere hier verfolgten Ziele werden jedoch diese »unbedeutenderen« Bedingungs-Begriffe nicht benötigt[13].

Die Feststellung, daß das generische Phänomen (Ereignis, Zustand) p[14] eine hinreichende Bedingung für q ist, kann zum Zweck einer ersten Annäherung wie folgt erklärt werden: Immer wenn p, dann auch q. Das Vorliegen (Vorkommen) von p reicht hin, das Vorliegen (Vorkommen) von q sicherzustellen. Daß p eine notwendige Bedingung für q ist, bedeutet, daß immer wenn q, dann notwendigerweise auch p, d. h. das Vorliegen (Vorkommen) von q erfordert das Vorliegen (Vorkommen) von p bzw. setzt es voraus.

Wenn p »manipuliert«, d. h. »beliebig« (»experimentell«) hervorgebracht oder verhindert werden kann, dann können wir dadurch, daß wir p hervorbringen, auch all das herbeiführen, wovon es eine hinreichende Bedingung ist und dadurch, daß wir p beseitigen oder verhindern, können wir sicherstellen, daß all das, wovon p eine notwendige Bedingung ist, *nicht* vorkommt.

Ein Phänomen kann eine notwendige *und* hinreichende Bedingung für ein anderes Phänomen sein. Ein Phänomen kann mehrere hinreichende oder mehrere notwendige Bedingungen haben. Eine Bedingung kann zudem komplex sein, d. h. eine wahrheitsfunktionale Verknüpfung von Phänomentypen. Hinsichtlich der Komplexität und Pluralität von Bedingungen müssen die folgenden Asymmetrien zwischen den verschiedenen Arten von Bedingungen berücksichtigt werden.

Eine komplexe hinreichende Bedingung ist eine *Konjunktion* von Phänomenen. Es kann sein, daß *p* allein für das Eintreten von *r* nicht hinreichend ist, noch daß *q* allein dazu hinreichend ist. Aber wenn *p und q* zusammen vorkommen, so wird sicher auch *r* eintreten. Eine komplexe notwendige Bedingung dagegen ist eine *Disjunktion*. Es kann sein, daß *p* nicht (unbedingt) das Vorliegen von *q* erfordert, noch (unbedingt) das Vorliegen von *r*; aber *p* kann dennoch erfordern, daß zumindest eins von beiden, *q oder r* vorliegt.

Disjunktive hinreichende Bedingungen können in mehrere hinreichende Bedingungen »aufgelöst« werden. Wenn *p oder q* für *r* hinreichend ist, dann ist *p* allein hinreichend und ebenso *q*. Konjunktive notwendige Bedingungen können auf ähnliche Weise »aufgelöst« werden. Wenn *p und q* notwendig für *r* ist, dann ist *p* allein notwendig und ebenso *q* allein.

Diese »Asymmetrien« in den Bedingungs-Begriffen können interessanterweise in der induktiven Logik ausgewertet werden[15].

Mit Hilfe von Bedingungen läßt sich eine große Zahl von kausalen Faktoren unterscheiden, die sich, wenn man vage nur von »Ursache« und »Wirkung« spricht, nur schwer – oder überhaupt nicht – auseinanderhalten lassen[16]. Bedingungs-Begriffe sind auch für eine Klärung der philosophischen Idee eines (universellen) Determinismus und des (universellen) Kausalprinzips hilfreich. Ich finde es daher überraschend, daß die Theorie der Bedingungs-Begriffe und ihre Anwendung relativ wenig entwickelt und untersucht geblieben sind. In Logiklehrbüchern wird sie selten auch nur erwähnt. Mir scheint sie jedoch für eine logische und wissenschaftstheoretische Propädeutik außerordentlich gut geeignet.

Daß Bedingungs-Begriffe nützlich sind, widerspricht nicht der Tatsache, daß auch sie Probleme hervorrufen. Bei den Problemen geht es, so könnte man sagen, um den »Ort« von Bedingungs-Begriffen in der Logik. Hier stehen sich hauptsächlich zwei Ansichten gegenüber. Die eine situiert die Bedingungs-Begriffe innerhalb der Quantifikationstherie. In einer logischen Sprache, die Individuennamen und Prädikate enthält, wäre dann die universelle Implikation $(x)(Px \rightarrow Qx)$ die »Grundform« von Bedingungs-Relationen. In einer ärmeren Sprache, die nur Satzvariable enthält, könnten Bedingungs-Relationen z. B. als Zeitlogische Aussagen formuliert werden, wobei ihre »Grundform« wäre: »Immer wenn *p*, dann auch *q*« oder in Symbolen ausgedrückt $\wedge(p \rightarrow q)$.

Die Auffassung, daß Bedingungs-Begriffe *Quantifikations*-Begriffe sind, könnte auch die *extensionalistische* Auffassung genannt werden. Die alternative Auffassung werde ich *intensionalistisch* nennen. Nach dieser Auffassung stellen Bedingungs-Begriffe im wesentlichen *modale* Begriffe da und die »Grundform« einer Bedingungs-Relation ist die einer strikten Implikation: $N(p \rightarrow q)$[17].

Vielleicht kann man Quantifikations-Begriffe als »philosophisch« unproblematisch ansehen. Eine extensionalistische Auffassung von Bedingungs-Relationen ist daher vielleicht nicht mit internen philosophischen Komplikationen verbunden. Die Mängel dieser Auffassung sind meiner Meinung nach »extern«. Sie bestehen darin, daß es fraglich ist, ob diese Auffassung die Bedingungs-Relationen *adäquat* erklären kann. Eine adäquate Erklärung, so glauben vielleicht manche, kann nur modallogisch gegeben werden. Aber auch modale Begriffe sind mit notorischen philosophischen Schwierigkeiten belastet. Eine intensionalistische Auffassung von Bedingungs-Relationen hat für ihre externe Adäquatheit folglich mit internen philosophischen Komplikationen zu bezahlen. Diese Komplikationen sind im großen und ganzen die gleichen wie die, die bei dem Begriff einer gesetzmäßigen oder »gesetzesartigen« Verknüpfung auftreten und die in die analytische Philosophie hauptsächlich über das Problem der irrealen Konditionalsätze Eingang gefunden haben (vgl. Kp. I, Abschn. 8).

Die Analyse von Kausal-Begriffen mit Hilfe von Bedingungs-Begriffen kommt weder um die mit der Kausalität und mit dem Begriff des Naturgesetzes verknüpfen philosophischen Probleme herum noch bietet sie eine Lösung dieser Probleme. Sie stellt jedoch eine brauchbare Methode dar, diese Probleme klarer zu formulieren.

3. Ganz gleich, ob man nun eine extensionalistische oder eine intensionalistische Auffassung von Bedingungs-Relationen akzeptiert, ein jeder Versuch einer Analyse der Kausalität mit Hilfe von Bedingungen muß sich mit dem folgenden Problem auseinandersetzen:

Aus unseren einleitenden Erklärungen der Begriffe der hinreichenden und notwendigen Bedingungen folgt, daß p dann und nur dann eine hinreichende Bedingung für q ist, wenn q eine notwendige Bedingung für p ist. Wenn also Regen eine hinreichende Bedingung für das Naßwerden des Bodens ist, dann ist das Naßwerden des Bodens eine notwendige Bedingung für Regen. Ebenso: Wenn das Vorhandensein von Oxygen in der Umwelt eine notwendige Bedingung für die Existenz höherer Formen organischen Lebens ist, dann ist die Existenz von Leben eine hinreichende Bedingung für Oyxgen. Soweit es nur um Bedingungs-Relationen geht, sind, so würde ich sagen, diese Symmetrien ganz in Ordnung. Sobald es aber um Kausalität geht, erscheinen sie uns absurd. Wie das zweite Beispiel zeigt, liegt die Absurdität nicht daran, daß eine kausale Rolle einem Faktor zugeschrieben wird, der »nur«

notwendig, aber nicht hinreichend für etwas ist. Die Absurdität kommt vielmehr von daher, daß unsere Erklärungen der beiden Typen von Bedingungen eine implizit anerkannte *Asymmetrie* zwischen bedingenden oder *Ursache*-Faktoren auf der einen Seite und bedingten oder *Wirkungs*-Faktoren auf der anderen Seite verwischen. Wenn p ein Ursache-Faktor bezüglich q und q daher ein Wirkungs-Faktor bezüglich p ist, dann sehen wir – zumindest normalerweise – q nicht als einen Ursache-Faktor bezüglich p bzw. p nicht als einen Wirkungs-Faktor bezüglich q an. (Ich sage »Ursache-Faktoren« und nicht »Ursachen«, um hier eine implizite Identifikation von »Ursache« mit »hinreichender Bedingung« zu vermeiden.)

Ich nenne dieses Problem das Problem der Asymmetrie von Ursache und Wirkung.

Man könnte versuchen, das Problem durch die Annahme zu lösen, daß die fragliche Asymmetrie einfach die Asymmetrie zeitlicher Relationen widerspiegle. Das Vorkommen eines Ursache-Faktors, so könnte man behaupten, muß dem Vorkommen eines entsprechenden Wirkungs-Faktors zeitlich vorangehen. Die Relation des zeitlichen Vorangehens ist asymmetrisch. Wenn ein Vorkommnis von p einem Vorkommnis von q zeitlich vorangeht, dann geht *dieses* Vorkommnis von q *jenem* Vorkommnis von p nicht voran. Es kann natürlich sein, daß ein anderes Vorkommnis von q einem anderen Vorkommnis von p zeitlich vorangeht. Da p und q Phänomentypen sind, muß ihre zeitliche Asymmetrie, wenn sie in der Ursache-Wirkung-Relation stehen, eine Asymmetrie einzelner Vorkommnisse der Faktoren sein (s. unten, Abschn. 10).

Die Frage der zeitlichen Relation von Ursache und Wirkung führt zu einer Anzahl von Problemen. Wenn Ursache und Wirkung Phänomene sind, die über eine bestimmte Zeitperiode hin andauern, müssen wir die Möglichkeit einräumen, daß die Ursache die Wirkung überdauert. Das zeitliche Vorangehen der Ursache bestände dann darin, daß sich die Ursache früher realisiert als die Wirkung. Eine problematischere Frage ist, ob zwischen dem Punkt, wo eine Ursache zu existieren aufhört, und dem Punkt, wo die Wirkung sich zu realisieren anfängt, eine bestimmte Zeitspanne verstreichen kann, oder ob zwischen Ursache und Wirkung irgendwie eine zeitliche Kontinuität bestehen muß.

Eine Alternative zu der Auffassung, daß die Ursache der Wirkung vorangehen muß, wäre die Auffassung, daß die Wirkung der Ursache nicht vorangehen kann. Dies würde die Möglichkeit zulassen, daß eine Ursache gleichzeitig mit einer Wirkung von ihr vorkommt (sich zu realisieren anfängt). Die Relation der Gleichzeitigkeit ist jedoch symmetrisch. Wenn daher Ursache und Wirkung gleichzeitig *sein können,* müssen wir entweder die Auffassung aufgeben, daß die Kausal-Relation *immer* asymmetrisch ist oder den Grund für die Asymmetrie in etwas anderem als der Zeit suchen.

Man könnte sich sogar die Frage stellen, ob nicht manchmal die Wirkung vor der Ursache vorkommt bzw. sich vor der Ursache zu realisieren anfängt. Die Möglichkeit einer »rückwirkenden Verursachung« muß, wie ich hoffe, später zeigen können, ernst genommen werden.

Auf die Probleme »Zeit und Kausalität« werde ich hier nicht im Detail eingehen[18]. Mein Hauptgrund dafür ist, daß meiner Meinung nach die Asymmetrie der Kausalrelation, die Trennung der Ursache- von den Wirkungs-Faktoren, nicht mit Hilfe zeitlicher Relationen allein erklärt werden kann. Die Wurzel der Asymmetrie liegt woanders.

Damit will ich aber nicht leugnen, daß die Zeit in der logischen Analyse der Kausalität ein wesentlicher Bestandteil ist.

4. Als nächstes werde ich den in der vorliegenden Untersuchung vorausgesetzten formal-logischen Apparat vorlegen. Er ist äußerst einfach.

Sehen wir uns eine Menge logisch unabhängiger generischer Zustände p_1, p_2, . . . an. Als Beispiel solcher Zustände könnte man anführen, daß die Sonne scheint oder daß eine gewisse Türe offen ist. Ich werde den Begriff eines Zustandes nicht weiter erläutern. Es ist für unsere Zwecke nicht nötig, sich Zustände als etwas »Statisches« vorzustellen; auch Prozesse wie Schneefall usw. können hier als »Zustände« angesehen werden.

Daß Zustände generisch sind, soll bedeuten, daß sie in bestimmten Situationen vorkommen oder nicht vorkommen können – und somit wiederholt vorkommen können oder nicht. Ich werde es für alle Zustände, die miteinander kausale oder andere gesetzmäßige Verknüpfungen eingehen können, als wesentlich erachten, daß sie in diesem Sinne generisch sind. Eine Situation kann auch eine räumliche und/oder zeitliche Lokalisierung genannt werden. Wir werden hier nur die zeitliche Dimension von Situationen berücksichtigen[19].

Daß Zustände voneinander logisch unabhängig sind, soll schließlich bedeuten, daß es *logisch* möglich ist, daß sie in jeder Situation in jeder Kombination vorkommen oder nicht vorkommen können. Ist die Anzahl von Zuständen in der Menge endlich und gleich n, so ist die Anzahl solcher möglicher Kombinationen 2^n. Jede dieser Kombinationen konstituiert einen *Gesamt-Zustand* oder eine *mögliche Welt*. Der Ausdruck *Zustands-Beschreibung* ist der gängige Ausdruck für die Konjunktion (wobei die Reihenfolge der Konjunktionsglieder irrelevant ist) von Sätzen und/oder deren Negationen, die die Zustände beschreiben, die die »Atome« oder »Elemente« einer solchen möglichen Welt darstellen.

Die Menge der von uns betrachteten Zustände werde ich auch einen *Zustands-Raum* nennen. In den hier angestellten formalen Betrachtungen werden wir durchwegs davon ausgehen, daß die *Zustands-Räume* endlich sind.

Nehmen wir an, daß sich der Gesamt-Zustand der Welt in einer bestimmten Situation vollständig dadurch beschreiben läßt, daß für jedes Element eines Zustands-Raums festgelegt wird, ob es in dieser Situation vorliegt oder nicht. Eine Welt, die diese Bedingung erfüllt, könnte eine *Tractatus*-Welt genannt werden. Eine solche Welt hatte Wittgenstein im *Tractatus* vor Augen. Es ist eine bestimmte Erscheinungsform einer generelleren Konzeption davon, wie die Welt konstituiert ist. Wir können diese generelle Konzeption *logischen Atomismus* nennen.

Ist »die Welt«, d. h. die Welt, in der wir tatsächlich leben, eine *Tractatus*-Welt bzw. eine Welt von einer logico-atomistischen Struktur? Dies ist eine tiefe und schwierige metaphysische Frage, und ich weiß nicht, wie sie zu beantworten ist. (Daß eine *Tractatus*-Welt »eng« ist, d. h. daß recht viele vertraute und wichtige Dinge außerhalb ihrer Grenzen verbleiben, ist kein entscheidender Einwand gegen diese Auffassung davon, was die *Welt* ist.) Aber unabhängig davon, wie wir die metaphysische Frage beantworten, ist es eine unbestreitbare Tatsache, daß, als ein vereinfachtes *Modell* einer Welt, Wittgensteins Konzeption im Tractatus an sich interessant ist und für viele Fragestellungen in der Philosophie der Logik und der Wissenschaften ein nützliches Hilfsmittel darstellt. Von diesem Modell werde ich hier ständig Gebrauch machen. Insbesondere bedeutet das, daß Zustände die einzigen »ontologischen Bausteine« der von uns untersuchten Welten sind. Dinge, Eigenschaften und Relationen sind ontologische Entitäten, die nicht in den formallogischen Rahmen unserer Untersuchungen fallen.

Die Basis unseres logischen Formalismus ist die »klassische« zweiwertige Aussagenlogik (AL). Ich werde davon ausgehen, daß dieser Bereich der Logik dem Leser vertraut ist; eine Darstellung dieses Bereichs kann man in jedem Lehrbuch der elementaren Logik finden.

Auf dieser Basis bauen wir eine (rudimentäre) Zeit-Logik[20] wie folgt auf:

Das Vokabular von AL erweitern wir um ein neues Symbol T. Es ist ein zweistelliges Verknüpfungszeichen. Den Ausdruck »pTq« kann man lesen als »(jetzt) liegt der Zustand p vor und *als nächstes* – nämlich in der nächsten Situation – liegt der Zustand q vor«. Die Symbole links und rechts von T können auch aus Variablen und wahrheitsfunktionalen Verknüpfungszeichen zusammengesetzte Ausdrücke sein. Von besonderem Interesse ist der Fall, wo sie Zustands-Beschreibungen darstellen. Der ganze Ausdruck besagt dann, daß die Welt jetzt in einem gewissen Gesamt-Zustand und in der nächsten Situation in einem gewissen Gesamt-Zustand ist, und zwar im gleichen oder in einem anderen, je nachdem.

Die Ausdrücke links und rechts von T können selbst wiederum das Symbol T enthalten. Auf diese Weise können wir Ketten von der Form $-T(-T(-T\ldots))\ldots$ bilden, die Zustände beschreiben, die nacheinander, d. h. in den sich über eine endliche Zeitperiode erstreckenden Situation in der Welt vorliegen. Von besonderem Interesse ist der Fall, wo die Ausdrücke, die die durch » – « markierten Stellen einnehmen, Zustands-Beschreibungen sind. Eine Kette dieser Art wird eine (ein Fragment einer) *Geschichte* der Welt genannt werden. Das Wort »Geschichte« besitzt eine nützliche Mehrdeutigkeit: es kann sowohl die Abfolge von Gesamt-Zuständen der Welt als auch die Beschreibung dieser Abfolge (bzw. der sie bezeichnenden Ausdrücke) bedeuten.

Wir erhalten eine »Logik« dieses Verknüpfungszeichens T, wenn wir die Axiome von AL um die folgenden vier Axiome erweitern:

T 1. $(p \lor q\,T\,r \lor s) \longleftrightarrow (pTr) \lor (pTs) \lor (qTr) \lor (qTs)$
T 2. $(pTq)\&(pTr) \rightarrow (pTq\&r)$
T 3. $p \rightarrow (pTq \lor \sim q)$
T 4. $\sim(pTq\&\sim q)$

und wenn wir die Schlußregeln von AL um eine Regel erweitern, nach der beweisbar äquivalente Ausdrücke füreinander substituierbar sind (Extensionalitätsregel).

Wenn die Zahl von möglichen Gesamt-Zuständen der Welt (in einer bestimmten Situation) 2^n ist, dann ist die Zahl von möglichen Geschichtsverläufen der Welt bei m aufeinanderfolgenden Situationen 2^{mn}. Es ist zweckmäßig, zu sagen, daß n die »Weite« der Welt und daß m die Länge ihrer Geschichte mißt. Die Disjunktion der 2^{mn} verschiedenen möglichen Geschichtsverläufe werden wir eine *T-Tautologie* oder eine »tautologische Geschichte« nennen. Sie gibt uns alle Möglichkeiten an, wie sich die Welt in ihren einzelnen Merkmalen während des zeitlichen Verlaufs von einer ersten Situation zu einer m-ten Situation verändern oder aber unverändert bleiben kann; in keiner Weise schränkt sie dabei den tatsächlichen Verlauf der Ereignisse ein. Über diese Geschichte sagt sie uns daher *überhaupt nichts.*

Der Begriff einer *T*-Tautologie liefert uns ein Kriterium der *logischen Wahrheit* für den Kalkül des Verknüpfungszeichens *T*. Man kann zeigen, daß die und nur die Formeln im Kalkül beweisbar sind, die (beweisbar äquivalent mit) *T*-Tautologien sind. Das heißt, daß die Logik von *T semantisch vollständig* ist. Sie ist zudem entscheidbar. Wir können für jede gegebene Formel zeigen, ob sie (beweisbar äquivalent mit) eine(r) T-Tautologie ist oder nicht.

Wie aus den obigen Erklärungen und aus der Struktur des Formalismus (insbesondere Axiom T2) ersichtlich sein sollte, behandelt unsere Zeit-Logik die Zeit als ein diskretes Medium, einen linearen Fluß von abzählbaren, aufeinanderfolgenden Situationen (Momenten, Zeitpunkten). Wie bei unserer Annahme des logischen Atomismus, so kann man auch hier wieder fragen, ob die Zeit »wirklich« einen diskreten Aufbau besitzt. Müssen wir die Zeit nicht zumindest als »dicht« ansehen, d. h. so, daß es zwischen beliebigen zwei Zeitmomenten immer noch einen dritten gibt? Oder sollten wir sie nicht sogar als kontinuierlich ansehen? Wir brauchen aber diese Fragen an dieser Stelle nicht zu diskutieren. Als ein vereinfachtes *Modell* der zeitlichen Abfolge von Zuständen der Welt ist die Logik des Verknüpfungszeichens T für unsere Zwecke hinreichend.

Nebenbei ist zu beachten, daß ich unter der »Einfachheit« des Modells die logische Primitivität seines begrifflichen Aufbaus verstehe. Wenn in den Naturwissenschaften kausale Relationen als funktionale Abhängigkeiten zwischen Variablen formuliert und diese Funktionen in mathematischen Berechnungen verwendet werden, dann mag es viel einfacher sein, wenn man die Zeit als kontinuierlich behandelt und sie nicht als in diskreten Schritten ablaufend ansieht. Die Auffassung, nach der Naturgesetze idealiter ein System von Differentialgleichungen darstellen, ist mit der Idee der Kontinuität von Zeit und Raum verbunden. Im logischen Sinne stellt dies jedoch eine höchst komplizierte und komplexe Konzeption dar, und ihr Bezug zur »Wirklichkeit« ist nicht leicht zu bestimmen. Man könnte die Idee der Kontinuität vielleicht eine »Idealisierung« nennen, durch die die rauhe Oberfläche der Wirklichkeit geglättet wird.

Der Kalkül des Verknüpfungszeichens T läßt sich noch durch einen Zeit-Quantor, z. B. den Begriff »immer« (»immer wenn«) verfeinern. Wenn wir »immer« durch $\wedge$ symbolisieren, können wir »nie« durch das komplexe Symbol $\wedge \sim$ und »manchmal« durch $\sim \wedge \sim$ definieren. Wenn wir das Vokabular des T-Kalküls um $\wedge$ erweitern, können wir in unserer logischen Sprache solche Sätze wie »immer wenn p der Fall ist, wird in der nächsten Situation q der Fall sein« ausdrücken. Der symbolische Ausdruck dafür ist $\wedge \, (p \to (pTq)$. Die Axiomatik und Metalogik (Fragen der Vollständigkeit, Entscheidbarkeit usw.) dieser Quantorenlogik der diskreten Zeit brauchen wir an dieser Stelle nicht zu diskutieren[21].

Der nächste und letzte begriffliche Bestandteil, um den wir unseren Formalismus erweitern, ist ein Operator M. Dieser steht für den Begriff der Möglichkeit. Wir können dann Unmöglichkeit durch $\sim M$ und

Notwendigkeit durch $\sim M\sim$ definieren. Die Axiomatik der erforderlichen Modallogik sollte *mindestens* so stark sein wie das von AL, der Extensionalitätsregel und den folgenden Axiomen konstituierte System:

M 1. $M(pvq) \longleftrightarrow MpvMq$
M 2. $p \longrightarrow Mp$
M 3. $\sim M(p\& \sim p)$

Wir werden hier keine Theoreme auf axiomatischer Basis beweisen und auch nicht den Versuch machen, die Ergebnisse unserer Argumentationen in der symbolischen Sprache des $AL+T+\wedge+M$-Kalküls ausdrücken. Die richtige Formalisierung der Logik der Bedingungen und dessen, was ich Kausalanalyse zu nennen vorschlage, ist noch immer ein weitgehend offenes Problem, das, so hoffe ich, zu gehöriger Zeit in Angriff genommen und gelöst werden wird. Hier legen wir höchstens die Bestandteile einer Lösung vor.

Anstelle formaler Entwicklungen innerhalb des Kalküls werde ich von einer quasi-formalen Methode der Darstellung und Illustration mit Hilfe einfacher topologischer Figuren (Bäume) Gebrauch machen. Kreise sollen dabei *Gesamt-Zustände* der Welt darstellen, die sich aus n »elementaren« Zuständen »zusammensetzen«. Ein Übergang von der linken zur rechten Seite der durch Linien verknüpften Kreise soll eine *Geschichte* repräsentieren. Wenn ein Kreis mit mehr als einem Kreis unmittelbar rechts von ihm verknüpft ist, dann stellen diese letzteren Kreise diejenigen alternativen *möglichen* Gesamtzustände der Welt dar, die auf den durch den ersten Kreis repräsentierten Zustand folgen.

Die Figur zeigt überhaupt nichts von der »inneren Struktur« der Gesamt-Zustände (möglichen Welten) mit Hilfe der n Elemente. Sie zeigt nicht einmal, ob zwei Kreise die gleichen oder verschiedene Gesamt-Zustände darstellen. Wir werden uns an die Konvention halten, daß alle alternativen Möglichkeiten unmittelbar nach einem gegebenen Zustand jeweils verschieden sind. (Sonst hätten wir in der Figur manchmal eine völlig sinnlose Vermehrung von Kreisen). Wir werden uns auch die Konvention zu eigen machen, daß die horizontale Linie von Kreisen an der Spitze (siehe z. B. die Illustration auf S. 55) den *tatsächlichen* Verlauf der Weltgeschichte über eine bestimmte Spanne von Situationen darstellt. Unter dieser »Oberfläche der Wirklichkeit« liegen die »Tiefen alternativer Möglichkeiten«.

Dieses Bild ermöglicht eine Untersuchung der »Bewegungsfreiheit«, die die Welt auf jeder Stufe ihrer Geschichte besitzt oder besessen hätte. Diese Freiheit kann auf den verschiedenen Stufen größer oder kleiner

sein. Sie kann völlig fehlen; in diesem Fall gibt es dann zu einem gegebenen Übergang von einem Kreis zu einem anderen unmittelbar rechts
von ihm keine Alternative. Die Freiheit der Welt kann aber auch gren-
zenlos sein. Dann kann sich die Welt in einem einzigen Schritt von dem,
was sie eben jetzt gerade ist, zu einer jeden der 2^n Welten, die sich aus
den gleichen Elementen zusammensetzen lassen, verändern. Wenn m
die Zahl alternativer Entwicklungen auf einer gegebenen Stufe in der

Weltgeschichte bezeichnet, dann können wir den Bruch $\dfrac{m-1}{2^n-1}$ als

ein Maß des Freiheitsgrades der Entwicklung der Welt auf dieser Stufe
verwenden. Wenn m den kleinst-möglichen Wert 1 hat, ist dieser Grad
gleich 0. Die Entwicklung der Welt von dieser Stufe auf die nächste,
der Geschichtsverlauf an diesem Punkt, ist völlig *determiniert*. Wenn
m den größtmöglichen Wert 2^n besitzt, dann ist der Freiheitsgrad
gleich 1. Der Verlauf der Weltgeschichte ist jetzt völlig *indeterminiert*.

Ich werde ein Fragment der Geschichte einer Welt – wie das eben
von uns beschriebene – ein *System* nennen. Ein System in diesem Sinne
ist definiert durch einen Zustands-Raum, einen Anfangs-Zustand, eine
Anzahl von Entwicklungsstufen und eine Menge alternativer Schritte
für jede Stufe.

Ein gegebenes System kann erweitert werden. Dies ist auf zwei Arten möglich. Die Anzahl von Entwicklungsstufen kann vergrößert
werden, zeitlich hinter den ursprünglichen Anfangs-Zustand zurück
oder zeitlich über den ursprünglichen End-Zustand hinaus. Eine weitere Ausdehnung erfolgt durch den Einschluß neuer Elemente in den
ursprünglichen Zustands-Raum. Eine Erweiterung des ersten Typs
spiegelt sich im topographischen Baum in einer Verlängerung und
möglicherweise auch in einer Vervielfachung seiner Äste wider. Der
zweite Typ einer Erweiterung beeinflußt die Form des Baumes durch
eine mögliche »Verzweigung« seiner Knoten (und folglich einer Vervielfachung seiner Äste). Ein Beispiel: Wenn p ursprünglich nicht in
dem Zustands-Raum der Figur auf S. 55 enthalten war, sondern erst
später eingefügt wird, dann könnte z. B. der Gesamt-Zustand b in
zwei Zustände, nämlich $b\&p$ und $b\&\sim p$, »verzweigen«. Aber ob er tatsächlich so verzweigen wird, hängt von den Entwicklungsmöglichkeiten
des Systems ab. Vielleicht ist nach a nur $b\&p$ aber nicht $b\&\sim p$ möglich.
Dann wird es bei b keine Verzweigung geben. Ähnliche Argumentationen gelten auch für all die anderen Kreise in der Abbildung.

Dieser Gebrauch von »System« ist nicht leicht mit irgendeinem gewöhnlichen oder geläufigen Gebrauch dieses Ausdrucks zu identifizieren[22]. Aber er hängt sicherlich mit mehreren seiner geläufigen Ge-
brauchsweisen zusammen.

Ein Beispiel für ein System in unserem Sinne wäre die Verwirklichung einer Entscheidung und ein Kalkulieren der zukünftigen möglichen Entwicklungen während eines begrenzten Zeitabschnitts – wobei die Alternativen vielleicht alternative Reaktionen von seiten der Betroffenen auf die Folgen der Entscheidung widerspiegeln[23]. Die *Planung* genannte Tätigkeit kommt solchen Betrachtungen über »Systeme« in unserem Sinne normalerweise ziemlich nahe. Ein weiteres Beispiel wäre die Beobachtung einer innerhalb eines physikalisch abgegrenzten räumlichen Bereichs verlaufenden Abfolge von Veränderungen, z. B. der Temperatur, der Luftfeuchtigkeit, des Luftdrucks, der Bewegungen oder der chemischen Zusammensetzung seiner Teile usw. Wissenschaftliches *Experimentieren* findet oft mit bzw. innerhalb von Systemen dieser Art statt; wir werden später zu beschreiben versuchen, worin die aktivistische Komponente des »Experimente-Machens« besteht.

5. Die Darstellung von Systemen in der Form von topologischen Bäumen, die Fragmente einer (möglichen) Weltgeschichte sind, bietet einen guten Ausgangspunkt für eine Beschreibung der Tätigkeit, die ich *Kausalanalyse* nennen möchte.

Sehen wir uns die folgende Abbildung eines Systems an:

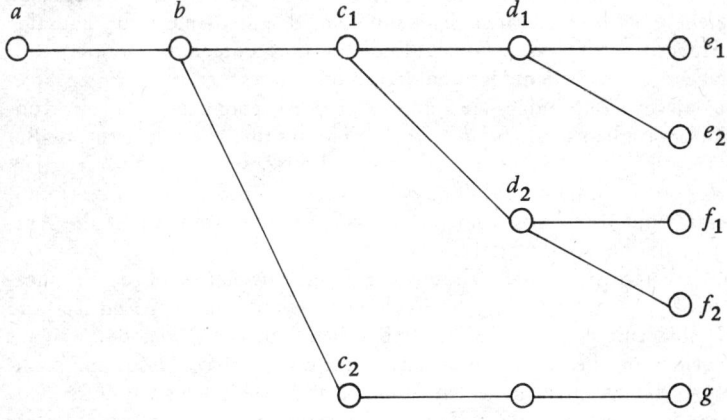

Dieses System hat in der Wirklichkeit fünf Stufen durchlaufen, von a zu e_1. Sehen wir uns seinen End-Zustand e_1 an. Wir wollen die »Ursachen« der Entstehung und Zusammensetzung dieses speziellen End-Zustands herausbekommen. Wir fragen uns zum Beispiel, ob die Tatsache, daß das System auf der vierten Stufe d_1 durchlaufen hat, eine hinreichende Bedingung dafür war, daß es schließlich den Zustand e_1

erreichte. Die Antwort ist ganz klar negativ. Denn nach d_1 hätte der End-Zustand auch e_2 sein *können*. (Aus unseren Konventionen der Darstellung folgt, daß e_1 und e_2 verschiedene Gesamt-Zustände des Systems sind. Siehe oben, S. 53.)

Als nächstes fragen wir uns, ob die Tatsache, daß das System auf seiner vierten Entwicklungsstufe d_1 durchlaufen hat, eine notwendige Bedingung dafür war, daß es den Zustand e_1 erreichte. Um diese Frage zu beantworten, müssen wir uns die Zusammensetzung all der anderen möglichen vorletzten Zustände des Systems und der möglichen End-Zustände nach diesen ansehen. Wenn ein mit e_1 identischer End-Zustand nur nach mit d_1 identischen Zuständen eintritt, dann ist die Antwort auf die Frage positiv, sonst negativ.

Es ist zu beachten, daß die Frage, ob d_1 eine Bedingung einer gewissen Art für den End-Zustand e_1 des Systems ist, wie folgt zu verstehen ist: Ist die Tatsache, daß sich das System auf seiner vierten Stufe in einem mit d_1 *generisch identischen* Zustand befindet, d. h. bezüglich der im betrachteten Zustands-Raum enthaltenen Elemente die gleiche Zusammensetzung wie d_1 aufweist, eine derartige Bedingung für einen mit e_1 generisch identischen End-Zustand?

Die Kausalanalyse kann auf eine Anzahl ganz verschiedener Fragen Antwort geben. Ich werde hier nicht versuchen, den Gegenstand erschöpfend oder systematisch zu behandeln, sondern nur ein paar speziellere Fälle betrachten. Es kann sein, daß man nicht die kausalen Antecedensdaten des *ganzen* End-Zustands untersucht, sondern nur an einem speziellen Merkmal von ihm interessiert ist, d. h. an »elementaren« Zuständen wie z. B. p oder q. Angenommen, p sei ein Konjunktionsglied in e_1. Ist d_1 auf der vierten Stufe eine hinreichende Bedingung für das Vorkommen von p im End-Zustand? Wenn p in jedem möglichen End-Zustand des Systems vorkommt, der von (d_1 oder von) einem mit d_1 identischen, vorletzten Zustand abstammt, ist die Antwort positiv, sonst negativ.

Als nächstes wollen wir uns der Frage zuwenden, ob d_1 eine notwendige Bedingung für das Vorkommen von p in dem End-Zustand war. Wenn p nur in solchen möglichen End-Zuständen des Systems vorkommt, die von einem mit d_1 identischen vorletzten Zustand stammen, d. h. wenn p in jedem End-Zustand nach einem vorletzten Zustand mit einer anderen Zusammensetzung als d_1 fehlt, dann ist die Antwort positiv, sonst negativ.

Wir dehnen diese Suche nach »Ursachen« eines gegebenen Zustands oder Merkmals eines Zustands in zeitlicher Hinsicht nach rückwärts aus. Wir bemerken dann etwas, was sich für die Metaphysik der Kausalität als von fundamentaler Bedeutung erweist:

Die Tatsache, daß ein bestimmter Zustand auf einer bestimmten

Stufe in der Geschichte eines Systems *keine notwendige* Bedingung für den End-Zustand (oder für ein bestimmtes Merkmal des End-Zustands) eines Systems ist, ist mit der Möglichkeit verträglich, daß ein Zustand auf einer früheren Stufe eine solche Bedingung *ist*. Ein Beispiel: d_1 auf der vierten Stufe sei *keine* notwendige Bedingung für das Vorkommen von p in e_1, und zwar deshalb nicht, weil p z. B. auch in f_1 vorkommt. Trotzdem kann es sein, daß c_1 auf der dritten Stufe für das Vorkommen von p in e_1 notwendig ist. Das wäre tatsächlich der Fall, wenn p nicht in g vorkommt.

Andererseits folgt aber aus der Tatsache, daß ein bestimmter Zustand auf einer bestimmten Stufe *keine hinreichende* Bedingung für den End-Zustand (oder für eines seiner Merkmale) eines Systems ist, daß auch kein Zustand auf einer früheren Stufe eine solche Bedingung ist. Beispiel: Wenn d_1 keine hinreichende Bedingung für p in e_1 ist – etwa weil p nicht in e_2 vorkommt –, dann kann auch c_1 keine solche Bedingung sein.

Es ist nicht notwendig, daß die Kausalanalyse von einem gegebenen Zustand eines Systems aus in die Vergangenheit zurückgeht. Sie kann auch in die Zukunft gehen. Unter der Voraussetzung einer Parallelität zwischen der Irreversibilität der Zeit auf der einen Seite und der Asymmetrie der Kausalrelation auf der anderen stellt eine Kausalanalyse des ersten Typs im wesentlichen eine Nachzeichnung von Ursachen gegebener Wirkungen, eine Kausalanalyse des zweiten Typs dagegen eine Nachzeichnung von Wirkungen gegebener Ursachen dar. Die späteren Zustände, die mit einem gegebenen Zustand in einer Kausalrelation stehen, werden oft auch dessen »Folgen« genannt (vgl. Kp. III, Abschn. 2).

Die Kausalanalyse, die in Richtung auf die Zukunft verfährt, wird hier nicht gesondert behandelt werden.

Sehen wir uns als nächstes nur ein Fragment des auf S. 55 abgebildeten Systems an, etwa das Fragment, das mit dem Zustand c_1 beginnt. Nehmen wir an, daß der Zustand p in e_1, aber nicht in f_1 oder f_2 vorkommt. Ob er in e_2 vorkommt oder nicht ist hier unwesentlich.) Innerhalb des jetzt zu betrachtenden kleineren Systems ist es dann eine notwendige Bedingung für das Vorkommen von p im End-Zustand, daß der vorletzte Zustand mit d_1 identisch ist. Aber daraus folgt nicht, daß das gleiche auch vom größeren System gilt. Wenn p ein Merkmal des möglichen End-Zustands g ist und wenn der ihm unmittelbar vorangehende Zustand von d_1 verschieden ist (eine Vorstellung, an der uns nichts hindert), dann gilt die obige Bedingungs-Relation nicht für das größere System.

Ähnliches gilt für Relationen der hinreichenden Bedingung. Wenn p in e_1 und e_2 vorkommt, dann ist in dem Fragmentsystem der vorletzte Zustand d_1 eine hinreichende Bedingung für das Vorkommen von p im End-Zustand. Wenn aber p kein Merkmal von g ist und der g unmittelbar vorangehende Zustand mit d_1 identisch ist, dann ist diese Bedingungs-Relation im größeren System nicht gültig.

Man kann leicht sehen, daß dann, wenn eine Bedingungs-Relation im größeren System gilt, sie notwendigerweise auch in dem kleineren System gilt, das ein Fragment von ihm ist, aber nicht umgekehrt[24].

Nehmen wir, wie vorhin, an, daß in dem mit c_1 beginnenden System ein mit d_1 identischer vorletzter Zustand eine notwendige Bedingung dafür ist, daß ein End-Zustand p enthält, daß dies aber nicht für das mit a beginnende System gilt. Da das mit c_1 beginnende System ein Fragment des mit a beginnenden Systems ist, kann man sagen, daß die in Frage stehende Bedingungs-Relation im folgenden *relativen*[25] Sinne auch innerhalb des größeren Systems gilt: *Wenn* sich das größere System aus seinem Anfangs-Zustand a über b zu c_1 entwickelt, *dann* ist es notwendig, daß es über d_1 läuft, wenn es in einem Zustand enden soll, der p enthält. Das Antecedens formuliert hier eine hinreichende Bedingung für die (bzw. für das Vorkommen der) im Konsequens ausgedrückte(n) Relation der notwendigen Bedingung[26].

Wenn eine Bedingungs-Relation für ein ganzes System gilt und nicht nur für ein Fragment von ihm, dann ist diese Bedingung nicht wiederum durch irgendeine Entwicklung innerhalb des Systems bedingt. Ganz gleich welche Alternativen das System im Verlauf seiner Entwicklung »wählt«, das Vorkommen z. B. von F auf der m-ten Stufe steht in einer spezifischen Relation zu dem Vorkommen z. B. von G auf der n-ten Stufe. Aber deshalb ist die fragliche Bedingung immer noch *relativ auf das System*[27].

Ein einmal fixiertes System kann in mehrfachem Sinne *abgeschlossen* gegenüber äußeren kausalen Einflüssen genannt werden[28]. Der eine Sinn ist der, daß kein Zustand (oder Merkmal eines Zustands) auf irgendeiner Stufe im System eine außerhalb des Systems vorkommende *hinreichende Antecedens-Bedingung* besitzt. Da das Wort »Ursache« recht häufig zur Bezeichnung von einer hinreichenden Bedingung für etwas verwendet wird, dürften wir meines Erachtens sehr oft diesen Sinn von Abgeschlossenheit gegenüber kausalen Einflüssen vor Augen haben, wenn wir von einer gewissen Kette aufeinanderfolgender Zustände sagen, sie bilde ein »abgeschlossenes System«. Im folgenden werde ich den Ausdruck *ein abgeschlossenes System* durchweg in diesem Sinne verwenden.

Dieser Begriff eines abgeschlossenen Systems kann auf mehrere Weisen *relativiert* werden. Eine solche Relativierung liegt z. B. dann vor, wenn das System hinsichtlich *einiger*, obgleich nicht notwendigerweise *aller* seiner Zustände abgeschlossen ist, d. h. wenn zwar einige Zustände des Systems keine äußeren hinreichenden Antecedens-Bedingungen besitzen, dies dafür aber bei einigen anderen Zuständen des Systems der Fall sein kann.

6. Kausal*analyse* sollte von Kausal*erklärung* unterschieden werden. Bei der ersteren ist uns ein System gegeben, und wir versuchen, in ihm Bedingungs-Relationen zu entdecken. Bei der letzteren ist uns ein individuelles Vorkommnis eines generischen Phänomens (Ereignisses, Vorgangs, Prozesses) gegeben, und wir suchen nach einem System, innerhalb dessen dieses Phänomen (dieser Phänomentyp), das *Explanandum* durch eine Bedingungs-Relation mit einem anderen Phänomen in Verbindung gebracht werden kann.

Man kann des weiteren zwischen Arten oder Typen von Kausalerklärungen unterscheiden, je nachdem von welcher Natur die involvierte Bedingungs-Relation ist und/oder der Stelle, die die Bedingungs-Relation im ganzen System einnimmt. Ich werde nur ein paar prototypische Fälle betrachten.

i. Gegeben sei ein Gesamt-Zustand *c,* der sich aus mehreren elementaren Zuständen $p_1 \ldots p_n$ zusammensetzt. Warum ereignete sich *c* (warum kam *c* zustande)? Die Erklärung könnte lauten, daß *c* nach einem anderen Gesamt-Zustand *b* vorkam, der sich aus den gleichen elementaren Zuständen zusammensetzte, und daß das Vorkommen von *b* eine hinreichende Bedingung für das Vorkommen von *c* darstellt. Wenn dies eine gültige Erklärung ist, haben wir ein System von extrem einfacher Struktur; ein Anfangs-Zustand *b*, auf den ohne Alternativen ein End-Zustand *c* folgt.

ii. Gegeben sei ein Gesamt-Zustand *c*. Warum kam es gerade zu *diesem* Zustand und nicht z. B. zu einem anderen Zustand *c'*, den wir auch für möglich halten? Daß wir *c'* als eine mögliche Alternative zu *c* ansehen, muß relativ auf die Stellung der Zustände in einer Geschichte verstanden werden. Es bedeutet, strenggenommen, daß nach dem Gesamt-Zustand *b*, von dem wir wissen, daß er *c* voranging, *c'* ebenfalls möglich war. Die topologische Abbildung des Systems ist

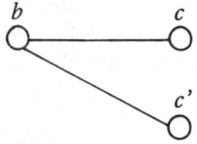

Um die Frage, warum c vorkam, zu beantworten, müssen wir das System entweder hinsichtlich seiner zeitlichen Dimension oder hinsichtlich seines Zustands-Raumes erweitern. Wir wenden uns zuerst der zweiten Möglichkeit zu. Wir entdecken z. B., daß in der Situation, in der b zustande kam, auch ein Zustand p vorkam, der kein Element des ursprünglichen Zustands-Raums darstellt. Wenn p im Zustands-Raum enthalten ist und die Zustände neu beschrieben werden, so erhalten wir z. B. diese Abbildung eines (Fragments eines) Systems:

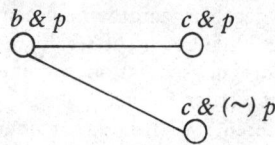

Als Antwort auf unsere ursprüngliche Frage können wir jetzt sagen, daß es deshalb zu c und nicht zu c' kam, weil das Vorkommen von p unter den Umständen b eine hinreichende Bedingung für das Vorkommen des End-Zustands c darstellt (ganz gleich, ob nun p in der Welt bestehen bleibt oder nicht).

Wenn eine Erklärung von diesem Typ ist, sagen wir oft, daß p die »Ursache« von c ist. Dann sollte jedoch beachtet werden, daß die »Ursache« hier weder eine hinreichende noch eine notwendige Bedingung der Wirkung zu sein braucht. Die »Ursache« ist ein Faktor, der, wenn er zu einer gegebenen Konstellation von Umständen, dem Gesamt-Zustand b, »hinzugefügt« wird, diese Konstellation zu einer hinreichenden Bedingung eines anderen Zustands macht. Vielleicht könnte man – in Anlehnung an einen von Ernest Nagel vorgeschlagenen Ausdruck – p eine »kontingente hinreichende Bedingung« nennen. Man könnte p auch eine »relative« Bedingung nennen[29].

iii. Die Verzweigung des Zustands b in dem eben beschriebenen Fall führte zur Entdeckung einer (relativen) hinreichenden Bedingung des End-Zustands. Sie hätte auch zur Entdeckung einer (relativen) notwendigen Bedingung führen können. Wir finden z. B. heraus, daß dem Zustand b nur dann, wenn er mit dem zusätzlichen Merkmal p vorkommt, der End-Zustand c folgt. Ohne das Vorkommen von p in b wäre c *nicht* zustande gekommen. Das heißt nicht, daß c immer, wenn p zu b hinzugefügt wird, zustande kommt. Die topologische Figur, die diesem Typ einer Kausalerklärung entspricht, könnte so aussehen:

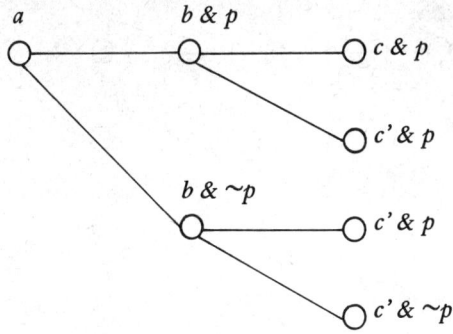

Wenn wir diese Abbildung leicht verändern, so daß der zweite Kreis von oben in der Spalte ganz rechts den Zustand $c \& \sim p$ darstellt, dann ist das Vorkommen von p in b im relativen Sinn sowohl notwendig *als auch* hinreichend für c. Somit konnten wir in dem unserem *Explanandum* vorangehenden Zustand ein Merkmal entdecken, dessen Fehlen in diesem Zustand (wobei alles andere an ihm unverändert bleibt) das Zustandekommen des *Explanandums* verhindert hätte und dessen Vorkommen in diesem Zustand (zusammen mit dem übrigen Teil von ihm) das Zustandekommen des *Explanandums* garantiert.

iv. Wir kehren zu der in *ii* gestellten Frage zurück. Eine der Möglichkeiten, sie zu beantworten, besteht, so sagten wir, in einer zeitlichen Erweiterung des Fragments.

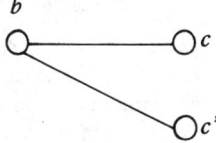

Das geht wie folgt vor sich: Wir stellen fest, daß es sich bei dem *nach* dem *Explanandum* c folgenden Zustand um den Zustand d handelt; c sehen wir als eine *notwendige* Bedingung dieses Zustands an. Der Zustand d ist eingetreten – aber ohne c wäre d nicht zustande gekommen; es bedurfte, so könnte man sagen, des Zustands c, um d möglich zu machen. Wir sind hier nicht an einer Erklärung von d interessiert. Wir sehen sein Vorkommen als gegeben an. Es war, in diesem Licht betrachtet, sozusagen der »Zweck« von c, den Zustand d zu ermöglichen; c existiert sozusagen »um d willen«. Die dieser Erklärung entsprechende Figur könnte z. B. sein:

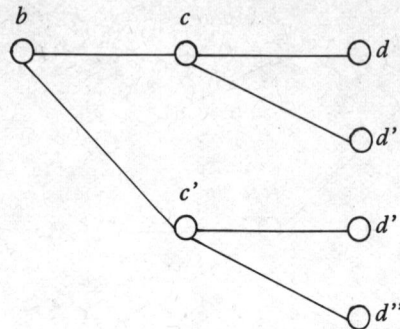

Dies zeigt eine gewisse Ähnlichkeit zu der unter *iii* aufgeführten Figur. Ein wichtiger Unterschied besteht darin, daß in diesen zwei Schemata das *Explanandum* eine verschiedene relative Position einnimmt.

Eine Erklärung vom Typ *iv* werde ich *quasi-teleologisch* nennen.

Erklärungen von den Typen *i* und *ii* sind Antworten auf Fragen, *warum* etwas *notwendig* war oder wurde. Erklärungen von den Typen *iii* und *iv* dagegen zeigen, *wie* etwas *möglich* war oder wurde. In Erklärungen vom *Warum notwendig?*-Typ sind hinreichende Bedingungen wesentlich; in Erklärungen vom *Wie möglich?*-Typ notwendige Bedingungen[30].

Erklärungen der ersten beiden Typen können zu Voraussagen verwendet werden. Wenn die hinreichende Bedingung vorliegt oder wenn die relativ hinreichende Bedingung in ihren passenden Rahmen eingefügt worden ist, können wir die Wirkung voraussagen, d. h. das erneute Vorkommen des *Explanandums* unserer Erklärung.

Erklärungen der letzten beiden Typen *können nicht* zur Voraussage neuer Vorkommnisse des *Explanandums* verwendet werden. (Schon allein aus diesem Grund ist es also ein Fehler, wenn man glaubt, eine Kausalerklärung oder eine wissenschaftliche Erklärung ganz generell sei notwendigerweise mit einem Mechanismus zur Voraussage erklärter Phänomene äquivalent; und doch wird dieser Fehler nicht selten gemacht.)[31] Sie können jedoch zur Aufstellung von *Retrodiktionen,* wie man sie gut nennen könnte, verwendet werden. Aus der Tatsache, daß wir wissen, daß ein bestimmtes Phänomen vorgekommen ist, können wir, was den Zeitfaktor angeht, darauf zurückschließen, daß dessen notwendige Antecedensbedingungen in der Vergangenheit ebenfalls vorgekommen sein müssen. Und wenn wir »in die Vergangenheit schauen«, finden wir vielleicht (in der Gegenwart) noch Spuren von ihnen. Dieser Test- oder Verifikationsmechanismus wird hier nicht weiter untersucht werden. Voraussage und Retrodiktion sind sich in Wirklichkeit weniger ähnlich, als man oft annimmt.

Indirekt können jedoch auch Erklärungen vom *Wie möglich*?-Typ zu Voraussagen verwendet werden. Wenn wir die notwendigen Bedingungen eines Phänomens kennen, können wir, wenn wir sie unterdrücken bzw. wenn wir einfach beobachten, daß sie nicht realisiert sind, voraussagen, daß das fragliche Phänomen *nicht* vorkommen wird.

Erklärungen mit Voraussagekraft sind in den experimentellen Wissenschaften von höchster Bedeutung. Retrodiktive Erklärungen dagegen sind in den Wissenschaften äußerst wichtig, die, wie Kosmogonie, Geologie und die Evolutionstheorie, die Geschichte (Entwicklung) von Natur-Ereignissen und Prozessen untersuchen.

Erklärungen der von mir »quasi-teleologisch« genannten Art wurden von Methodologen und Wissenschaftstheoretikern relativ wenig beachtet[32]. Sie wurden nicht von echten teleologischen Erklärungen unterschieden, und so blieb ihr distinktiver *kausaler* Charakter, d. h. ihre Abhängigkeit von gesetzmäßigen Verknüpfungen zwischen bestimmten Phänomenen, weitgehend unbemerkt. Ich glaube, daß quasi-teleologische Erklärungen, d. h. Erklärungen mit Hilfe der Folgen der zu erklärenden Phänomene, in den biologischen Wissenschaften eine große Rolle spielen[33]. Man kann sie als für diese Wissenschaften genauso charakteristisch ansehen, wie es Kausalerklärungen mit Hilfe von Antecedensdaten für die Wissenschaften der anorganischen Natur sind. Funktionale Erklärungen in der Biologie scheinen gewöhnlich von dem hier quasi-teleologisch genannten Typ zu sein. Das Verhalten eines lebenden Körpers oder einer Maschine, das quasi-teleologisch erklärt wird, kann auch *zielgerichtet* genannt werden. Es ist zielgerichtet in dem Sinne, als es für den Vollzug von für gewisse Systeme charakteristischen Funktionen notwendig ist. Verhaltensweisen und andere Prozesse, die in diesem Sinne zielgerichtet sind, müssen von einem Verhalten unterschieden werden, das *zielintendiert* ist – zielintendiert in dem Sinne, als es mit Absicht bestimmte Ziele verfolgt. Verschiedene »vitalistische« Auffassungen in der Philosophie der Biologie machen sich oft einer Konfusion zwischen zielgerichtetem und zielintendiertem Verhalten schuldig.

7. Wie lernen wir es, abgeschlossene Systeme von der Umgebung ihrer äußeren Umstände zu »isolieren«, und wie erfahren wir etwas von den in einem System inhärenten Entwicklungsmöglichkeiten?

In der Abfolge von Situationen bemerkten wir wiederholt das Vorkommen eines gewissen Zustands *a*. Auf ihn folgte unserer bisherigen

Erfahrung nach stets ein Zustand *b*, auf diesen wiederum manchmal c_1 und manchmal c_2, auf c_1 manchmal oder stets –, auf c_2 manchmal oder stets – usw. über eine Anzahl von Stufen, etwa gleich *n*. In diesen Abfolgen von Ereignissen konnten wir mit Hilfe des Instrumentariums der Kausalanalyse gewisse Bedingungsrelationen erkennen. Aber wie wissen wir, daß die alternativen Entwicklungsmöglichkeiten, die uns aus unseren Beobachtungen vertraut sind, wirklich alle derartigen Möglichkeiten darstellen? Kann uns hier eine ständige *Beobachtung* von Abfolgen je die nötige Sicherheit verleihen?

Sehen wir uns eine Anzahl von wiederholten Vorkommnissen des Anfangs-Zustands *a* an. Der Zustand *a* stammt stets aus einem unmittelbar vorangehenden Zustand. Wir nehmen nun an, daß es einen Zustand α gibt und daß wir auf der Grundlage unserer bisherigen Erfahrung davon überzeugt sind, daß er sich *nicht* zu dem Zustand *a* *verändern wird*, es sei denn, *wir selbst verändern* ihn zu *a*. Wir nehmen zudem an, daß wir (wissen, daß wir) dies auch wirklich *tun können*. Diese Annahmen mögen äußerst problematisch erscheinen. Wie können wir sicher sein, daß sich α nicht »von selbst«, d. h. unabhängig von unserem Handeln, zu *a* verändern wird? Und wie wissen wir, daß *wir* diese Änderung herbeiführen können? Wir brauchen nicht zu bestreiten, daß es hier für einen Philosophen schwerwiegende Probleme gibt. Aber wir müssen auch zugeben, daß es eine empirische Tatsache ist, daß uns Situationen der eben beschriebenen Art recht vertraut sind. Ich weiß (bin mir sicher), daß sich das vor mir befindliche Fenster nicht »von selbst« öffnen wird, daß ich es aber öffnen kann. Natürlich *kann* ich mich darin irren. In der Natur ereignet sich manchmal Überraschendes; und manchmal wird ein Mensch völlig unerwartet bestimmter Fähigkeiten beraubt. Aber im großen und ganzen kann man sich auf ein solches Wissen verlassen. Könnte man es nicht, so wäre (im allgemeinen) ein *Handeln* unmöglich – und damit *a fortiori* auch die Tätigkeit, die von uns wissenschaftliches Experimentieren genannt wird. Ein wesentliches Merkmal des Handelns besteht nämlich darin, daß einerseits Veränderungen zustande kommen, von denen wir mit voller Überzeugung sagen können, daß sie nicht vorgekommen wären, wenn wir nicht selbst eingegriffen hätten, und daß andererseits Veränderungen nicht stattfinden, von denen wir mit voller Überzeugung sagen können, daß sie zustande gekommen wären, wenn wir sie nicht verhindert hätten[34].

Man beachte, daß die von uns gemachte Annahme keine Annahme über eine kausale Bedingungs-Relation ist. Es wird weder angenommen, daß der Zustand α eine hinreichende Bedingung für *non-a* ist, noch daß für eine Veränderung von α zu *a* eine Kenntnis der hinreichenden Bedingungen von *a* erforderlich ist. Eine Kenntnis solcher Bedingungen spielt manchmal eine wichtige Rolle, wenn wir die Situation verändern. Aber dies ist nicht immer der Fall.

Angenommen, wir verändern nun α zu a und sehen zu, was passiert. Nehmen wir an, wir finden heraus, daß das System einen seiner hypothetisch zugelassenen Übergänge vom Anfangs-Zustand zum End-Zustand durchläuft.

Die beschriebene Manipulation ermöglicht einen sehr starken logischen Schluß. Weder α selbst noch irgendein vor α liegender Zustand kann eine *hinreichende* Bedingung für den Anfangs-Zustand des geschilderten Systems sein. Eine hinreichende Bedingung aus der Vergangenheit kann nur durch eine ununterbrochene Kette von aufeinanderfolgenden hinreichenden Bedingungen innerhalb desjenigen Systems wirken, dessen Anfangs-Zustand jene in der Vergangenheit vorkommende Bedingung ist. Aber eine jede solche Kette wird, wenn es sie überhaupt gibt, bei α unterbrochen. Denn α wird sich – das war unsere Annahme – nicht zu a verändern, es sei denn, *wir* führen diese Veränderung herbei.

Der von uns betrachtete Eingriff garantiert noch nicht, daß das »Innere« des Systems abgeschlossen ist. In ihm könnte ein Zustand (oder ein Merkmal eines Zustands) vorkommen, von dem α oder ein vor α liegender Zustand eine hinreichende Bedingung ist. Wie ist diese Möglichkeit auszuschließen?

Als erstes sollte beachtet werden, daß dann, wenn es in dem System einen derartigen Zustand (ein derartiges Merkmal eines Zustands) gibt, eine ununterbrochene Kette von hinreichenden Bedingungen existieren muß, die diesen Zustand (dieses Merkmal) mit seiner »äußeren« hinreichenden Bedingung in dem durch das Vorkommen dieses äußeren Systems initiierten größeren System verbindet (Siehe oben S. 65). Somit brauchen wir uns tatsächlich nur solche (Merkmale von) Zustände(n) des Systems anzusehen, für die der Anfangs-Zustand des Systems eine hinreichende Bedingung ist. Nehmen wir einmal die Existenz eines solchen Zustands an. Nehmen wir z. B. an, daß p in allen möglichen End-Zuständen des auf S. 55 abgebildeten Systems vorkommt. Dann ist der Anfangs-Zustand a des Systems eine hinreichende Bedingung von p. Um die Möglichkeit zu eliminieren, daß irgendein vor a liegender Zustand eine hinreichende Bedingung des Vorkommens von p in jedem End-Zustand des Systems ist, genügt es, zu zeigen, daß α keine solche hinreichende Bedingung ist. Wie läßt sich dies bewerkstelligen?

Wir bringen dies dadurch zuwege, daß wir die Veränderung von α zu a *unterlassen* und beobachten, was dann passiert. Wir *lassen die Welt sich selbst verändern* – unabhängig von unserem Eingreifen – was natürlich heißen kann, daß sie sich überhaupt nicht verändert, sondern in einem mit α identischen Zustand verbleibt.

Wenn diese »unberührte« Welt – in (zeitlicher) Übereinstimmung mit den von *a* bis zum End-Zustand unseres Systems reichenden Stufen – die fünf Stufen durchlaufen hat und dann *nicht* das Merkmal *p* aufweist, dann können wir sicher sein, daß α keine hinreichende Bedingung für das Vorkommen von *p* im End-Zustand unseres Systems ist. Wenn sie dagegen dieses Merkmal aufweist, dann müssen wir mit der Möglichkeit rechnen, daß α tatsächlich eine solche Bedingung darstellt und daß das System daher nicht abgeschlossen ist. Kein Versuch, *p* aus dem End-Zustand zu »entfernen«, könnte uns die Sicherheit geben, daß das System abgeschlossen ist. Wir sind hier von »der Gnade der Natur« abhängig.

Die Tatsache, daß das System dadurch in Bewegung gesetzt werden kann, daß man α zu *a* verändert, schließt natürlich die Möglichkeit nicht aus, daß *a* eine oder mehrere hinreichende Bedingungen besitzt, die Alternativen zu α sind. α' sei eine solche Bedingung. Das mit *a* beginnende System kann somit wieder als ein Fragment eines mit α' beginnenden größeren Systems vorkommen. Man kann nun die Frage stellen, ob das größere System abgeschlossen vorkommen kann oder nicht. Um dies herauszufinden, suchen wir nach einer Möglichkeit, dieses größere System dadurch in Gang zu bringen, daß wir *dessen* Anfangs-Zustand α' aus irgendeinem vorangehenden Zustand hervorbringen.

Eine weitere Möglichkeit, die durch den Akt der Veränderung von α zu *a nicht* ausgeschlossen wird, besteht darin, daß α selbst oder irgendein Zustand bzw. irgendwelche Zustände vor α notwendige Bedingungen für *a* oder für irgendeinen der in dem System nach *a* kommenden Zustände sind. Von solchen vor α liegenden Zuständen könnte man sagen, daß sie es *ermöglichen*, die Handlung des Hervorbringens von *a* (aus α) zu vollziehen oder einen anderen Zustand dadurch herbeizuführen, daß man *a* hervorbringt. Diese Zustände können, aber müssen nicht Zustände sein, die wir hervorbringen können, wenn sie noch nicht vorhanden sind. (Zum Unterschied zwischen Tun und Herbeiführen vgl. Abschn. 8.)

Es scheint im allgemeinen wahr zu sein, daß »äußere« notwendige Bedingungen von Zuständen in einem experimentell reproduzierbaren System eher für Bedingungen des *Vollzugs des Experiments* als für Bedingungen seines *Ergebnisses* gehalten werden.

Wenn wir zu einer rein »passiven« Beobachtung von Abfolgen von Ereignissen gezwungen wären, könnten wir uns nicht vergewissern, daß dann, wenn sich bei einer bestimmten Gelegenheit der Anfangs-Zustand eines Systems verwirklicht, in seiner Vergangenheit keine hinreichende Bedingung gibt, die für sein Vorkommen »verantwortlich« ist. *Nur* die charakteristische Operation des »aktiven« Eingreifens in den Anfangs-Zustand eines Systems, der Veränderung eines sich sonst *nicht* so verändernden Zustands, kann uns diese Sicherheit geben[35].

Unsere Antwort auf die Frage, wie wir ein abgeschlossenes System aus einem Fragment einer Weltgeschichte isolieren lernen und wie wir erfahren, von welchen Möglichkeiten (und Notwendigkeiten) die Entwicklungen innerhalb eines Systems regiert werden, lautet also wie folgt: Wir lernen dies zum Teil dadurch, daß wir wiederholt das System durch Hervorbringen seines Anfangs-Zustands in Bewegung setzen und uns dann (»passiv«) die darauffolgenden Stufen seiner Entwicklung ansehen, und zum Teil dadurch, daß wir diese aufeinanderfolgenden Stufen mit Entwicklungen in Systemen vergleichen, die von anderen Anfangs-Zuständen ausgehen.

Was wir aus dem experimentellen Eingriff und der darauffolgenden Beobachtung lernen, läuft nicht auf eine definitive Verifikation – sei es des abgeschlossenen Systems oder dessen Entwicklungsmöglichkeiten – hinaus. Es gibt hierfür mehrere Gründe. Wenn das System alternative Entwicklungen aufweist, dann können wir diese nur durch wiederholte Experimente mit variierenden Beobachtungsergebnissen in Erfahrung bringen. Wenn diese Ergebnisse stark variieren und sich bei einer einzelnen Realisierung des Systems für den tatsächlichen Verlauf der Ereignisse folglich nur wenig voraussagen läßt, dann wird unser Interesse an seiner Untersuchung bald nachlassen und wir sind nicht von der Behauptung überzeugt, daß wir (alle) seine Entwicklungsmöglichkeiten kennen. Selbst wenn zu einer beobachteten Regelmäßigkeit bisher noch keine Alternativen festgestellt worden sind, können wir uns nie völlig sicher sein, daß nicht eines Tages welche gefunden werden.

8. In der Idee des In-Bewegung-Setzens von Systemen treffen sich die Begriffe »Handlung« und »Verursachung«. Diese Konfrontation ist, wie die Sprache selbst bezeugt, tief in der Geschichte verwurzelt.

Es ist natürlich, von den Ursachen von Phänomenen als von Faktoren zu sprechen, die ihre Wirkungen »hervorbringen« oder »herbeiführen«. Die Wirkungsweise einer Ursache wird oft mit dem Wirken eines Handelnden verglichen, der für das, was er tut, verantwortlich gehalten wird. Einige Vertreter der Ideengeschichte (Jaeger, Kelsen) vertreten die Ansicht, daß die alten Griechen ihre Vorstellung von Kausalität in der Natur in Analogie zu Vorstellungen aus dem Bereich des Strafrechts und der ausgleichenden Gerechtigkeit gebildet haben[36]. Die Ursache führt eine Störung eines Gleichgewichtszustandes herbei und ist somit für irgendein Übel oder ein Unrecht in der Natur verantwortlich. Dieses Übel wird dann in Übereinstimmung mit dem Gesetz der

Natur korrigiert und somit vergolten. Das griechische Wort für Ursache, *aitia*, bedeutet auch Schuld. Das lateinische *causa* war ursprünglich ein juristischer Ausdruck[37]. Es sei hier erwähnt, daß das finnische Wort für Ursache, *syy*, genau dieselbe doppelte Bedeutung wie *aitia* besitzt. »Ätiologie« wird in der Medizin auch heute noch als ein Name für die Wissenschaft von den Ursachen von Krankheiten, d. h. von schädlichen Störungen des Körpers, verwendet. Es könnte aber auch einfach ein anderer Name für die Theorie und Praxis von Untersuchungen von Ursachen im allgemeinen sein.

Die Beobachtungen über die Sprache sind nicht schon an sich ein Beweis dafür, daß zwischen dem Begriff einer Ursache und dem einer Handlung eine begriffliche Verknüpfung besteht. Die Rede von Ursachen als dem Wirken von Handelnden, die für die Wirkungen verantwortlich sind, ist primär ein Reden in Analogien und Metaphern. Nimmt man diese Redeweise wörtlich, so führt das leicht zu einem abergläubischen Festhalten an unsichtbaren »Kräften« hinter dem beobachtbaren Naturverlauf und an deren verborgenen Plänen. Mit der zunehmenden »Verwissenschaftlichung« unserer Einsichten in die kausalen Verknüpfungen und Mechanismen der Natur konnten wir uns allmählich von diesem Aberglauben freimachen. Die letzten Spuren dieses Aberglaubens zeigten sich uns vielleicht in den »vitalistischen« Vorstellungen, die in der Philosophie (oder zumindest bei einigen Philosophen) der Biologie zu finden sind. Es kann nur wenig Zweifel daran bestehen, daß auch diese bei einem weiteren wissenschaftlichen Fortschritt verschwinden werden. In dieser Hinsicht bedeutete die Kybernetik für eine wissenschaftliche Klärung unserer Vorstellungen von den Prozessen des Lebens einen großen Schritt vorwärts.

Beobachtungen über eine Eliminierung animistischer und magischer Vorstellungen aus kausalen Konzeptionen in der Wissenschaft können jedoch genausowenig die begriffliche Trennbarkeit von Ursachen und Handlungen beweisen, wie etymologische Beobachtungen beweisen können, daß unsere Begriffe von Ursache und Handlung zusammenhängen. Ich möchte die These vertreten, daß wir weder die Kausalität selbst noch die Unterschiede zwischen gesetzmäßigen Verknüpfungen und akzidentelle Gleichförmigkeiten der Natur verstehen können, ohne auf Vorstellungen über den Vollzug einer Handlung und über einen intendierten Eingriff in den Naturverlauf zu rekurrieren.

Um meinen Standpunkt etwas klarer zu machen, muß hier und an späterer Stelle etwas mehr zur Erhellung des Begriffs der menschlichen Handlung gesagt werden.

Es ist zweckmäßig, zwischen dem *Tun* und dem *Herbeiführen* von etwas zu unterscheiden und folglich auch zwischen der Fähigkeit, etwas zu tun, und der Fähigkeit, etwas herbeizuführen. Dadurch, daß wir gewisse Dinge *tun*, führen wir andere herbei. Ein Beispiel: Dadurch, daß wir ein Fenster öffnen, lassen wir frische Luft in das Zimmer (führen eine Luftzirkulation herbei) oder senken die Temperatur oder führen einen Zustand herbei, in dem sich eine im Zimmer befindliche Person unwohl fühlt, zu niesen anfängt und sich eventuell erkältet. Was wir so herbeiführen, sind die Wirkungen unserer Handlung. Das, was wir tun, ist die Ursache dieser Wirkungen. Die Ursache werde ich auch das *Ergebnis* und die Wirkungen die *Folgen* unserer Handlung nennen. Zwischen der Ursache und den Wirkungen existiert eine Bedingungs-Relation einer bestimmten Art. Das Öffnen des Fensters kann z. B. bei den gegenwärtig vorliegenden Umständen eine hinreichende Bedingung für das Fallen der Temperatur sein. Einer dieser Umstände ist, daß die Temperatur im Zimmer höher ist als die Temperatur draußen.

Angenommen, wir führen die Lüftung des Zimmers dadurch herbei, daß wir das Fenster öffnen, d. h. dadurch, daß wir etwas tun. Haben wir nicht auch das Öffnen des Fensters »herbeigeführt«? Wenn wir sagen, wir hätten das (Sich-)Öffnen des Fensters herbeigeführt, dann ist das normalerweise ein Hinweis darauf, daß wir dies dadurch erreichten, daß wir etwas anderes taten, z. B. dadurch, daß wir einen Knopf drückten und dadurch eine Feder freigaben. Wenn wir aber einem andern erklären sollen, *wie* wir das Fenster geöffnet haben, und sagen, daß wir dies dadurch taten, daß wir zuerst den Griff in die Hand genommen und ihn dann im Uhrzeigersinn gedreht und schließlich auf den Rahmen einen Druck ausgeübt haben, dann wäre es auch korrekt, zu sagen, daß wir das (Sich-)Öffnen des Fensters dadurch herbeigeführt haben, daß wir diese Dinge der Reihe nach getan haben. Daß wir gegen den Rahmen drückten, war in diesen Umständen eine hinreichende Bedingung für das (Sich-)Öffnen des Fensters; das Drehen des Griffs dagegen war eine notwendige Bedingung für die Erzeugung der Umstände, die den Druck für das (Sich-)Öffnen hinreichend werden ließen.

Angenommen, es fragt mich jemand, wie ich den Griff drehte, und ich antworte, daß ich ihn mit meiner rechten Hand ergriffen und dann im Uhrzeigersinn gedreht habe. Auch hier wäre es korrekt, wenn man sagte, ich hätte die Drehung des Griffs dadurch herbeigeführt, daß ich diese Handlungen vollzog. Sollte dagegen jemand fragen, wie ich meine Hand drehte, dann wäre es korrekt, wenn ich sagte, ich hätte das dadurch herbeigeführt, daß ich eine bestimmte Muskelgruppe kontrahiert und entspannt habe. Denn (es sei denn, ich besitze spezielle Kenntnisse in der Anatomie) ich weiß weder, welche Muskeln dies sind, noch, wie ich sie kontrahieren soll – außer eben dadurch, daß ich meine Hand drehe.

Das, was getan wurde, ist das Ergebnis einer Handlung; das, was herbeigeführt wurde, ist die Folge einer Handlung. Was getan wird und was herbeigeführt wird, sind primär Veränderungen (Ereignisse). Veränderungen sind Übergänge von einem Zustand zu einem anderen. Das Ergebnis (wie auch die Folgen) kann mit der Veränderung *oder* mit deren End-Zustand identifiziert werden. Für unsere Zwecke ist es unwesentlich, welche Alternative wir wählen. Aus Einfachheitsgründen wähle ich die letztere. Es sollte beachtet werden, daß das Ergebnis dann, wenn es im Vorkommen eines Zustands besteht, nicht eindeutig dem Vollzug einer bestimmten Handlung entspricht. Als Beispiel: Das Ergebnis der Handlung des Öffnens des Fensters ist, daß ein gewisses Fenster offen ist. Aber der gleiche Zustand, nämlich daß das Fenster offen ist, kann auch ein Ergebnis der Handlung sein, das Sich-Schließen des Fensters zu verhindern. (Und es kann das Ergebnis der zwei folgenden verschiedenen, »negativen« Unterlassungshandlungen sein: man läßt das Fenster offen oder man läßt es sich »von selbst« öffnen.)

Zwischen einer Handlung und ihrem Ergebnis besteht ein innerer Zusammenhang, also ein logischer und kein kausaler (äußerer). Wenn das Ergebnis nicht zustande kommt, ist die Handlung nicht vollzogen worden. Das Ergebnis ist ein »wesentlicher« Teil der Handlung selbst. Es ist daher ein *schwerer* Fehler, wenn man die Handlung selbst für eine Ursache ihres Ergebnisses hält.

Die Unterscheidung zwischen Ergebnis und Folge ist in einem bedeutenden Sinne *relativ*. Wenn ich sage, daß ich das Zimmer dadurch lüfte, daß ich das Fenster öffne, dann ist das Ergebnis meiner Handlung in diesem Fall, daß sich das Fenster öffnet (offen ist). Wenn ich sage, daß ich das Fenster dadurch öffne, daß ich den Griff drehe usw., so ist die Veränderung in der Position des Griffs usw. das Ergebnis, die Veränderung in der Position des Fensters die Folge. Solche Ketten enden stets und notwendig in etwas, was ich tue, und zwar nicht in etwas, was ich dadurch tue, daß ich etwas anderes tue, sondern eben in etwas, was ich *simpliciter* tue. Handlungen, von denen man nicht sagen könnte, daß sie dadurch vollzogen werden, daß man etwas anderes tut, werde ich *Basis-Handlungen*[38] nennen.

In der Terminologie von »Systemen« ausgedrückt bedeutet der Vollzug einer Handlung – sei es nun eine Basis-Handlung oder nicht – den Übergang von einem dem Anfangs-Zustand eines Systems vorausgehenden Zustand zu diesem Anfangs-Zustand. Das Ergebnis ist der Anfangs-Zustand. Der Vollzug einer Handlung ist somit das In-Bewegung-Setzen eines Systems.

Im Grenzfall hat das betrachtete System nur eine Stufe. Dies ist dann der Fall, wenn das Ergebnis der Handlung (von uns) nicht zu etwas anderem in Beziehung gesetzt wird, was eine Folge dieser Handlung wäre.

Immer wenn wir etwas dadurch herbeiführen, daß wir etwas anderes tun, setzen wir die Existenz eines Systems voraus, das mindestens zwei Stufen durchläuft und innerhalb dessen sich eine Relation der hinreichenden Bedingung feststellen läßt.

Die Vorstellung, daß der Mensch vermittels seiner Handlungen Dinge *herbeiführen kann*, basiert auf der Vorstellung, daß eine Abfolge von Ereignissen ein abgeschlossenes System bildet – wenn nicht im absoluten Sinne, dann zumindest relativ auf irgendeine Bedingungs-Relation zwischen den Zuständen dieses Systems. Die Identifikation und Isolierung von Systemen wiederum beruht auf der Vorstellung, daß der Mensch Dinge *tun* und nicht nur Dinge herbeiführen *kann*, und zwar durch einen direkten Eingriff in den Verlauf der Ereignisse (der Natur).

Wir vollziehen Handlungen. Können Handlungen auch getan werden? Eine positive Antwort hat etwas leicht Seltsames an sich. Dies liegt wahrscheinlich daran, daß man dann, wenn man sagt, daß eine Handlung getan wird, nahelegt, daß eine Handlung das Ergebnis einer Handlung ist. Ich werde hier nicht diskutieren, ob dies aus begrifflichen Gründen *nicht* der Fall *sein kann*. Wenn man einen Unterschied zwischen Akt und Handlung macht und letztere als etwas ansieht, was sich selbst durch Ereignisse oder Zustände, die ihre »Ergebnisse« genannt werden, »in der Welt« manifestiert, und wenn man ersteren als etwas rein »Inneres« ansieht, dann könnte man vielleicht sagen, daß Handlungen Ergebnisse von Akten sein können, z. B. daß die Handlung, das Fenster zu öffnen, ein Ergebnis des Aktes, sich zu dieser Handlung zu entscheiden, sein kann. (Es ist bezeichnend, daß eine Entscheidung nicht eine Handlung genannt wird.)

Ob man von Handlungen korrekt sagen kann, daß sie getan werden, mag zweifelhaft sein, aber es ist gewiß sinnvoll, wenn man sagt, daß Handlungen manchmal »herbeigeführt« werden. Wir werden manchmal *dazu gebracht*, etwas zu tun. Wie geht das vor sich? Zum Beispiel dadurch, daß man einen Befehl erhält, eingeschüchtert wird, zu etwas überredet wird, um etwas gebeten wird oder mit einer Drohung konfrontiert wird. Handlungen, die so herbeigeführt wurden, können Folgen oder Wirkungen derjenigen Handlungen genannt werden, von denen sie herbeigeführt wurden. Dies ist jedoch – und das möchte ich hier betonen – keine kausale oder gesetzmäßige Verknüpfung der von uns hier untersuchten Art. Es ist ein motivationaler Mechanismus und als solcher nicht kausal, sondern teleologisch (siehe unten Kp. IV, Abschn. 5).

9. Wenn wir sagen, daß die Ursache die Wirkung herbeiführt, dann meinen wir damit nicht, daß die Ursache dies *dadurch* herbeiführt, *daß*

sie etwas tut. Die Ursache erreicht dies dank der Tatsache, daß sie *eintritt.* (Die Verben »erreichen«, »herbeiführen« und »hervorbringen« sind alle mit Metaphern aus der Handlungssprache beladen.) Aber dadurch, daß wir die Ursache eintreten *lassen,* erreichen wir dasselbe bzw. führen dasselbe herbei, wie es die Ursache tut, wenn sie von selbst eintritt. Wenn wir sagen, daß wir Wirkungen verursachen, so sagen wir damit nicht, daß wir Ursachen sind. Es bedeutet, daß wir Dinge tun, die dann als Ursachen Wirkungen hervorbringen, als Ursachen »agieren« oder »wirken«.

Ich schlage nun vor, wie folgt zwischen Ursache und Wirkung mit Hilfe des Begriffs der Handlung zu unterscheiden: p ist eine Ursache relativ auf q und q ist eine Wirkung relativ auf p dann und nur dann, wenn wir dadurch, daß wir p tun, q herbeiführen könnten, oder dadurch, daß wir p unterdrücken, q beseitigen oder am Zustandekommen hindern könnten. Im ersten Fall ist der Ursache-Faktor eine hinreichende, im zweiten Fall ist er eine notwendige Bedingung des Wirkungs-Faktors. Die Faktoren können auf eine Umgebung anderer Faktoren »relativiert« werden. Dann ist die Ursache nicht »von sich aus«, sondern nur »unter den und den Umständen« eine hinreichende oder notwendige Bedingung der Wirkung (vgl. oben, Abschn. 6).

Aber stimmt es denn, daß wir die Ursache stets für etwas halten, was getan werden kann? Der Ausbruch des Vesuv war die Ursache der Zerstörung von Pompeji. Nun kann der Mensch durch sein Handeln zwar Städte zerstören, aber er kann, so glauben wir, nicht einfach Vulkane ausbrechen lassen. Beweist das nicht, daß sich der Ursache-Faktor vom Wirkungs-Faktor doch nicht dadurch unterscheidet, daß er in einem gewissen Sinne manipuliert werden kann? Die Antwort lautet: Nein. Der Ausbruch eines Vulkans und die Zerstörung einer Stadt sind zwei sehr komplexe Ereignisse. Innerhalb eines jeden solchen Ereignisses läßt sich eine Anzahl von weiteren Ereignissen bzw. Phasen und deren kausalen Verknüpfungen unterscheiden. Zum Beispiel: Wenn ein Mensch von einem aus großer Höhe herunterstürzenden Stein getroffen wird, dann wird er von diesem getötet. Oder: Das Dach eines Hauses wird unter einer bestimmten Last zusammenbrechen. Oder: Ein Mensch kann eine Hitze, die eine bestimmte Temperatur übersteigt, nicht überleben. All dies sind kausale Verknüpfungen, mit denen wir aufgrund unserer Erfahrungen vertraut sind und die so sind, daß der Ursache-Faktor typischerweise die Bedingungen der Manipulierbarkeit erfüllt.

Man könnte gegen unsere Position nicht wie folgt argumentieren: *Wenn* es wahr ist, daß p stets und ohne jede Abweichung von q begleitet wird, dann *folgt* daraus sicherlich, daß auch in den Fällen, wo p getan wird (von uns »nach Belieben« hervorgebracht wird) auch q vorhanden sein wird. Somit *beruht* Kausalität nicht auf einer Idee unseres

Tuns, sondern liefert selbst erst die Grundlage für mögliche Manipulationen. Wer so argumentiert, begeht jedoch eine *petitio principii.* Denn sehen wir uns doch einmal an, worauf die Annahme der universellen Kookkurrenz von *p* und *q* hinausläuft. Entweder es *trifft sich* eben *so,* daß auf *p* stets *q* folgt und daß der kausale oder gesetzmäßige Charakter dieser Einförmigkeit nie dadurch getestet wird, daß man *p* in einer Situation tut, in der *p* nicht »von selbst« eintreten würde. (Vielleicht ist *p* etwas, was wir nicht tun können.) Dann gibt es nichts, was darüber entscheidet, ob die Wahrheit der allgemeinen Proposition nur zufällig ist oder ob sie eine natürliche Notwendigkeit wiedergibt. *Oder* es gab solche Tests und sie waren erfolgreich. Die Annahme (Hypothese), daß das gemeinsame Vorkommen von *p* und *q* einen gesetzmäßigen Charakter hat, enthält *mehr* als nur eben die Annahme, daß es für ihr Zusammensein keine Ausnahme gibt. Sie enthält auch die kontrafaktische Annahme, daß selbst bei den Gelegenheiten, wo *p* nicht der Fall war, *p* von *q* begleitet worden wäre, wenn *p* der Fall gewesen wäre. Was die Verknüpfung als gesetzmäßig *auszeichnet*, ist die Tatsache, daß sie ein Grund für irreale Konditionalsätze ist.

Es ist logisch unmöglich, in irgendeiner Situation, in der *p* nicht vorhanden war (ist), zu verifizieren, was der Fall gewesen wäre, wenn *p* vorhanden gewesen wäre. Aber es gibt eine Möglichkeit, einer derartigen Verifikation »sehr nahe« zu kommen. Sie besteht in folgendem:

Angenommen, *p* sei ein Sachverhalt, den wir zumindest in bestimmten Situationen »nach Belieben« hervorbringen oder unterdrücken können. Dies hat zur Voraussetzung, daß es Situationen gibt, in denen *p* nicht bereits vorhanden ist und in denen wir davon überzeugt sind, daß *p* (in der nächsten Situation) nicht zustande kommen wird, es sei denn, *wir* selbst bringen *p* hervor. Wir sind dann davon überzeugt, daß *p* in der nächsten Situation *nicht* vorgelegen hätte, falls wir das nicht getan hätten. Nun aber liegt in ihr *p* vor. Wenn dann auch *q* vorliegt, so würden wir dies als eine Bestätigung des irrealen Konditionalsatzes ansehen, den wir auch dann hätten bestätigen können, wenn wir *p* nicht hervorgebracht hätten, d. h. daß *q* auch dann vorgelegen hätte, wenn *p*, das in Wirklichkeit nicht vorlag, vorgelegen hätte. Dies kommt einer Verifikation von irrealen Konditionalsätzen so »nahe« wie nur möglich.

Der durch dieses Vorgehen bestätigte irreale Konditionalsatz »beruht«, das ist zu beachten, auf einem weiteren irrealen Konditionalsatz, nämlich dem, der besagt, daß *p* nicht vorhanden gewesen wäre, wenn wir es nicht hervorgebracht hätten. Dieser irreale Konditionalsatz ist weder eine Behauptung einer Bedingungs-Relation noch einer kausalen Verknüpfung.

Die obige Überlegung zeigt m. E., in welchem Sinne die Idee einer kausalen oder gesetzmäßigen Relation als abhängig von dem Begriff der Handlung angesehen werden kann, d. h. von den faktischen Bedingungen, die ein Handeln *logisch* möglich machen[39].

Es ist *erwiesen*, daß es eine kausale Verknüpfung zwischen *p* und *q* gibt, wenn wir uns davon überzeugt haben, daß wir durch Manipulierung des einen Faktors erreichen können, daß der andere vorhanden bzw. nicht vorhanden ist. Gewöhnlich überzeugen wir uns davon dadurch, daß wir Experimente machen.

Dadurch, daß wir *p* aus einer Situation, in der *p* zusammen mit *q* vorkommt, »entfernen« und dann herausfinden, daß dann auch *q* verschwindet, wollen wir zeigen, daß *p* eine notwendige Bedingung für *q* ist. Dies hat man nachgewiesen, wenn man mit Sicherheit sagen kann: »Wir *können q* zum Verschwinden bringen, nämlich dadurch, daß wir *p* entfernen.«

In ähnlicher Weise zeigen wir, daß *p* eine (relative) hinreichende Bedingung für *q* ist, indem wir *p* in eine Situation »einführen«, die weder *p* noch *q* enthält, und dann herausfinden, daß dann auch *q* zustande kommt. Die kausale Relation ist nachgewiesen, wenn wir sagen können: »Wir *können q* hervorbringen, nämlich dadurch, daß wir *p* hervorbringen.«

Wenn wir nicht in *p* und *q* eingreifen können, können wir dennoch *annehmen*, daß es zwischen ihnen ein kausales Band gibt. Das würde auf das gleiche hinauslaufen, als würden wir annehmen, daß wir, *wenn wir* z. B. *p* als ein Ergebnis einer Handlung hervorbringen *könnten*, auch *q* herbeiführen könnten, nämlich dadurch, daß wir *p* hervorbringen. Aber diese Annahme könnte nur durch Experimente getestet werden.

Das hier Gesagte bedeutet nicht, daß Kausalgesetze (gesetzmäßige Verknüpfungen) »endgültig verifiziert« werden können, sondern nur, daß ihre Bestätigung nicht bloß eine Sache wiederholter glücklicher Beobachtungen ist. Es ist vielmehr gerade so, daß »das Gesetz einem Test ausgesetzt wird«. Daß solch ein Test erfolgreich ist (was die Wahrheit des Gesetzes betrifft), bedeutet, daß wir lernen, wie man etwas dadurch tut, daß man etwas anderes (was wir bereits tun können) tut, daß unsere technische Meisterung der Natur vergrößert wurde. Man könnte sagen, daß wir der Wahrheit von Kausalgesetzen genauso sicher sein können wie unserer Fähigkeiten, etwas zu tun bzw. etwas herbeizuführen[40].

Es kann sein, daß wir uns in der Annahme, daß wir bestimmte Dinge *tun können*, täuschen. Manchmal müssen wir zugeben, daß es nur »per Zufall« war, daß *q* vorkam, als wir *p* taten; weitere Experimente schlagen fehl. Oder wir müssen unsere anfängliche Behauptung auf einen mehr oder weniger vage umrissenen Rahmen von »normalen

Umständen« einschränken. Wenn eine angenommene Verknüpfung (ein Gesetz) in einem einzelnen Fall nicht gilt, so müssen wir das Gesetz nicht fallenlassen, sondern können die Umstände für einen zufälligen Fehlschlag verantwortlich machen. Manchmal wird daraufhin eine Hypothese formuliert, daß eine »entgegenwirkende Ursache« vorhanden gewesen ist. Diese Annahme besagt, daß es möglich ist, (einen Teil der) Umstände, unter denen ein Gesetz getestet wird, zu kontrollieren. Die Wahrheit des Gesetzes kann im Prinzip stets ganz in unsere Hände gelegt werden. Diese Tatsache ist eine Quelle der »Konventionalismus« genannten Position (Kp. I, Abschn. 8).

Die These, daß die Unterscheidung zwischen Ursache- und Wirkungs-Faktoren auf die Unterscheidung zwischen Dingen, die getan werden, und Dingen, die durch eine Handlung herbeigeführt werden, zurückgeht, bedeutet nicht, daß immer dann, wenn man zu Recht von dem Wirken einer Ursache reden kann, irgendein Handelnder im Spiel ist. Kausalität gibt es im ganzen Universum – auch in räumlichen und zeitlichen Regionen, die dem Menschen für immer unzugänglich sind. Ursachen tun ihre Arbeit, wenn immer sie eintreten; ob sie »einfach eintreten« oder ob wir »sie eintreten lassen«, ist für ihre Natur als Ursachen akzidentell. Aber eine Relation zwischen Ereignissen als kausal ansehen heißt, sie unter dem Aspekt einer (möglichen) Handlung ansehen. Es ist folglich wahr, wenn auch gleichzeitig etwas irreführend, wenn man sagt, daß, falls p eine (hinreichende) Ursache von q ist, ich dann, wenn ich p hervorbringen könnte, auch q herbeiführen könnte. Denn *daß p die Ursache von q ist, bedeutet* – und genau dies versuchte ich klarzumachen –, daß ich q herbeiführen könnte, wenn ich p tun könnte.

Kein Beweis kann meines Erachtens entscheiden, welches der grundlegendere Begriff ist, Handlung oder Kausalität. Eine Möglichkeit, meine Position anzufechten, bestünde in der Behauptung, daß der Begriff der Handlung nicht verstanden werden kann, wenn der Begriff der Kausalität nicht bereits verstanden wird. Ich will nicht leugnen, daß auch für diese Ansicht gewichtige Argumente vorgebracht werden könnten.

10. Jetzt können wir das (von uns in Abschn. 3 aufgeworfene) Problem der Asymmetrie der Kausalrelation in Angriff nehmen. Wenn p der Ursache- und q der Wirkungs-Faktor ist, dann muß es der Fall sein, daß ich entweder dadurch, daß ich p tue, q herbeiführen könnte (kann) oder dadurch, daß ich $\sim p$ tue, $\sim q$ herbeiführen könnte (kann). Ist diese Relation asymmetrisch?

Es ist hier wichtig, den Unterschied zwischen den generischen Faktoren p, q etc. und deren Realisierungen, Vorkommnissen in bestimmten Situationen, nicht aus den Augen zu verlieren. Sehen wir uns den folgenden einfachen Mechanismus an. Vor mir sind zwei Knöpfe. Sie sind so miteinander verbunden, daß ein Druck auf den linken Knopf zur Folge hat, daß auch der rechte Knopf nach unten geht und *vice versa*. Wenn ich meinen Finger wieder wegnehme, kehren die Knöpfe in ihre normale Position zurück. Es handelt sich hier um einen Fall, wo ich dadurch, daß ich p tue, q herbeiführe (= daß der rechte Knopf nach unten geht) und wo ich dadurch, daß ich q tue, p herbeiführe (= daß der linke Knopf nach unten geht).

Trotz all seiner Einfachheit ist dies ein schwieriger Fall. Es scheint wahr zu sein, daß p hier die Ursache von q ist, doch es scheint ebenso wahr zu sein, daß q die Ursache von p ist. Doch daraus würde nicht folgen, daß die Kausalrelation symmetrisch ist. Denn in den Fällen, wo ich dadurch, daß ich p tue, q herbeiführe, ist eben p die Ursache und nicht q, und in den Fällen, wo ich dadurch, daß ich q tue, p herbeiführe, ist eben q die Ursache und nicht p.

Es ist zu beachten, daß die Fälle, wo wir dadurch, daß wir p tun, q herbeiführen, keine Fälle sind, in denen zuerst p und dann q vorkommt, noch daß die Fälle, wo wir dadurch, daß wir q tun, p herbeiführen, Fälle sind, in denen q vor p vorkommt. Das Beispiel wurde so konzipiert, daß p und q, wenn sie eintreten, gleichzeitig vorkommen. Somit können wir zur Unterscheidung derjenigen Fälle, in denen p die Ursache von q ist, von den Fällen, in denen q die Ursache von p ist, nicht die *Zeit* verwenden. Wie sollen wir sie aber dann unterscheiden? Soweit ich sehe, besteht die *einzige* Möglichkeit darin, dies mit Hilfe des Unterschieds zwischen dem Tun und dem Herbeiführen von etwas zu tun. *In den Fällen*, wo ich q dadurch herbeiführe, daß ich p tue, ist p die Ursache und nicht q; und in den Fällen, wo ich p dadurch herbeiführe, daß ich q tue, ist q die Ursache und nicht p[41].

Es kann jedoch bezweifelt werden, ob dieser Versuch, zwischen Ursache und Wirkung zu unterscheiden, hier ganz erfolgreich ist. Ein Stein fällt (niemand ließ ihn fallen), trifft den linken (rechten) Knopf und beide Knöpfe gehen unter dem Druck nach unten. Die Tatsache, daß der eine Knopf von dem Stein *getroffen wurde*, war deshalb die Ursache dafür, daß beide Knöpfe nach unten gingen, weil beide Knöpfe in der geschilderten Weise miteinander zusammenhängen. Aber wäre es hier richtig, wenn man sagte, daß das *Nach-unten-Gehen* des zufällig von dem Stein getroffenen Knopfs das Nach-unten-Gehen des anderen Knopfs verursachte?

Auf ähnliche Weise könnte ich sagen, daß ich dadurch, daß ich (z.B. mit meinem Finger) Druck auf den linken (rechten) Knopf ausübe, beide Knöpfe nach unten gehen lasse. Hier wiederum sehe ich das Nach-unten-Gehen der Knöpfe als die Wirkung des von meinem Finger auf sie ausgeübten *Drucks* an. Das Ergebnis des Aktes, Druck auszuüben, besteht darin, daß ein Druck auf die Knöpfe wirkt. Als eine Folge (des Ergebnisses) dieses Aktes gehen die Knöpfe nach unten.

Es scheint, daß die Anwendung der Ursache-Wirkung-Distinktion auf zwei gleichzeitige Ereignisse erfordert, daß es eine bestimmte *Basis*-Handlung gibt, d. h. eine Handlung, die wir »direkt« tun können und nicht nur dadurch, daß wir etwas anderes tun, und deren Ergebnis das eine (aber nicht das andere) der beiden Ereignisse ist. Insoweit als das Drücken eines Knopfes keine Basis-Handlung ist, gelang es uns im obigen Beispiel nicht, die Unterscheidung zu machen. Ich bin mir daher nicht sicher, ob sich echte Beispiele einer »gleichzeitigen Verursachung« finden lassen.

Wir ändern jetzt das Beispiel ein wenig. Wenn der linke Knopf gedrückt wird, dann geht der rechte Knopf eine Sekunde später nach unten und umgekehrt. (Wenn man nicht mehr drückt, kehren beide Knöpfe in ihre normale Position zurück.) Zusätzlich zu der Asymmetrie zwischen Tun und Herbeiführen haben wir hier eine zeitliche Asymmetrie. Die beiden Asymmetrien verlaufen zudem parallel. Die Fälle, in denen q dadurch herbeigeführt wird, daß p getan wird, sind alles Fälle, in denen p vor q liegt; und die Fälle, in denen p dadurch herbeigeführt wird, daß q getan wird, sind alles Fälle, in denen q vor p liegt. Aber *müssen* die zwei Asymmetrien mit Notwendigkeit parallel sein?

Die Antwort wäre negativ, wenn wir einen Fall finden könnten, wo wir dadurch, daß wir jetzt etwas tun, herbeiführen können, daß etwas in der Vergangenheit geschah. Ich glaube, daß man solche Fälle finden kann. Die Beispiele, nach denen wir suchen, werden uns von den Basis-Handlungen geliefert.

Das Ergebnis einer Basis-Handlung hat vielleicht notwendige und auch hinreichende Bedingungen in vorangehenden Ereignissen (Prozessen) im Gehirn, die die Muskeltätigkeit regulieren. Diese Ereignisse im Gehirn kann ich nicht »tun«, indem ich *sie* einfach eintreten lasse. Aber ich kann sie trotzdem herbeiführen, nämlich dadurch, daß ich die fragliche Basis-Handlung vollziehe. Was ich dann herbeiführe, ist jedoch etwas, was unmittelbar *vor* der Handlung stattfindet.

Ein Beispiel einer Basis-Handlung könnte sein, daß ich meinen Arm hebe. Angenommen, man könnte auf die eine oder andere Art und Weise »beobachten«, was in meinem Gehirn vorgeht, und angenommen, man könnte das im Gehirn stattfindende Ereignis bzw. die Menge von Ereignissen N identifizieren, das (bzw. die) unserer Meinung nach vorkommen muß (müssen), wenn sich mein Arm heben soll[42]. Ich sage zu jemandem: »Ich kann das Ereignis N in meinem Gehirn herbeiführen. Schau!« Dann hebe ich meinen Arm und mein Gegenüber beobachtet, was in meinem Gehirn vorgeht. Er sieht, daß N eintritt. Aber wenn er auch beobachtet, was ich tue, dann wird er entdecken, daß meine Handlung um den Bruchteil einer Sekunde später stattfindet. Strenggenommen: Was er beobachten wird, ist, daß das Ergebnis meiner Handlung, d. h. daß mein Arm nach oben geht, ein wenig später eintritt.

Es handelt sich hier um eine Kausalität, die von der Gegenwart in die Vergangenheit zurückwirkt. Sie muß m. E. als solche akzeptiert werden. Durch den Vollzug von Basis-Handlungen führen wir frühere Ereignisse in unserem Nervensystem herbei. Es wäre inkorrekt, wollte man die Parallelität von Kausalität und Zeit hier dadurch wieder herstellen, daß man sagt, N sei durch meine *Entscheidung*, den Arm zu heben, herbeigeführt worden und diese Entscheidung liege vor dem Eintreten von N. Ich könnte mich nämlich dazu entschieden haben, meinen Arm zu heben, bzw. dies intendiert haben, und dennoch die Entscheidung (Intention) nicht realisiert haben; in diesem Fall hätte N überhaupt nicht eintreten können. Nur dadurch, daß ich meine Entscheidung in die Tat umsetze, d. h. daß ich meinen Arm auch wirklich hebe, tue ich etwas, das mit Notwendigkeit zum Vorkommen von N führt. Nicht, wozu ich mich entscheide, oder was ich tun will, spielt für das Vorkommen von N eine Rolle, sondern nur das Ereignis – sei es intentional oder nicht –, daß sich mein Arm hebt. Und dies ist ein Ereignis, das ich selbst herbeiführen kann, nämlich dadurch, daß ich meinen Arm *hebe*, nicht jedoch einfach dadurch, daß ich mich dazu *entscheide* (bzw. intendiere), ihn zu heben.

Ein wesentlicher Schritt in der Argumentation, die zeigen sollte, daß Verursachung und Zeit in entgegengesetzter Richtung verlaufen können, bestand in der Annahme, daß wir ein bestimmtes Ereignis in unserem Nervensystem als die notwendige oder hinreichende Bedingung des Ergebnisses einer gewissen Basis-Handlung identifizieren können. Der End-Zustand dieses Ereignisses sei p und das Ergebnis der Handlung sei q. Wir haben dann die Gesetzesaussage, daß p eine Bedingung einer gewissen Art von q ist. Wie sieht die Begründung dafür aus?

Ein Neurophysiologe, so wollen wir annehmen, hat Untersuchungen über das menschliche Gehirn angestellt und folgende Hypothese vorgelegt: (Das Eintreten von) p ist eine notwendige Bedingung für (das Eintreten von) q. Um diese Hypothese zu testen, hätte er Experimente anzustellen. Diese würden, grob gesprochen, darin bestehen, das Eintreten von p zu verhindern und dann zu sehen, ob dann auch q nicht eintritt. Wenn er die Hypothese aufgestellt hätte, daß p eine hinreichende Bedingung für q ist, dann würde er sie dadurch testen, daß er p hervorbringt – etwa durch Stimulierung eines bestimmten Gehirnzentrums – und dann sieht, ob auch *q* eintritt, z. B. ob *sich der Arm* der untersuchten Person *hebt* (daß die Person selbst *ihren Arm hebt*, wäre für die Untersuchung des Physiologen irrelevant).

Wenn jemand seinen Arm hebt, setzt er ein von mir so genanntes »abgeschlossenes System« in Bewegung. Der Anfangs-Zustand dieses Systems ist *q*, z. B. daß der Arm senkrecht nach unten zeigt. Wir nehmen an, daß zu dem System auch ein weiterer Zustand *p* gehört, der, obwohl zeitlich *q* vorangehend, doch in dem Sinne auf *q* »kausal folgt«, als wir dadurch, daß wir *q* tun (bzw. herbeiführen), *p* herbeiführen. Relativ auf dieses System ist *q* eine hinreichende Bedingung für *p*.

Wenn der Neurophysiologe einen Eingriff in das Gehirn vornimmt, setzt auch er ein abgeschlossenes System in Bewegung. Der Anfangs-Zustand dieses Systems ist *p* (oder, was auch sein könnte, eben ~*p*). Es gibt einen weiteren Zustand in dem System, nämlich *q* (oder ~*q*). Der Anfangs-Zustand liegt hier sowohl kausal als auch zeitlich vorher. Dadurch, daß er *p* (oder ~*p*) tut (bzw. herbeiführt), führt der Experimentator *q* (oder ~*q*) herbei.

Aus der Beobachtung der Aufeinanderfolge von Zuständen *und* der Tatsache – wenn es eine solche ist –, daß wir unsere Arme heben *können*, schließen wir (»induktiv«), daß die erste Kette von zeitlich verknüpften Zuständen (von *q* zu *p*) ein abgeschlossenes System ist. Daß wir unseren Arm heben können, setzt voraus, daß wir aus dem täglichen Leben mit Situationen vertraut sind, wo die Arme herabhängen und unserer Ansicht nach auch in dieser Position bleiben werden, wenn wir sie nicht »selbst« heben. Wir wissen außerdem, daß sich dann, wenn wir unseren Arm jetzt heben wollen (dies beabsichtigen oder uns dazu entscheiden), unser Arm auch tatsächlich hebt, es sei denn, wir machen unsere Entscheidung wieder rückgängig oder ändern unsere Absicht. Natürlich kommt es manchmal zu Überraschungen. Jemand merkt, daß er in der betreffenden Situation seinen Arm nicht heben kann, daß er dazu nicht mehr in der Lage ist oder daß er daran gehindert wird.

Genauso schließen wir aus Beobachtungen einer regelmäßigen Aufeinanderfolge und der Tatsache – wenn es eine solche ist –, daß der Experimentator gewisse Ereignisse im Gehirn hervorbringen oder verhindern kann, daß die zweite Kette von Zuständen (von *p* zu *q* oder von ~*p* zu ~*q*) ein abgeschlossenes System bildet. Daß er das tun kann, setzt voraus, daß er mit Situationen vertraut ist, wo er sich hinreichend sicher ist, daß ein gewisser Gehirn-Zustand ~*p* (oder *p*) »unter seinen Augen« weiterbestehen wird, wenn nicht *er*, der Physiologe, ihn verändert. Und aus der Erfahrung weiß er auch, daß er dann, wenn er ihn verändert, mit ziemlich großer Regelmäßigkeit, auch wenn Ausnahmen vorkommen mögen, q (oder $\sim q$) zu sehen bekommen wird. Wenn die dem Experiment unterzogene Person während der ganzen Zeit »nach Belieben« ihren Arm heben würde und somit (»rückwärts« gerichtete) Veränderungen von p herbeiführte, dann würde dies die Situation für den Experimentator »zerstören«, so daß er nicht mehr mit Sicherheit behaupten könnte, daß er p hervorbringen oder zerstören kann. Wenn aber umgekehrt der Experimentator ständig Eingriffe in das Gehirn vornehmen würde, so daß sich die Untersuchungsperson nicht mehr dessen sicher sein könnte, daß Situationen, in denen ihr Arm herunterhängt, so lange andauern werden, bis *sie selbst* eingreift, dann könnte sie nicht mehr behaupten, daß sie ihren Arm heben *kann*.

Jede Behauptung, nach der es ein abgeschlossenes System mit dem Anfangs-Zustand p oder ein abgeschlossenes System mit dem Anfangs-Zustand q gibt, kann nur dann bewiesen werden, wenn es außerhalb dieser Systeme einen Handelnden gibt, der auf sie einwirken kann, der sie dadurch in Bewegung setzen kann, daß er ihren Anfangs-Zustand in Situationen verwirklicht, in denen er sich sicher ist, daß sich diese Systeme nur aufgrund seiner Intervention in Bewegung setzen. Das gleiche gilt für jede Behauptung, die besagt, daß ein gegebenes System abgeschlossen ist.

Wenn der Handelnde das System dadurch in Bewegung setzt, daß er seinen Arm hebt, dann wird der Anfangs-Zustand q von einem vorangehenden Zustand hervorgebracht. Wie bereits gesagt, ist der Handelnde davon überzeugt, daß sich dieser Zustand nicht von $\sim q$ zu q verändern wird, *wenn er ihn nicht selbst verändert*. Welche Relation besteht zwischen diesem Zustand $\sim q$ und dem Zustand p, der ebenfalls q vorangeht? Es sind hier drei Möglichkeiten zu betrachten.

Der Nervenzustand p kann gleichzeitig mit dem Zustand $\sim q$, dem Anfangs-Zustand der Handlung, daß er seinen Arm hebt, vorkommen. Der »Gesamt-Zustand der Welt« schließt dann sowohl p als auch $\sim q$ ein. Obwohl der Handelnde sich entweder des Zustands p überhaupt nicht bewußt ist, oder sich zwar dieses Zustands bewußt ist, aber nicht weiß, daß p eine hinreichende Bedingung für q ist. (Wäre er sich p bewußt und hielte er p für hinreichend, um q hervorzubringen, dann würde er natürlich *nicht* glauben, daß sich der Zustand, der den Zustand p enthält, nicht zu q verändern wird, wenn er ihn nicht selbst verändert.)

Der Nervenzustand kann jedoch auch nach dem Anfangs-Zustand und vor dem End-Zustand der Handlung eintreten. Der Zustand, den der Handelnde zu q verändert, ist dann nicht ein dem Zustand q unmittelbar vorangehender Zustand, sondern ein davon durch eine bestimmte Zeitdistanz getrennter Zustand. Genauso stellt sich die Situation normalerweise dar. Der Anfangs-Zustand einer Handlung, (die in einer Veränderung resultiert und) von dem wir uns sicher sind, daß er sich nicht verändern würde, wenn wir ihn nicht selbst verändern, ist selten im strengen Sinne *der* dem End-Zustand der Handlung unmittelbar vorangehende Zustand. Selbst eine relativ einfache Handlung »braucht einige Zeit«, bis sie vollzogen ist. Zwischen die Zustände, die in der »Makro-Beschreibung« der Welt als der Anfangs-Zustand und der End-Zustand einer Handlung erscheinen, können wir – in einer feiner abgestuften Beschreibung – gewöhnlich weitere Zustands-Beschreibungen einfügen.

Die dritte Möglichkeit ist schließlich, daß *p* vor dem Anfangs-Zustand der Handlung liegt, daß aber die Tatsache, daß es als Ursache von *q* fungiert, von dem Handelnden noch nicht bemerkt worden ist. Wenn dies einem außerhalb des Systems stehenden Beobachter bekannt wäre, dann würde er nicht sagen, daß *p* von dem Handelnden durch rückwirkende Verursachung herbeigeführt worden ist. Er braucht dagegen nicht zu bezweifeln, daß der Handelnde seinen Arm hob.

Es ist interessant, festzustellen, daß die »rückwirkende Verursachung«, wenn man sie überhaupt zuläßt, auf jeden Fall nur eine sehr geringe Reichweite hat. Sie erstreckt sich nie zeitlich über das Vorkommen des Zustands hinaus, den der Handelnde selbst als den Anfangs-Zustand seiner Handlung ansieht, den Zustand, den er durch sein Handeln in das Ergebnis seiner Handlung transformiert[43].

Jeder (generische) Zustand, der der Anfangs-Zustand eines abgeschlossenen Systems ist, kann in einem anderen abgeschlossenen System ein auf den Anfangs-Zustand folgender Zustand sein. Dagegen ist logisch nichts einzuwenden. Wer behauptet, daß dies für den Anfangs-Zustand eines gegebenen Systems tatsächlich zutrifft, der stellt sich einen möglichen Handelnden vor, der diesen Zustand herbeiführen könnte, nachdem er den Anfangs-Zustand des umfassenderen Systems hervorgebracht hat. Eine solche Behauptung könnte nur dann bewiesen oder aufrechterhalten werden, wenn wir einen Handelnden kennen, der diese Fähigkeit wirklich besitzt.

In dem »Rennen« zwischen Verursachung und Täterschaft wird letztere immer gewinnen. Es stellt einen begrifflichen Widerspruch dar, wenn man glaubt, daß sich Täterschaft völlig auf Kausalität zurückführen läßt. Dennoch kann ein Handelnder durch kausale Einflüsse auf verschiedenste Weise seiner Vermögen und Fähigkeiten beraubt werden.

Insoweit es eine empirische Tatsache ist, daß ein Mensch verschiedene Dinge *tun kann*, wenn er sich entscheidet, sie zu tun (sie zu tun beabsichtigt, oder sie tun will), ist er als Handelnder *frei*. Behaupten, daß Verursachung Freiheit voraussetzt, wäre irreführend. Es würde nahelegen, daß das Wirken von Naturgesetzen irgendwie vom Menschen abhängt. Dies ist nicht der Fall. Aber es scheint mir richtig zu sein, wenn man sagt, daß der Begriff der Verursachung den Begriff der Freiheit in dem Sinne voraussetzt, als wir nur durch die Idee des Handelns die Ideen von Ursache und Wirkung erfassen.

Die Idee, daß Verursachung eine »Bedrohung« der Freiheit darstellen kann, enthält eine gutes Stück an empirischer Wahrheit, insofern nämlich, als Unvermögen und Unfähigkeiten dafür Zeugnis ablegen. Metaphysisch gesehen handelt es sich jedoch um eine Illusion. Sie wurde genährt durch unsere Neigung – im Geiste Humes, so könnte man sagen – anzunehmen, daß man rein passiv, d. h. einfach dadurch, daß man regelmäßige Abfolgen beobachtet, kausale Verknüpfungen und Ketten von kausal verknüpften Ereignissen registrieren kann, von denen man dann per Extrapolation glaubt, daß sie das Universum von der unendlich weit entfernten Vergangenheit her bis zu einer unendlich weit entfernten Zukunft hin durchdringen. Bei dieser Auffassung wird nicht gesehen, daß Kausalrelationen auf Fragmente der Weltgeschichte relativ sind, die den Charakter sogenannter »abgeschlossener« Systeme haben. Die Entdeckung kausaler Relationen weist zwei Aspekte auf: einen aktiven *und* einen passiven. Die aktive Komponente besteht darin, daß man Systeme durch Hervorbringen ihrer Anfangs-Zustände in Bewegung setzt. Die passive Komponente besteht darin, daß man beobachtet, was innerhalb der Systeme vor sich geht – wobei man diese so wenig wie möglich stört. Das wissenschaftliche Experiment, eine der genialsten und folgenreichsten Erfindungen des menschlichen Geistes, ist eine systematische Kombination dieser zwei Komponenten.

III

Intentionalität und teleologische Erklärung

1. Kausalität wird traditionell der Teleologie und Kausalerklärung der teleologischen Erklärung gegenübergestellt. Kausalerklärungen weisen auf die Vergangenheit hin. Ihre typische Formulierung ist: »Das geschah, *weil* sich jenes ereignet hat.« Die Existenz einer gesetzmäßigen Verknüpfung zwischen dem Ursache-Faktor und dem Wirkungs-Faktor wird dabei angenommen. Im einfachsten Fall ist diese Verknüpfung eine Relation der hinreichenden Bedingtheit. Die Gültigkeit der Erklärung hängt von der Gültigkeit der angenommenen gesetzmäßigen Verbindung zwischen Ursache und Wirkung ab.

Teleologische Erklärungen dagegen weisen auf die Zukunft hin. »Jenes geschah, *damit* das eintrete.« Auch hierin steckt die Annahme einer gesetzmäßigen Verbindung. Die angenommene Verknüpfung ist dabei im typischen Fall eine Relation der notwendigen Bedingtheit. Doch die Form, in der diese Annahme in der Erklärung involviert ist, ist komplexer, sozusagen indirekter, als im Fall von Kausalerklärungen. Die Gültigkeit dessen, was ich eine »echte« teleologische Erklärung zu nennen vorschlage, hängt *nicht* von der Gültigkeit der in ihr involvierten angenommenen gesetzmäßigen Beziehung ab. Wenn ich zum Beispiel sage, daß er rannte, um den Zug noch zu erreichen, so gebe ich damit zu verstehen, daß er es (unter diesen Umständen) für notwendig und möglicherweise auch für hinreichend hielt, zu rennen, wenn er den Bahnhof noch vor Abfahrt des Zuges erreichen wollte. Seine Annahme kann sich jedoch als irrig herausstellen – vielleicht hätte er ohnehin den Zug versäumt, ganz gleich, wie schnell er auch rennen mochte. Meine Erklärung für sein Rennen wäre aber dennoch richtig.

Die oben von uns zitierten schematischen Formen von Erklärungssätzen umfassen eine Vielzahl verschiedener Fälle. Zwischen den zwei sprachlichen Formulierungen und den zwei Haupttypen von Erklärungen besteht keineswegs eine ein-eindeutige Entsprechung. Auch Erklärungen, die nicht teleologisch sind, sind oft in eine teleologische Terminologie gekleidet. Wenn ich zum Beispiel die Beschleunigung der Atembewegungen in den Lungen eines Mannes, der gerade eine schwere Muskeltätigkeit ausübt, dadurch erkläre, daß sie schneller werden, um den und den Gleichgewichtszustand in der chemischen Zusammensetzung des Blutes aufrechtzuerhalten, dann ist meine Erklärung nicht von der Art, die hier »teleologisch« genannt wird. Sie kann in eine komplexe Aussage über Bedingungsrelationen übersetzt werden. Wenn künftige physiologische und biochemische Untersuchungen zeigen sollten, daß sich diese Aussage nicht als wahr erweist, dann müßte die Erklärung als falsch verworfen oder zumindest modifiziert werden.

Als *quasi-teleologisch* haben wir bereits (Kp. II. Abschn. 6) solche Erklärungen bezeichnet, die in eine teleologische Terminologie gekleidet werden können, deren Gültigkeit aber trotzdem von der Wahrheit gesetzmäßiger Verknüpfungen abhängt. Derartige Erklärungen sind häufiger Antworten auf Fragen, *wie* etwas *möglich* ist oder wurde (z. B. wie die chemische Zusammensetzung des Blutes relativ stabil bleiben kann, obwohl ihm infolge der starken Anstrengung der Muskeln Oxygen entzogen wird), als auf Fragen, *warum* etwas *notwendigerweise* geschehen ist. Funktionale Erklärungen in der Biologie und der Naturgeschichte sind nach unserer Definition typische quasi-teleologische Erklärungen.

Es ist zudem eine Tatsache, daß keineswegs alle Erklärungen von der schematischen Form »das geschah, weil …« echte Kausalerklärungen sind. »Er schrie, weil er Schmerzen hatte« oder »Es gab einen Aufstand unter der Bevölkerung, weil die Regierung korrupt war und das Volk unterdrückte« sind explikative Aussagen. Ihre *Explanantia* beziehen sich auf etwas, was zeitlich vor, nicht auf etwas, was nach den *Explananda* liegt. Trotzdem hat die zweite Aussage einen teleologischen Beigeschmack. Der Aufstand zielte offensichtlich darauf ab, ein Übel zu beseitigen, an dem die Bevölkerung zu leiden hatte. Dagegen könnte die erste Aussage meines Erachtens nicht ohne Verzerrungen teleologisch konstruiert werden. Ich möchte jedoch behaupten, daß die Gültigkeit keiner dieser beiden Aussagen von der Gültigkeit einer gesetzmäßigen Verknüpfung abhängt. Aus diesem Grund werde ich sie *quasi-kausal* nennen. Solche Erklärungen spielen anscheinend in den Verhaltens- und Sozialwissenschaften eine auffallende Rolle – sie sind in der Tat für sie charakteristisch. Mit ihrer Hilfe können wir verstehen, was etwas *ist* (z. B. Schmerz und nicht Schrecken) oder aus welchem Grund (z. B. Unterdrückung) es geschieht.

Somit besteht zwischen kausalen und quasi-teleologischen Erklärungen einerseits und quasi-kausalen und teleologischen Erklärungen andererseits folgender begrifflicher Unterschied: Die Gültigkeit von Erklärungen des ersten Typs hängt von der Wahrheit gesetzmäßiger Verknüpfungen ab, die Gültigkeit von Erklärungen des letzten Typs dagegen nicht – zumindest dann nicht, wenn sie explizit formuliert werden[1].

Es ließen sich Einwände dagegen vorbringen, quasi-teleologische Erklärungen überhaupt »teleologisch« zu nennen; ebenso könnte man

Einwände dagegen vorbringen, quasi-kausale Erklärungen »kausal« zu nennen. Man könnte aber auch einen anderen Weg einschlagen und Einwände dagegen formulieren, quasi-teleologische und quasi-kausale Erklärungen »quasi« zu nennen.

Wer gegen die Bezeichnung quasi-teleologischer Erklärungen als »quasi« ist, dürfte wahrscheinlich die Ansicht verteidigen wollen, daß gerade dies die echten teleologischen Erklärungen sind, auf die alle anderen Formen von Teleologie (dem wissenschaftlichen Fortschritt entsprechend)[2] zurückgeführt werden können. Diejenigen wiederum, die etwas gegen die Bezeichnung quasi-kausaler Erklärungen als »quasi« haben, dürften wahrscheinlich die im vorigen Kapitel diskutierte experimentalistische Idee der Kausalität als zu eng angreifen wollen. Die ersteren haben meiner Meinung nach Unrecht[3]. Was die letzteren betrifft, so ist meines Erachtens die eingeschränkte Terminologie nützlicher für die Aufrechterhaltung klarer Unterscheidungen, die durch eine umfassendere Terminologie lediglich verwischt werden könnten[4].

Für Anpassungsvorgänge in der Natur als dem Ergebnis natürlicher Selektion wurde vor kurzem von mehreren Autoren der Ausdruck *Teleonomie* verwendet[5]. Es wäre vielleicht möglich, diesem Ausdruck eine erweiterte Verwendung zu geben und damit alle Formen von Teleologie zu bezeichnen, die von gesetzmäßigen Verknüpfungen abhängen. »Teleonomie« wäre dann ein anderer Name für das, was hier »Quasi-Teleologie« genannt wird[6].

2. Das *Explanandum* einer teleologischen Erklärung ist in den typischen Fällen ein bestimmtes *Verhalten* – oder es ist das Produkt oder Ergebnis eines Verhaltens. »Verhalten« wird jedoch in den verschiedensten Bedeutungen verwendet. So spricht man etwa von dem Verhalten einer Magnetnadel in elektrischen Feldern. Natürlich wird ein solches Verhalten nicht-teleologisch erklärt. Es ist dennoch beachtenswert, daß auch die Reaktionen unbelebter Gegenstände oft mit Hilfe einer »aktionistischen« Sprache beschrieben werden.

Ein Verhalten, das eine echt teleologische Erklärung besitzt, könnte *Handlungs-ähnlich* genannt werden. Handlungen, so könnte man sagen, weisen im Normalfall zwei Aspekte auf: einen »inneren« und einen »äußeren«[7]. Der erste ist die Intentionalität der Handlung, die Intention oder der Wille »hinter« ihren äußeren Manifestationen. Den zweiten wiederum kann man nochmals in zwei Teile oder Phasen unterteilen. Ich werde sie die *unmittelbaren* und die *entfernten* äußeren Aspekte einer Handlung nennen. Der unmittelbare äußere Aspekt besteht in einer Muskeltätigkeit – z. B. einem Drehen der Hand oder dem Heben eines Arms. Der entfernte äußere Aspekt ist irgendein

Ereignis, für das diese Muskeltätigkeit kausal verantwortlich ist – z. B. das Drehen eines Handgriffs oder das Öffnen eines Fensters, oder besser: die Tatsache, daß sich ein gewisser Handgriff dreht oder ein Fenster öffnet. Der entfernte Aspekt braucht jedoch keine *Veränderung* zu sein; er kann auch in der Tatsache bestehen, daß *keine* Veränderung stattfindet, wie z. B. dann, wenn ich das Umkippen einer Vase dadurch verhindere, daß ich sie rasch mit meiner Hand festhalte. Der entfernte Aspekt kann sogar fehlen, wie z. B. dann, wenn ich einfach meinen Arm hebe. Der unmittelbare Aspekt schließlich braucht keine *Bewegung* zu sein. Er kann auch in einer bloßen Anspannung der Muskeln bestehen, wie es für den Fall einer Handlung typisch ist, die »präventiv« ist im Unterschied zu einer Handlung, die »produktiv« (oder »destruktiv«) ist.

Man möge beachten, daß nicht alles, was gewöhnlich ein Akt (oder eine Aktivität) genannt wird, sowohl einen äußeren wie einen inneren Aspekt besitzt. Akte (Aktivitäten), bei denen ein äußerer Aspekt fehlt, werden oft *geistig* genannt. Für geistige Akte und Aktivitäten scheint der Terminus »Verhalten« recht unpassend zu sein. Auch der Ausdruck »Handlung« wird normalerweise nicht für sie gebraucht.

Des weiteren sollte beachtet werden, daß nicht alles, was eine Handlung (Aktivität) genannt wird, sowohl einen inneren wie einen äußeren Aspekt besitzt. Handlungen (Aktivitäten), denen jede Intentionalität fehlt, werden oft *Reflexhandlungen* genannt. Solche Handlungen werden auch als *Reaktion* oder *Response* eines (lebenden) Körpers auf einen *Stimulus* angesehen[8].

Es wird uns hier nur um ein Verhalten gehen, das Handlungs-ähnlich ist und das das besitzt, was wir einen inneren *und* einen äußeren Aspekt genannt haben.

Viele Handlungen haben *Vollzugs*-Charakter. In diesem Fall gibt es normalerweise eine Phase des äußeren Aspekts der Handlung, die so aussieht, daß die Handlung *per definitionem* nicht vollzogen worden ist, solange diese Phase nicht realisiert ist. Diese Phase des äußeren Aspekts werden wir (in einem etwas technischen Sinne) das *Ergebnis* der Handlung nennen (vgl. Kp. II., Abschn. 8). Das Ergebnis ist somit eine Phase (ein Teil) des äußeren Aspekts, die (der) *wesentlich* (d. h. begrifflich, logisch) mit der Handlung selbst verknüpft ist.

Zum Beispiel ist der Akt, ein Fenster zu öffnen, eine Vollzugshandlung. Sein Ergebnis ist das Ereignis (die Veränderung), das (die) darin besteht, daß sich das Fenster öffnet (die Veränderung vom Geschlossensein zum Offensein). Hätte sich das Fenster nicht geöffnet, so wäre es logisch verkehrt, die Tätigkeit als einen Akt des Fenster-Öffnens zu beschreiben. Es hätte sich aber deswegen immer noch um einen Versuch (eine Bemühung), das Fenster zu öffnen, handeln können.

Diejenige Phase bzw. Phasen des äußeren Aspekts einer Handlung, die nicht wesentlich mit der Handlung als deren Ergebnis verknüpft ist bzw. sind, werde ich entweder kausales Antecedens oder Wirkungen des Ergebnisses der Handlung nennen, je nach der Natur der kausalen Beziehung dieser Phase zu dem Ergebnis. In Übereinstimmung mit dem gewöhnlichen Sprachgebrauch werden die Wirkungen auch Folgen (der Handlung) genannt werden. Die Folgen einer Handlung sind somit Wirkungen des Ergebnisses dieser Handlung[9] (vgl. Kp. II, Abschn. 8).

Beispiel: Gewisse Bewegungen meines Körpers sind kausales Antecedens des Ergebnisses eines Aktes des Fenster-Öffnens. Ein Absinken der Zimmertemperatur ist unter Umständen eine Folge (Wirkung) desselben Aktes.

Man kann die Phase des äußeren Aspekts (wenn dieser mehrere Phasen hat), die als Ergebnis der Handlung angesehen wird, gewöhnlich (innerhalb des Aspekts) verschieben. Diese Verschiebung entspricht einer Subsumption der Handlung unter verschiedene *Beschreibungen*[10].

Nehmen wir zum Beispiel an, die drei Phasen des äußeren Aspekts eines gewissen Aktes des Fenster-Öffnens seien: das Betätigen eines Griffs, das Sich-Öffnen des Fensters und ein Absinken der Zimmertemperatur. Was getan wurde, können wir auf die folgenden drei Weisen beschreiben: Der Handelnde betätigte den Griff, und als eine Folge davon öffnete sich das Fenster, und das Zimmer kühlte sich ab; oder, der Handelnde öffnete das Fenster dadurch, daß er den Griff betätigte (kausales Antecedens), und als eine Folge davon kühlte sich das Zimmer ab; oder, der Handelnde führte dadurch eine Abkühlung des Zimmers herbei, daß er das Fenster öffnete, was er dadurch tat, daß er (zuerst) einen Griff betätigte.

Zu beachten ist, daß die Einheit des äußeren Aspekts einer Handlung nicht durch die kausale Verbindung zwischen ihren verschiedenen Phasen zustande kommt. Sie kommt vielmehr durch die Subsumption dieser Phasen unter die gleiche *Intention* zustande. Die vorhergehenden und die darauffolgenden Phasen werden dadurch zu Teilen des äußeren Aspekts derselben Handlung, daß man von ihnen allen sagen kann, daß sie unter den und den vorliegenden Umständen *intentional* getan werden. Um eine seit dem Erscheinen von Anscombes Buch geläufig gewordene Wendung zu gebrauchen: Das Verhalten des Handelnden in unserem Beispiel ist *intentional unter den Beschreibungen* »Er öffnete das Fenster«, »Er betätigte den Griff« und »Er lüftete das Fenster«.

Wenn der äußere Aspekt einer Handlung aus mehreren kausal verknüpften Phasen besteht, so ist es normalerweise korrekt, *eine* dieser Phasen als das *Objekt* der Intention des Handelnden auszuwählen. Es ist das, was der Handelnde *zu tun intendiert*. Dies ist das Ergebnis seiner Handlung. Die davorliegenden Phasen sind kausale Bedingungen, und die darauffolgenden sind Folgen der Handlung.

Man muß unterscheiden zwischen intentionalem Handeln und der Intention, etwas Gewisses zu tun. Alles, was wir zu tun intendieren und dann auch tatsächlich tun, tun wir intentional. Aber man kann nicht sagen, daß wir alles, was wir intentional tun, auch zu tun intendieren. Man kann sich anscheinend auch darüber streiten, ob es in allen Fällen, wo wir etwas intentional tun, etwas gibt, was wir zu tun intendieren, ein Intentions-Objekt. Die Bewegungen, die von meiner Hand beim Zähneputzen ausgeführt werden, sind *intentional*; wenn ich mich an diese Tätigkeit mache, *intendiere* ich jedoch, mir meine Zähne zu putzen, *nicht* aber, jene Bewegungen auszuführen. Nun scheinen aber zum Beispiel die Bewegungen, die meine Hände oft machen, wenn ich mich unterhalte, nicht mit einem Intentions-Objekt verknüpft zu sein. Können wir von ihnen sagen, sie seien intentional? Die Antwort wird meines Erachtens von weiteren Einzelheiten des jeweiligen Falles abhängen müssen – z. B. ob sich der Handelnde dieser Bewegungen bewußt ist oder nicht. Wenn aber die Bewegungen intentional sind, ohne daß man sich auf ein Intentions-Objekt beziehen kann, dann gibt es für sie auch keine teleologische Erklärung. Ein Verhalten teleologisch erklären heißt, so könnte man sagen, auf ein Intentions-Objekt dieses Verhaltens hinweisen.

Nun stellt sich die Frage, wie sich intentionale Folgen meiner Handlung zu vorhergesehenen Folgen verhalten. Betrachten wir nochmals die dreiteilige Handlung desjenigen, der einen Griff betätigt, das Fenster öffnet und das Zimmer lüftet. Angenommen, es sei eine weitere Folge dieser Handlung, daß eine Person, die sich in dem Zimmer befindet, zu frösteln anfängt und daß dies vom Handelnden vorhergesehen werden kann. Seine Intention war jedoch nicht, diese andere Person zum Frösteln zu bringen. Sie bestand lediglich darin, frische Luft ins Zimmer zu lassen. Sollen wir nun sagen, daß er diese andere Person zwar zum Frösteln *brachte*, seine Handlung jedoch nicht intentional unter dieser Beschreibung war? Ich zweifle, ob es für die Entscheidung dieser Frage klare Kriterien gibt. Man könnte nicht sagen, daß er die Person unabsichtlich (unintentionally) zum Frösteln brachte, denn er wußte ja, daß es so kommen würde; zudem war sein Handeln intentional. Aber ohne Einschränkung zu behaupten, daß er die betreffende Person absichtlich zum Frösteln brachte, klingt genausowenig richtig. Die Einschränkungen, die man hier machen muß, sind überdies *moralischer* Natur. Wenn man den Handelnden für das, was er vorhersah, dessen Zustandekommen er aber nicht intendiert hat, tadeln kann, dann ist die vorhergesehene Folge etwas, was er intentional tat und wofür wir ihn verantwortlich halten.

Handlungen haben »passive« Gegenstücke, die gewöhnlich *Unterlassungen* genannt werden. Unterlassungen können von bloßer Passivität, vom Nichthandeln, insofern unterschieden werden, als es sich dabei um eine intentionale Passivität handelt. Strenggenommen führt man durch Unterlassungen nicht etwas herbei oder verhindert es; mit Unterlassungen kann man vielmehr Dinge sich selbst verändern *lassen* oder sie eben unverändert *belassen*. Diese Veränderungen und Nicht-Veränderungen sind der äußere Aspekt von Unterlassungen. Wiederum kann man zwischen einem unmittelbaren und einem entfernten äußeren Aspekt unterscheiden. Der unmittelbare äußere Aspekt einer Unterlassung besteht normalerweise darin, daß sich die Muskeln in einem Ruhezustand befinden oder ausnahmsweise auch in einer Muskeltätigkeit, die man »ablaufen läßt«, obwohl man die Bewegungen unterdrücken könnte.

Sind Unterlassungen ein »Verhalten«? Wenn man Unterlassungen als einen (passiven) Handlungsmodus betrachtet, so kann nichts dagegen eingewandt werden, sie auch als einen Verhaltensmodus anzusehen. Bedeutsamer ist jedoch, daß man sieht, daß auch Unterlassungen nach einer *Erklärung* verlangen können, und zwar genauso wie Handlungen, und daß die Teleologie oder die Zielgerichtetheit ebenso ein Merkmal von Unterlassungen wie von Handlungen sein kann.

Wir werden uns hier nicht mit der Unterscheidung verschiedener Formen des Handelns bzw. des Unterlassens und dem Herausarbeiten einer »Algebra« oder einer »Logik« der Handlung auf der Grundlage dieser Unterscheidungen beschäftigen[11]. Ich werde im einzelnen auch nicht auf die Spezialprobleme eingehen, die mit (der Erklärung von) Unterlassungen im Unterschied zu Handlungen, oder mit produktiven im Unterschied zu präventiven Handlungen zusammenhängen. Es ist jedoch gut, sich der Gefahren der Einseitigkeit bewußt zu sein, wenn man die Diskussion in der herkömmlichen Weise nur auf ein solches Handeln konzentriert, das zu Veränderungen führt. Präventive Handlungen und Unterlassungen könnten Probleme aufwerfen, die um ihrer selbst willen Aufmerksamkeit verdienen.

3. Die von mir gemachte Unterscheidung zwischen einem äußeren und einem inneren Aspekt einer Handlung kann und sollte in einem unproblematischen Sinne verstanden werden. Sie bedeutet keine Vorentscheidung hinsichtlich der schwierigen Frage, was die Natur dieses »Inneren« ist. Es wird zum Beispiel nicht behauptet, daß es sich dabei um einen geistigen Akt oder Vorgang oder um einen geistigen Zustand oder eine »Erfahrung« handelt. Soweit wie möglich werden wir dieses Problem zu umgehen versuchen. Unweigerlich wird es jedoch im Hin-

tergrund lauern. sobald wir die weitere Frage stellen, wie sich diese beiden Aspekte von Handlungen aufeinander *beziehen*.

Wir haben bereits von der geläufigen Metapher Gebrauch gemacht, daß die Intention oder der Wille etwas »hinter« den äußeren Verhaltensmanifestationen einer Handlung ist. Nun ist mit dieser Metapher eine Vorstellung verbunden, die in der Philosophie zumindest seit den Zeiten Descartes eine sehr große Rolle gespielt hat. Es handelt sich um die Ansicht, daß der Wille eine *Ursache* des Verhaltens ist (von Bewegungen des Körpers, einer Muskeltätigkeit). Würde diese Ansicht zutreffen, so wären teleologische Verhaltenserklärungen in kausale Erklärungen »übersetzbar«. Das Ziel, das »von der Zukunft her zieht«, könnte durch den Willen (dieses Ziel zu erreichen), der »auf die Zukunft hin treibt«, ersetzt werden. Eine extreme Version dieser Ansicht identifiziert den Willen selbst mit irgendwelchen Zuständen oder Vorgängen im Körper (im Gehirn) und stellt somit eine bestimmte Form von Materialismus dar.

Betrachten wir eine bestimmte Handlung, z. B. das Klingeln an einer Wohnungstür. Ihr Ergebnis ist, daß die Glocke klingelt. Kann die Intention oder der Wille zu klingeln dieses Ergebnis verursachen? Offensichtlich ist das nicht direkt möglich. Man kann die Glocke nicht einfach dadurch zum Klingeln bringen, daß man es will. Es muß zwischen dem Willen und dem Ergebnis der Handlung Zwischenglieder geben – z. B. das Heben eines Armes und das Drücken eines Knopfes. Wenn der Wille überhaupt eine Ursache ist, so muß er die *unmittelbare* Ursache des ersten zeitlichen Zwischengliedes (der ersten Phase) in dieser Reihe von aufeinanderfolgenden Ereignissen in der Außenwelt und nur eine *entfernte* Ursache des Ergebnisses der Handlung sein. Das erste Glied ist dasselbe wie das, das wir vorhin (Abschn. 2) den unmittelbaren äußeren Aspekt der Handlung nannten und das in irgendeiner Form von Muskeltätigkeit (oder Anspannung) besteht. Wir stellen uns dabei also eine kausale Kette vor, deren erster Ursache-Faktor der Wille, deren erster Wirkungs-Faktor der unmittelbare äußere Aspekt der Handlung und deren letzte Wirkung das Ergebnis der Handlung ist[12]. (Diese Kette kann sich auch noch vom Ergebnis bis zu den Folgen der Handlung erstrecken.) Ist diese Vorstellung logisch fehlerfrei (möglich)?

Nach einer bestimmten Interpretation dieser Wendung kann die Behauptung, daß der (mein) Wille die Ursache meiner Handlung ist, unbestreitbar wahr sein. Diese Interpretation liegt dann vor, wenn ich einfach sagen möchte, daß ich *absichtlich* an der Wohnungstür klingelte und nicht etwa irrtümlich. Das ist jedoch trivial, und wir denken auch nicht an diesen Fall, wenn wir die Frage stellen, ob der Wille zu klingeln, eine (entfernte) Ursache dafür sein kann, daß die Glocke klingelt.

Wie wir bereits zu Beginn von Kapitel II feststellten, ist es insbesondere seit Hume in der Philosophie üblich geworden, zwischen Ursache und Wirkung auf der einen Seite und Grund und Folge auf der anderen Seite zu unterscheiden. Der Sinn dieser Unterscheidung besteht darin, ein distinktives Merkmal der Kausalrelation zu betonen, nämlich: Ursache und Wirkung sind voneinander *logisch unabhängig*.

Eine Kausalrelation, die diese Forderung der logischen Unabhängigkeit ihrer Ausdrücke erfüllt, werde ich eine *Humesche* Kausalrelation nennen. Wenn ich diesen Namen dafür wähle, so heißt das nicht, daß ich auch auf die übrigen Humeschen Ansichten über die Natur der Kausalität festgelegt bin, also auch nicht auf die Regularitätsthese[13].

Das vor uns liegende Problem lautet nur: Kann die Intention oder der Wille eine *Humesche Ursache* eines Verhaltens, d. h. des unmittelbaren äußeren Aspekts einer Handlung, sein?

Zu diesem Problem gehen die Meinungen der zeitgenössischen Philosophen weit auseinander. Die einen halten es für (logisch) möglich und oft auch für wahr, daß der Wille als eine echte, d. h. als eine Humesche Ursache des Verhaltens wirkt. Von anderen wird das bestritten. Die letzteren begründen dann gewöhnlich ihre Meinung damit, daß der Wille von dem Verhalten, dessen Ursache er sein soll, nicht logisch unabhängig ist. Mit anderen Worten, sie behaupten, daß die zwischen Wille und Verhalten bestehende Verknüpfung eine logische und somit nicht eine im Humeschen Sinne kausale Relation ist[14].

Ich selbst glaube, daß die Verfechter des sogenannten Logischen Verknüpfungs-Arguments im wesentlichen recht haben. Ich bin mir jedoch nicht sicher, ob dieses Argument bisher ganz überzeugend dargestellt werden konnte. Einige seiner Versionen sind nicht nur nicht überzeugend, sondern sogar offenkundig fehlerhaft[15].

Von mehreren Autoren wird der Kern des Arguments in der Tatsache gesehen, daß man die Intention oder den Willen, etwas Gewisses zu tun, nicht definieren kann, ohne sich dabei auf deren Objekt, d. h. auf das intendierte oder gewollte Ergebnis und somit auch auf den äußeren Aspekt der Handlung selbst zu beziehen[16]. Zwischen dem Willen zu klingeln und anderen Willensakten besteht aufgrund des Intentions-Objekts, d. h. dem Klingeln der Glocke, ein spezifischer Unterschied. Diese Beobachtung ist richtig und in diesem Kontext relevant. Aus ihr folgt, daß sich Willensakte auf eine interessante Weise von anderen Dingen unterscheiden, die als (Humesche) Ursachen dienen können und die man ohne Bezug auf ihre vermutlichen Wirkungen definieren *kann*. So kann zum Beispiel der Funke, der in das Pulverfaß gerät und eine Explosion verursacht, eindeutig gekennzeichnet und durch seine wesentlichen Eigenschaften von anderen Dingen in der Welt unterschieden werden, ohne daß man sich dazu auf die Explosion, die er je nach den Umständen herbeiführen kann oder nicht, beziehen müßte. Nun folgt jedoch aus diesem Unterschied zwischen Willensakten und einer großen Anzahl sogenannter geistiger Akte auf der einen Seite und anderen Dingen, die in Kausalrelationen eingehen können, auf der anderen Seite, nicht, daß der Wille nicht dennoch eine (Humesche) Ursache für ein Verhalten sein könnte. Daß der spezifische Charakter des Willens von der Natur seines Objekts logisch abhängig ist, ist völlig damit verträglich, daß das *Vorkommen* eines derartigen Willensaktes von der Verwirklichung seines Objekts logisch unabhängig ist[17].

Das Logische Verknüpfungs-Argument läßt sich gut in den Griff bekommen, wenn man es mit Hilfe der *Verifikation* angeht. Angenommen, es werde die Frage gestellt, wie man in einem konkreten Fall feststellen (verifizieren) kann, ob ein Handelnder eine gewisse Intention hat, ob er etwas Bestimmtes »will« – und ferner, wie man herausfinden kann, ob er genau das Verhalten zeigt, das seine Intention oder sein Wille angeblich verursacht. Sollte sich ergeben, daß man die eine Frage *nicht* beantworten *kann*, ohne auch die andere zu beantworten, dann kann die Intention oder der Wille keine (Humesche) Ursache seines Verhaltens sein. Die Tatsache, deren Vorliegen man festzustellen versucht, sind dann nämlich nicht logisch unabhängig[18]. Ich werde zu zeigen versuchen, daß eine Untersuchung des Verifikationsproblems zu diesem Ergebnis führen muß.

Während dieses Abschnitts habe ich bisher ständig von der »Intention« oder dem »Willen« gesprochen. Daraus folgt aber nicht, daß ich beides für dasselbe halte. In der oben angeführten skizzenhaften Darlegung der Idee, daß der innere Aspekt einer Handlung eine Humesche Ursache des äußeren Aspekts sein könnte, bestand jedoch für eine Unterscheidung zwischen diesen beiden Begriffen noch keine Notwendigkeit.

Im folgenden werde ich nur *Intentionen* diskutieren. Ein Grund, weshalb ich nicht über Willensakte (oder über das Wollen) sprechen werde, ist der, daß es sich dabei weitgehend um eine künstliche Terminologie, erfunden für philosophische Zwecke, handelt und daß diese nur schwer mit der Art und Weise, wie wir tatsächlich über Handlungen sprechen und nachdenken, in Beziehung zu bringen ist.

Aus Gründen der Zweckmäßigkeit werde ich diejenigen, die es für möglich halten, daß die Intention eine Humesche Ursache des Verhaltens ist, *Kausalisten* und die, die die Verbindung zwischen Intention und Verhalten als eine Verbindung begrifflicher oder logischer Natur ansehen, *Intentionalisten*[19] nennen.

Außer Intentionen und Willensakten gibt es noch zahlreiche andere geistige Begriffe, die für die Frage der Verursachung von Handlungen relevant sind: Entscheidungen, Wünsche, Motive, Gründe, Bedürfnisse und andere mehr. Ich werde sie hier nicht im einzelnen diskutieren. Auch diese anderen Kräfte, die uns zum Handeln drängen, müssen in eine vollständige Darstellung dessen, wie sich der innere Aspekt einer Handlung auf den äußeren Aspekt bezieht, eingefügt werden. Was diese Begriffe angeht, so ist die hier gegebene Darstellung unvollständig. Ich möchte den Leser vor einer voreiligen Interpretation meiner Position warnen. Ich argumentiere gegen eine »kausale Theorie der Handlung«. Ich bestreite jedoch nicht, daß z. B. Wünsche oder Bedürfnisse auf unser Verhalten einen kausalen Einfluß haben können. Des weiteren bezweifle ich nicht, daß Dispositionen, Gewohnheiten, Neigungen und andere Regelmäßigkeiten und Gleichförmigkeiten des Verhaltens für das Erklären und Verstehen von Handlungen offensichtlich eine Rolle spielen können[20].

4. Sehen wir uns das folgende Schema an:

(PS) A beabsichtigt, p herbeizuführen.

A glaubt, daß er p nur dann herbeiführen kann, wenn er a tut.

Folglich macht sich A daran, a zu tun.

Ein derartiges Schema wird manchmal ein *praktischer Schluß* (oder Syllogismus) genannt. Ich werde diesen Namen auch verwenden, ohne jedoch damit vorgeben zu wollen, daß er historisch adäquat ist. Zudem sehe ich bewußt von der Tatsache ab, daß es viele verschiedene Schemata gibt, die unter derselben Bezeichnung zusammengefaßt werden können[21].

Von dem obigen Schema (PS) gibt es verschiedene alternative Formulierungen. Anstelle von »beabsichtigt« kann man in der ersten Prämisse auch »intendieren«, »darauf abzielen« oder manchmal auch »will« sagen. Anstelle von »glaubt« könnte man in der zweiten Prämisse auch »ist der Meinung«, »ist der Ansicht« oder manchmal auch »weiß« sagen. Anstelle von »macht sich daran« könnte man in der Conclusio auch »fängt damit an«, »geht dazu über« oder manchmal einfach »tut« sagen. *Sich daranmachen*, etwas zu tun, verstehe ich also so, daß damit ausgedrückt wird, daß die ersten Ansätze zu einem bestimmten Verhalten bereits vorliegen. Damit will ich nicht andeuten, daß all diese erwähnten Alternativen synonym sind, sondern nur, daß durch ihre wechselseitige Substituierung die Natur der hier aufgeworfenen Probleme und die von uns im folgenden vorgeschlagenen Lösungen nicht wesentlich verändert würden[22].

Das Schema des praktischen Schlusses ist das Schema einer »auf den Kopf gestellten« teleologischen Erklärung. Der Ausgangspunkt einer teleologischen Erklärung (einer Handlung) ist, daß sich jemand daran macht, etwas zu tun, oder daß, was der geläufigere Fall ist, jemand etwas tut. Wir fragen »Warum?« Die Antwort ist oft einfach »Um *p* herbeizuführen«. Dabei gilt als erwiesen, daß vom Handelnden das Verhalten, das wir zu erklären versuchen, als für die Herbeiführung von *p* kausal relevant angesehen wird *und* daß das Herbeiführen von *p* das ist, worauf er mit seinem Verhalten abzielt bzw. was er intendiert. Es kann sein, daß sich der Handelnde irrt, wenn er die Handlung als kausal relevant für den von ihm anvisierten Zweck ansieht. Sein Irrtum läßt jedoch die vorgeschlagene Erklärung nicht ungültig werden. Was der Handelnde *glaubt* ist hier die einzig relevante Frage.

Ist ein dem obigen Schema entsprechender Schluß logisch gültig?

Die Frage der Gültigkeit eines praktischen Schlusses hängt mit den von mir als kausalistisch und intentionalistisch genannten zwei Ansichten über die Relation zwischen dem »inneren« und dem »äußeren« Aspekt einer Handlung zusammen. Wer korrekt formulierte praktische Schlüsse als logisch bindend ansieht, vertritt eine intentionalistische Position. Wer dagegen die kausalistische Ansicht akzeptiert, der würde von praktischen Schlüssen sagen, daß die Wahrheit ihrer Prämissen zwar die Wahrheit ihrer Conclusionen sicherstellt, daß es sich dabei aber um eine »kausale« und nicht um eine »logische« Folgerung handelt.

Der Kausalist vertritt also nicht die These, daß die Intention allein etwas Bestimmtes herbeiführt, den Handelnden zu einem Verhalten von einer gewissen Art bewegt. Es bedarf eines weiteren Faktors, um den kausalen Mechanismus wirksam werden zu lassen: einer Meinung, eines Glaubens, einer Einsicht, daß es eines Verhaltens einer spezifischen Art bedarf, um das Objekt der Intention zu erreichen. Die vermeintliche Ursache ist somit von einer ziemlich komplexen und speziellen Natur, was schon an sich Zweifel hervorrufen könnte, ob es möglich ist, daß ein derartiger kognitiv-voluntativer Komplex überhaupt eine Humesche Ursache von etwas sein kann. Aber wir wollen die Antwort nicht vorwegnehmen.

Wenn die Beziehung zwischen Intention und Kognition einerseits und dem Verhalten andererseits kausal ist, dann ist ein allgemeines Gesetz (eine nicht-logische gesetzmäßige Verknüpfung) involviert. Die Prämissen der Argumentation stellen das Antecedens, die Conclusio das Konsequens dieses Gesetzes dar. Aus dem Gesetz und den eingesetzten singulären Propositionen folgt logisch die Conclusio. Nach der hier so genannten kausalistischen Ansicht stellt somit der praktische Schluß (und damit auch die teleologische Erklärung) nur eine verkleidete Form einer mit dem Gesetzesschema der Erklärung übereinstimmenden deduktiv-nomologischen Erklärung dar.

5. Bevor wir die Frage der – logischen oder kausalen – Gültigkeit von praktischen Schlüssen in Angriff nehmen, müssen wir noch eine Reihe von Problemen hinsichtlich der Form und des Gehalts des von unserem Schema (PS) exemplifizierten Begründungstyps lösen. Beim ersten Problem geht es um die angebliche Beziehung dieses Schemas zu teleologischen Erklärungen. Angenommen, *A* beabsichtigt, *p* herbeizuführen, und glaubt, daß das Tun von *a* zu diesem Zweck *hinreicht*. Folgt daraus, daß er sich daranmachen muß, *a* zu tun? Sicher nicht in jedem Sinne von »folgen«, nach dem der Schluß mit Recht gültig genannt werden könnte.

Nehmen wir an, daß sich *A* daranmacht, *a* zu tun, oder daß er *a* einfach tut. Hätten wir von *A's* Verhalten eine formal befriedigende teleologische Erklärung gegeben, wenn wir sagten, daß *A* beabsichtigte, *p* herbeizuführen, und den Vollzug von *a* als für diesen Zweck hinreichend ansah? Die Frage hat etwas Verwirrendes an sich. Wenn wir auf sie eine uneingeschränkt bejahende Antwort geben, dann geben wir zu, daß eine teleologische Erklärung einer Handlung nicht einfach die »Umkehrung« eines praktischen Schlusses vom Typ (PS) ist, sondern eine viel weitere Kategorie. Eine bejahende Antwort ist zwar tatsächlich möglich, aber sie muß gewissen Einschränkungen unterworfen werden.

Wenn *A* glaubt, daß der Vollzug von *a* das *einzige* ist, was für die Erreichung seines Ziels hinreicht, dann ist der Fall unproblematisch. Denn dann ist der Vollzug von *a* seiner Meinung nach auch notwendig. Aber angenommen, es gebe mehr als ein Ding, etwa *a* und *b*, so daß der Vollzug sowohl von *a* als auch von *b* von *A* als für sein Ziel hinreichend angesehen wird. Er hat dann eine *Wahl*. Nur wenn er eine Handlung wählt, die hinreichend ist, um *p* herbeizuführen, wird er sein Ziel erreichen können. Mit anderen Worten, es ist *notwendig*, daß er zumindest *eines* der beiden Dinge tut, die er für das Herbeiführen von *p* als *hinreichend* ansieht.

Wenn der praktische Schluß in einer Form konstruiert ist, die ihn bindend macht, dann muß die Conclusio sein, daß sich *A* daranmacht, *a oder b* zu tun. Als ein konkretes Verhalten in einer bestimmten Situation wird der Vollzug von *a oder b* normalerweise im Tun von *a*, aber nicht von *b*, *oder* im Tun von *b*, aber nicht von *a*, bestehen. Die Suche nach einer teleologischen Erklärung erlaubt berechtigterweise die weitere Frage, warum *A* die Handlung *a* und nicht *b* gewählt hat. Für diese Wahl gibt es vielleicht eine weitere teleologische Erklärung, z. B. daß er *a* für den billigsten oder den schnellsten oder den leichtesten Weg hielt, um *p* herbeizuführen, und daß er *p* mit möglichst wenig Geldaufwand oder möglichst schnell oder möglichst leicht herbeizuführen beabsichtigte (wollte). Dieser Erklärung wiederum würde ein praktischer Schluß entsprechen, der mit der Conclusio endet, daß sich *A* daranmacht, *a* zu tun. Aber ob diese zusätzliche teleologische Erklärung tatsächlich gegeben werden und der entsprechende Schluß tatsächlich konstruiert werden kann, ist eine kontingente Sache. Es braucht nicht für jede Wahl einen Grund zu geben. Eine Wahl, obwohl notwendigerweise intentional, kann möglicherweise etwas gänzlich Zufälliges sein.

Wenn wir uns also ansehen, was die teleologische Erklärung wirklich erklären kann und was von ihr ausgelassen wird, so stellt sich heraus, daß praktische Schlüsse tatsächlich »Umkehrungen« von teleologischen Erklärungen sind.

Man könnte jedoch die obigen Beobachtungen auch als einen Grund dafür ansehen, das Schema des praktischen Schlusses zu lockern und den Begriff einer teleologischen Erklärung von Handlungen zu erweitern. Die Behauptung, daß *A* die Handlung *a* deshalb vollzog, weil er glaubte, daß ihn dies zu seinem Handlungsziel *p* führen würde, könnte dann als eine voll befriedigende Antwort auf die Frage, warum *A* die Handlung *a* vollzog, angesehen werden. Dieses Schema kann aber nur dann zu einer schlüssigen Begründung werden, wenn man weitere Informationen über *A's* Absichten und Annahmen hinzunimmt. In *dieser* Hinsicht ist die Erklärung noch »unvollständig«. Man kann das Schema noch weiter lockern. Vielleicht hielt *A* die Haltung *a* für seine Ziele weder für notwendig noch für hinreichend, glaubte aber, daß der Vollzug von *a* dennoch irgendwie für deren Erreichung *günstig* sei oder die Chancen (die Wahrscheinlichkeit), daß er sie erreichen wird, vergrößere. Auch hier können wir erklären, warum er *a* tat, ohne schon eine schlüssige Begründung zu haben. Auch hier kann man versuchen, die Erklärung dadurch zu vervollständigen, daß man nach weiteren Prämissen Ausschau hält. Solche Prämissen könnte man u. a. durch den Hinweis erhalten, daß der Handelnde das Risiko eingeht, seine Ziele zu verfehlen, wenn er gewisse Maßnahmen außer acht läßt. Wir können dann die Vermeidung dieses Risikos als ein (sekundäres) Ziel des Handelnden ansehen. Indem wir der ersten Prämisse auf diese Weise eine neue Wendung geben, können wir manchmal die Schlüssigkeit der Begründung »wiederherstellen«.

Die zweite Frage von vorbereitendem Charakter, die wir diskutieren müssen, ist die folgende:

Angenommen, *A* glaubt, daß der Vollzug von *a* für das Herbeiführen von *p* notwendig ist, glaubt bzw. weiß aber auch, daß er *a* nicht tun kann. Würde auch dann noch folgen, daß er sich daranmacht, *a* zu tun?

Darauf könnte man antworten, daß dann, wenn jemand glaubt, daß er eine gewisse Sache gar nicht tun kann, sich so ohne weiteres auch gar nicht daranmachen kann, sie zu tun. Wenn er nicht sicher ist, kann er versuchen, es zu tun[23]. Ist er sich aber dessen sicher, daß er es nicht tun kann, wird er vielleicht Schritte unternehmen, es zu lernen.

Man kann aber auch bezweifeln, ob der, der glaubt, *a* nicht tun zu können, auch nur *beabsichtigen* kann, irgend etwas, *p* etwa, herbeizuführen, wofür er den Vollzug von *a* als notwendig ansieht. Er mag vielleicht wünschen oder stark hoffen, daß *p eintreten* wird, z. B. deshalb, weil es ein anderer herbeiführt. Vielleicht will er lernen, wie man *p* herbeiführt – woraus folgt, daß er lernen will, wie man *a* tun kann. Er kann so fest entschlossen sein, *p* herbeizuführen, daß der folgende praktische Schluß gültig wird:

A beabsichtigt, *p* herbeizuführen.
A glaubt, daß er *p* nur dann herbeiführen kann, wenn er (zuerst) lernt, (wie) *a* zu tun (ist).
Folglich macht sich *A* daran, zu lernen, *a* zu tun.

Daraus ergibt sich, daß dann, wenn der Schluß in der ursprünglichen Form (PS) gültig sein soll, angenommen werden muß, daß der Handelnde glaubt, daß er die Dinge tun kann, die für die Erfüllung seiner Intentionen erforderlich sind.

Angenommen, *A* beabsichtigt, *p* herbeizuführen, und glaubt, daß der Vollzug von *a* für dieses Ziel notwendig, *aber nicht hinreichend* ist. Folgt auch dann, daß er sich daranmacht, *a* zu tun?

Zwei Fälle müssen hier unterschieden werden. Der erste ist der, wo *A* eine Vorstellung davon hat, was zusätzlich zum Vollzug von *a* hinreichend wäre, um *p* herbeizuführen, und zudem glaubt, daß er die Erfüllung dieser zusätzlichen Bedingungen herbeiführen kann, z. B. dadurch, daß er die erforderlichen Dinge selbst tut. Der zweite Fall ist der, wo *A* entweder nicht weiß, was die hinreichenden Bedingungen für das Herbeiführen von *p* sind, oder zwar glaubt, daß er sie kennt, aber zudem der Meinung ist, daß er sie nicht erfüllen kann.

Im ersten Fall ließe sich die gestellte Frage bejahend beantworten. Im zweiten Fall muß die Antwort negativ sein. *A* wird sich – es sei denn aus irgendeinem anderen Grund, der keinen Teil des Schlusses darstellt – nicht daranmachen, *a* zu tun. Denn er glaubt bzw. weiß jetzt, daß der Vollzug von *a* für das von ihm anvisierte Ziel nichts hergibt. Aber auch dieser Fall wirft ein Problem auf:

Ist die Tatsache, daß *A* nicht der Ansicht ist, er wüßte, wie er *p* herbeiführen kann, mit der Annahme, daß er *p* herbeizuführen beabsichtigt, logisch verträglich? Mit anderen Worten, ist der Fall, den wir uns gerade vorstellen, logisch konsistent? Ich glaube, die Antwort ist negativ, und zwar unabhängig davon, ob man in der Frage der Gültigkeit praktischer Schlüsse einen intentionalistischen oder kausalistischen Standpunkt einnimmt.

Worum es bei diesem Fall geht, wird klarer, wenn wir (zunächst) von dem Etwas-tun-Wollen sprechen und nicht von dem Etwas-zu-tun-Beabsichtigen. Ich will die dort auffliegende Wildgans schießen. Ich habe ein Gewehr in der Hand. Wenn ich den Vogel treffen soll, muß ich mit dem Gewehr auf ihn zielen. Angenommen aber, ich habe keine Patronen mehr und kann somit mein Gewehr jetzt nicht laden, was ebenfalls notwendig ist, um den Vogel zu schießen. Vielleicht ziele ich trotzdem auf ihn. Das wäre dann aber nur eine »symbolische Geste«. Man würde wohl nicht im Ernst glauben, es sei ein Schritt in der komplexen Handlung, den auffliegenden Vogel zu schießen.

Aber kann man unter den beschriebenen Umständen überhaupt sagen, daß ich die Gans schießen »will«? Ich kann gewiß z. B. sagen »Ich wollte sie schießen, merkte aber, daß ich keine Patronen mehr hatte« oder »Ich wünschte, ich könnte sie schießen, aber leider habe ich keinen Schuß mehr«. Ich kann auch sagen »Ich will den Vogel schießen. Ich werde mir zuerst mehr Munition holen, und dann werde ich ihn schon kriegen. Ich weiß, wo er sich verstecken wird.« Für »wollte« im ersten Satz kann ich ohne eine Bedeutungsänderung auch »beabsichtigte« und für »will« im letzten Satz »beabsichtigte« sagen. Ob ich, ohne Unsinn zu reden, sagen kann, daß ich die Wildgans *jetzt* schießen will, obwohl ich doch weiß, daß ich das (jetzt) gar nicht kann, scheint davon abzuhängen, wie wir die Bedeutung von »wollen« interpretieren. Wenn »ich will« bedeutet »ich würde gerne«, dann ist diese Äußerung in Ordnung. Wenn »ich will« dagegen »ich beabsichtige« bedeutet, dann scheint der Gebrauch von »wollen« – wenn es mit »jetzt« kombiniert wird – logisch unangemessen zu sein. Ich kann nur solche Dinge zu tun beabsichtigen – und daher auch »wollen« *in dem Sinne* von »beabsichtigen« – von denen ich glaube, daß ich sie tun kann, zu denen ich mich imstande fühle. Dies heißt natürlich, sich bezüglich des Wortes »beabsichtigen« als »Gesetzgeber« aufzuspielen. Ich behaupte nicht, daß der Gebrauch dieses Wortes diese Präsupposition immer mit sich trägt. Aber die Fälle, wo das Wort so verwendet wird, sind wichtig, und um sie allein geht es uns hier. Es ist daher legitim, diese Fälle von anderen zu trennen.

Nach der von mir hier vertretenen Ansicht enthält die erste Prämisse des praktischen Schlusses in einer versteckten Form die Annahme, daß der Handelnde zu wissen glaubt[24], wie er das Objekt seiner Intention herbeiführen kann. Daraus folgt, daß er auch zu wissen glaubt, wie er die für dieses Ziel seiner Meinung nach notwendigen Handlungen und wie er wenigstens eine dafür seiner Meinung nach hinreichende Handlung vollziehen kann. Somit enthält die Intention ein kognitives Element. Man kann den voluntativen und den kognitiven Aspekt nicht so trennen, daß ersterer völlig in der ersten Prämisse und daß letzterer völlig in der zweiten Prämisse enthalten ist. Die erste Prämisse weist notwendigerweise beide Aspekte auf. Das macht jedoch die zweite Prämisse nicht überflüssig. Aus der Tatsache, daß A beabsichtigt, p herbeizuführen, folgt natürlich nicht, daß er speziell den Vollzug von a als dafür notwendig ansieht. Seine Ansichten darüber, was »die Situation von ihm erfordert« können in Wirklichkeit vielleicht sehr seltsam sein, vielleicht sogar völlig irrig, ja sogar abergläubisch. Daraus, daß er p herbeizuführen beabsichtigt, folgt logisch nur, daß er *irgendwelche* Ansichten darüber hat, was von ihm verlangt wird, aber nicht, daß er irgendeine bestimmte Ansicht hat. Wenn es ein wesentlicher Bestandteil dieser Ansichten ist, daß er a tun muß, um sein Ziel zu erreichen, daß aber a allein nicht genug ist, dann ist es auch ein wesentlicher Bestandteil dieser Ansichten, daß er irgendeine Vorstellung davon hat, was er *sonst* noch zu tun hat, und daß er glaubt, auch den erforderlichen Rest, zusätzlich zu a, tun zu können.

6. In unserer ursprünglichen Formulierung des Schlußschemas (PS) wurde der Zeitfaktor nicht berücksichtigt. Wir gingen implizit von der Annahme aus, daß A (jetzt) beabsichtigt, p herbeizuführen, daß er (jetzt) glaubt, daß sein Vollzug von a jetzt für dieses Ziel notwendig ist und daß er sich folglich jetzt daranmacht, a zu tun.

Oft liegt jedoch das Objekt der Intention in der Zukunft. Dies ist in der Tat normalerweise der Fall, wenn wir, ohne nähere Zeitangabe, sagen, daß wir beabsichtigen, etwas zu tun. Man kann die These vertreten, daß dies selbst dann so ist, wenn wir sagen, wir beabsichtigten, etwas Bestimmtes *jetzt* zu tun. Denn »jetzt« ist dann eben der Zeitpunkt unmittelbar vor uns.

Wenn das Objekt der Intention in der Zukunft liegt, dann kann es dennoch der Fall sein, daß die Umstände von mir verlangen, daß ich *jetzt* etwas tue, um mein Ziel zu erreichen. Doch was die Umstände von mir zu tun verlangen, läßt sich auch oft aufschieben, zumindest für eine gewisse Zeit. Daher braucht die Tatsache, daß ich jetzt beabsichtige, etwas in der Zukunft herbeizuführen – in Verbindung mit meinen Ansichten darüber, was ich zu tun habe, um mein Ziel zu erreichen –, überhaupt nicht darin zu resultieren, daß ich jetzt etwas tue.

Ich beabsichtige, über das Wochenende von Helsinki nach Kopenhagen zu fahren. Ich weiß, daß ich dies nur dann tun kann, wenn ich meine Reise im voraus buche. Ich kann aber meine Buchung weitere zwei oder drei Tage aufschieben, muß sie nicht gleich jetzt vornehmen. Wäre das folgende eine korrekte Möglichkeit, dem Zeitfaktor in der Formulierung eines praktischen Schlusses angemessen Rechnung zu tragen?

A beabsichtigt (jetzt), p zum Zeitpunkt t herbeizuführen.

A glaubt (jetzt), daß er p zum Zeitpunkt t nur dann herbeiführen kann, wenn er a nicht später als zum Zeitpunkt t' tut.

Folglich macht sich A nicht später als zum Zeitpunkt t' daran, a zu tun.

Doch dieses Schlußschema kann offensichtlich *nicht* bindend sein – weder logisch noch kausal. Zwischen jetzt und den Zeitpunkten t und t' kann alles mögliche passieren. A ändert vielleicht seine Pläne (seine Absichten), oder er vergißt sie vielleicht. Vielleicht ändert a auch seine Ansicht darüber, was er zu tun hat, um sein Ziel zu erreichen.

Um diesen Umständen in unserer Formulierung des Schlußschemas Rechnung zu tragen, müssen wir die zwei ersten Vorkommnisse von »jetzt« zu »von jetzt an« – womit die Zeit zwischen dem gegenwärtigen Augenblick und t' gemeint ist – ändern. Das Schema lautet dann:

Von jetzt an beabsichtigt A, p zum Zeitpunkt t herbeizuführen.

Von jetzt an glaubt A, daß er p zu t nur dann herbeiführen kann, wenn er a nicht später als zu t' tut.

Folglich macht sich A nicht später als zu t' daran, a zu tun[25].

Diese Änderungen reichen jedoch noch nicht aus. Die Feststellung, daß sich A daranmacht, etwas zum Zeitpunkt t' zu tun, bezieht sich auf einen objektiven Zeitpunkt. Aber vielleicht weiß A gar nicht, daß der Zeitpunkt t' gekommen ist, obwohl dies in Wirklichkeit der Fall ist; oder er glaubt vielleicht, daß er gekommen sei, obwohl das in Wirklichkeit nicht der Fall ist. Mit der Conclusio des praktischen Schlusses läßt sich höchstens behaupten, daß sich A nicht später als zu dem Zeitpunkt daranmacht, a zu tun, wo er – zu Recht oder zu Unrecht – *glaubt*, daß der Zeitpunkt t' gekommen ist. Der praktische Schluß wird dann:

Von jetzt an beabsichtigt A, p zum Zeitpunkt t herbeizuführen.

Von jetzt an glaubt A, daß er p zum Zeitpunkt t nur dann herbeiführen kann, wenn er a nicht später als zum Zeitpunkt t' tut.

Folglich macht sich A nicht später als zu dem Zeitpunkt daran, a zu tun, wo er glaubt, daß der Zeitpunkt t' gekommen ist.

Aber vielleicht kommt der Moment nie, wo A glaubt, daß der richtige Zeitpunkt da ist. Er *vergißt einfach, auf den Zeitpunkt zu achten.* Damit vergißt er auch (sich daranzumachen), a zu tun. Aber

daraus folgt nicht, daß er seine Absicht aufgegeben hat, ja nicht einmal, daß man von ihm mit Recht sagen kann, er hätte *seine Absicht
vergessen*[26]. Die Situation, mit der wir jetzt konfrontiert sind, ist mit
der Wahrheit des folgenden irrealen Konditionalsatzes verträglich:
Wenn *A* zu irgendeinem Zeitpunkt zwischen jetzt und dem von ihm
für *t'* gehaltenen Zeitpunkt gefragt worden wäre, ob er *a* nicht später
als zu *t'* tun werde, dann hätte er mit »Ja« geantwortet. Dies würde
nahelegen, daß er seine Absicht nicht vergessen hat. (Daraus, daß man
von einem gewissen Zeitpunkt an eine Absicht hat, folgt nicht, daß
man die ganze Zeit über »an sie denkt«.)

Um diese letzte Möglichkeit in Rechnung zu stellen, müssen wir zu
der Conclusio die Wendung »wenn er den Zeitpunkt *t'* nicht vergißt«
hinzufügen.

Aber auch dann, wenn die Zeit angemessen berücksichtigt ist, bleibt
das Schlußschema in einer weiteren Hinsicht unvollständig und daher
offensichtlich auch ungültig. Es kann sein, daß der Handelnde daran
gehindert wird, seine Absicht zu realisieren. Er bricht sich ein Bein,
oder er wird ins Gefängnis gesteckt, oder er erleidet einen Schlaganfall
und ist gelähmt, oder er stirbt sogar. Der Hinderungsfaktor ist hier
als ein Ereignis in der (»äußeren«) Welt zu verstehen, dessen Eintreten es für den Handelnden (»physisch«) unmöglich macht, die er-
forderliche Sache zur erforderlichen Zeit zu tun. Ob der Handelnde
in diesem Sinn daran gehindert wird oder nicht, etwas zu tun, ist
intersubjektiv verifizierbar.

Der Hinderungsfaktor kann entweder zwischen der »Bildung« der
Absicht und der kognitiven Haltung andererseits eintreten, oder er
kann genau zu dem Zeitpunkt vorkommen, zu dem die Handlung vollzogen werden soll. Der erste Fall ist von den beiden sicher der geläufigere. Wenn er eintritt, dann führt das normalerweise dazu, daß
der Handelnde seine Pläne ändert. Der Handelnde wird vielleicht
seine ursprüngliche Absicht aufgeben, wenn er merkt, daß er sie nicht
verwirklichen kann. Oder er wird seine Absicht so modifizieren, daß
sie seinen reduzierten Fähigkeiten entspricht. Er sieht sich vielleicht von
neuem an, welche Handlung die Situation von ihm verlangt, und
kommt dann zu dem Schluß, daß es für ihn letztlich gar nicht (so)
notwendig ist (wie er dachte), *a* zu tun, daß er auch *b* tun kann, woran
er nicht gehindert worden ist. Wenn eines dieser beiden Dinge passiert,
dann »löst sich« der ursprüngliche praktische Schluß sozusagen »auf«
und die Frage, wie *dessen* bindende Kraft zu testen ist, wird nie akut.

Es bleibt noch der Fall, in dem der Hinderungsfaktor genau in dem
Augenblick dazwischenkommt, wo sich der Handelnde daranmacht, *a*
zu tun. (Wir können hier die Möglichkeit einschließen, daß er zwar

schon früher eintrat, vom Handelnden selbst aber noch nicht bemerkt wurde.) In diesem Fall hat man keine Zeit mehr, seine Absicht zu ändern oder die Erfordernisse der Situation von neuem zu betrachten. Der praktische Schluß »löst sich« nicht »auf«, sondern muß so formuliert werden, daß er diese Möglichkeit einschließt. Wir können dies dadurch erreichen, daß wir noch eine weitere Wendung zu der Conclusio hinzufügen. Sie lautet »wenn er nicht daran gehindert wird«.

Das folgende kann als die endgültige Formulierung des Schlußschemas, dessen bindende Kraft wir hier untersuchen, angesehen werden:

Von jetzt an beabsichtigt A, p zum Zeitpunkt t herbeizuführen.
Von jetzt an glaubt A, daß er p zum Zeitpunkt t nur dann herbeiführen kann, wenn er a nicht später als zum Zeitpunkt t' tut.
Folglich macht sich A nicht später als zu dem Zeitpunkt daran, a zu tun, wo er glaubt, daß der Zeitpunkt t' gekommen ist – es sei denn, er vergißt diesen Zeitpunkt, oder er wird gehindert.

7. Strittig ist, ob die *Verbindung* zwischen Prämissen und Conclusio eines praktischen Schlusses empirisch (kausal) oder begrifflich (logisch) ist. Nun sind jedoch die Prämissen und die Conclusio selbst kontingent, d. h. empirische und nicht logisch wahre oder falsche Propositionen. Es muß daher möglich sein[27], sie auf der Basis empirischer Beobachtungen und Tests zu verifizieren und zu falsifizieren – oder zumindest zu bestätigen und zu entkräften.

Wir wenden uns jetzt diesem Verifikationsproblem zu. Ich werde zu beweisen versuchen, daß eine Lösung dieses Problems auch zu einer Antwort auf die Frage nach der »Verbindung« und somit der Gültigkeit des Schlusses führt.

Wir sehen uns zuerst die Conclusio an. Wie läßt sich verifizieren (wie stellt man fest), daß sich jemand daranmacht, etwas zu tun, wenn er nicht daran gehindert wird oder den entsprechenden Zeitpunkt vergißt?

Wenn etwas tatsächlich getan worden ist, mag es relativ leicht sein, nachzuweisen, daß das Ergebnis der Handlung, das ein Ereignis in der Welt ist, realisiert worden ist. Wir sehen, wie ein Körper gewisse Bewegungen durchläuft, und haben gute Gründe für die Annahme, daß diese Bewegungen etwa das Sich-Öffnen eines Fensters verursachen.

Um jedoch zu verifizieren, daß A auch tatsächlich a getan hat, reicht es nicht, wenn man lediglich verifiziert, daß das Ergebnis der Handlung eingetreten ist, und wenn man verifiziert oder sonstwie plausibel macht, daß das Eintreten dieses Ergebnisses durch eine an A erkennbare

Muskeltätigkeit verursacht wurde. Wir müssen auch nachweisen, daß das, was stattgefunden hat, von *A's* Seite her etwas Intentionales war und nicht etwas, was er nur zufällig, irrtümlicherweise oder gegen seinen Willen herbeiführte. Wir müssen zeigen, daß das Verhalten von *A*, die Bewegung, die wir seinen Körper durchlaufen sehen, intentional *unter der Beschreibung »a tun«* ist.

Wenn wir verifizieren können, daß *a* von *A* (intentional) getan wurde, dann brauchen wir normalerweise nicht auch noch zu verifizieren, daß er sich *daranmachte, a* zu tun. Das zweite folgt, so könnte man sagen, logisch aus dem ersten. Aber in einer großen Zahl von Fällen läßt sich die Verifikation der Behauptung, daß *A* sich darangemacht habe, *a* zu tun, d. h. die Verifikation der Conclusio des praktischen Schlusses, nicht dadurch erreichen, daß man verifiziert, daß *A* tatsächlich *a* getan hat. Denn vielleicht hat sich *A* zwar darangemacht, *a* zu tun, und es wirklich versucht, dann aber doch unterlassen oder die Tat eben aus irgendeinem anderen Grunde nicht zu Ende geführt. Wie sollen wir in solchen Fällen die Conclusio des praktischen Schlusses verifizieren? Wir haben zu zeigen, daß *A* – d. h. *A's* Verhalten – auf diesen Vollzug »abzielte«, ohne das Ziel getroffen zu haben. Aber worin besteht dieses »Abzielen«? Es kann nicht allein in den von *A* ausgeführten Bewegungen bestehen, selbst wenn es genau die gleichen Bewegungen sind, die normalerweise einen erfolgreichen Vollzug von *a* einleiten. Denn wir hätten immer noch zu zeigen, daß diese Bewegungen intentional waren. Schließlich brauchen sie gar nicht den Bewegungen zu gleichen, die für einen erfolgreichen Vollzug von *a* typisch sind. Und doch könnte es wahr sein, daß *A* mit diesen Bewegungen darauf abzielte, *a* zu tun.

Es mag in der Praxis leichter sein, nachzuweisen, daß sich *A* daranmachte, *a* zu tun, wenn er *a* tatsächlich getan hat, als wenn er dies nicht zustande brachte. Aber in keinem der beiden Fälle ist die Verifikation des äußeren Aspekts und/oder dessen kausaler Wirkungen zu diesem Zweck hinreichend. In beiden Fällen werden wir auch den intentionalen Charakter des betreffenden Verhaltens oder Tuns nachzuweisen haben, d. h. daß es auf ein bestimmtes Ergebnis »abzielte«, und zwar *unabhängig* davon, ob es dieses erreichte oder nicht.

Nachzuweisen, daß ein gewisses Verhalten auf ein gewisses Ergebnis abzielt – und zwar unabhängig davon, wie dieses Verhalten mit dem erwünschten Ergebnis zufällig kausal verknüpft ist – heißt nun aber gerade, nachzuweisen, daß in dem Handelnden eine gewisse Intention und (eventuell) eine kognitive Einstellung bezüglich eines Zweck-Mittel-Verhältnisses vorhanden ist. Und das heißt, daß sich die Last der Verifikation von der Verifikation der Conclusio auf die der Prämissen eines praktischen Schlusses verschiebt.

Daß ein Handelnder daran gehindert wird, eine bestimmte Sache in der betreffenden Situation zu tun, soll hier heißen, daß er »*physisch*« daran gehindert wird, eine Fähigkeit auszuüben, die er im oben erwähnten Sinne besitzt[28] (vgl. oben S. 101). »Psychische« Hinderungsfaktoren, selbst wenn sie die Form einer starken Bedrohung mit physischer Gewalt annehmen, sollen hier nicht zählen, da in diesen Fällen das Unterlassen einer Handlung eine *intentionale* Unterlassung ist. Es kann jedoch sein, daß die Grenze zwischen den beiden Typen von Fällen nicht immer klar ist. Manchmal hat unsere Reaktion auf Gefahren oder Bedrohungen den Charakter eines Reflexes oder einer panischen Reaktion, wodurch zweifelhaft wird, ob unser betreffendes Verhalten intentional ist oder nicht. Im Normalfall ist es jedoch ein relativ leichtes und unproblematisches Verfahren, zu entscheiden, ob jemand an der Ausübung einer Fähigkeit physisch gehindert wird oder nicht.

Angenommen, wir hätten nachgewiesen, daß *A* in einer bestimmten Situation an der Ausübung seiner Fähigkeit, *a* zu tun, *tatsächlich* gehindert wird. Wie können wir dann zeigen, daß er sich darangemacht hätte, *a* zu tun, wenn er *nicht* daran gehindert worden wäre? Die *einzige* Möglichkeit dazu scheint darin zu bestehen, daß wir zeigen, daß bei ihm eine Absicht vorliegt, *a* zu tun oder etwas zu tun, dessen erfolgreicher Vollzug von ihm für die Handlung *a* als erforderlich angesehen wird. Auch hier verschiebt sich die Last der Verifikation von der Conclusio zurück auf die Prämissen eines praktischen Schlusses.

Der Fall, wo der Handelnde vergißt, auf den Zeitpunkt zu achten, ist nur dann relevant, wenn man annimmt, daß er nicht *auch* seine Absichten vergessen oder geändert hat. (Denn wenn das letztere der Fall ist, kann die fragliche Feststellung nicht mehr als die Conclusio eines praktischen Schlusses angesehen werden.) Nachzuweisen, daß ein derartiges Vergessen vorliegt, heißt daher *ipso facto* nachzuweisen, daß die Prämissen eines praktischen Schlusses wahr sind. Und der Nachweis, daß *A* (falls er nicht gehindert worden wäre) sich darangemacht hätte, *a* zu tun, wenn er nicht vergessen hätte, auf den Zeitpunkt zu achten, kann nur dadurch geleistet werden, daß man zeigt: Entweder, daß *A* gerade die Ausführung von *a* beabsichtigte oder daß er es für die Erreichung eines entfernteren Objekts seiner Intention für notwendig hielt, *a* zu tun.

8. Wie weist man nach, daß ein Handelnder von einem gewissen Zeitpunkt an beabsichtigt, etwas Bestimmtes herbeizuführen, und daß er den Vollzug einer anderen Handlung für die Erreichung des Objekts seiner Intention für notwendig hält?

Es gibt einen Aspekt des Verifikationsproblems, den wir nur streifen werden. Es geht bei ihm um den Zeitfaktor und mögliche Änderungen der Intentionen und kognitiven Einstellungen. Angenommen, wir hätten nachgewiesen, daß *A jetzt* eine gewisse Intention und eine gewisse kognitive Einstellung hat. Wie sollen wir uns sicher sein, daß er sie *von jetzt an* bis zu einem bestimmten zukünftigen Augenblick beibehält? Müssen wir sie die ganze Zeit hindurch verifizieren? Und wie wird eine *Änderung* der Intention und der kognitiven Einstellung nachgewiesen?

Intentionen und kognitive Einstellungen brauchen nicht unmittelbar zum Handeln zu führen. Aber »negativ« werden sie auf unser Verhalten von dem Zeitpunkt an, zu dem sie (gemeinsam) entstanden sind, bis zum Zeitpunkt der Ausführung der betreffenden Handlung einwirken. Diese Einwirkung besteht darin, daß der Handelnde während dieses Intervalls *nicht* absichtlich etwas tut oder unternimmt, wovon er glaubt (oder weiß), daß es die Erfüllung seiner Absicht unmöglich machen wird. Wenn ich die Absicht habe, morgen Nachmittag meine Tante zu besuchen, dann nehme ich nicht morgen Vormittag ein Flugzeug nach Peking. Würde ich das tun, so müßte man von mir entweder sagen, daß ich mir die Sache anders überlegt habe (meine Absichten geändert habe), daß ich nicht verstehe, was die Situation verlangt, oder daß ich gegen meinen Willen nach Peking transportiert werde. Aufgrund von Beobachtungen eines derartigen Verhaltens können wir verifizieren, daß jemand seine Pläne geändert hat. Die Beobachtung selbst stellt aber genau den Typ von Verifikation dar, an dem wir hier interessiert sind, nämlich den Nachweis, daß eine Absicht und/oder eine kognitive Einstellung vorliegt. Zu verifizieren, daß sich eine Intention geändert hat oder beibehalten wurde, setzt die Verifikation gegenwärtig vorliegender Intentionen – und intentionaler Verhaltensweisen – voraus. Aus diesem Grund brauchen wir hier die bezüglich des Zeitfaktors auftauchenden Komplikationen nicht eingehender zu diskutieren.

Es gibt mehrere indirekte Möglichkeiten, nachzuweisen, daß ein Handelnder eine gewisse Absicht hat und den Vollzug eines gewissen Aktes für deren Realisierung für erforderlich hält. Er gehört zum Beispiel einer gewissen Kulturgemeinschaft an, besitzt eine gediegene Erziehung und einen normalen Erfahrungshintergrund. Auf der Grundlage dieser Informationen über ihn können wir es als gegeben ansehen, daß er *p* herbeiführen kann und daß er weiß (bzw. glaubt), daß er zu diesem Zweck *a* tun muß. Er besitzt zudem gewisse Charakterzüge und ein bestimmtes Temperament, weshalb er dazu neigt, in immer wieder auftretenden Situationen in einer charakteristischen Weise zu reagieren. Diese Informationen über ihn lassen es uns vielleicht ganz plausibel erscheinen, anzunehmen, er handle jetzt in der Absicht, *p* durch den

Vollzug von *a* hervorzubringen. Manchmal sagen wir sogar, wir würden seine Intentionen und Ansichten *kennen*. Ein Beispiel: Er ist in den Fluß gefallen, kann nicht von selbst herauskommen und schreit so laut er kann um Hilfe. Sicher will er aus seiner schlimmen Lage herauskommen; und er glaubt, daß er nur dann Hilfe bekommen kann, wenn er schreit und gehört wird, und daß er nur dann gerettet werden kann, wenn er Hilfe bekommt.

Eine »Verifikation« dieses Typs ist offensichtlich nur hypothetisch und vorläufig, nicht unwiderruflich und endgültig. Sie beruht auf Analogien und normalerweise verläßlichen Annahmen, die sich in dem vor uns liegenden Fall jedoch als irrig herausstellen können. Vielleicht ist der Mann absolut ungefährdet und tut nur so, als sei er in Gefahr. Die Verläßlichkeit der Analogien beruht zudem auf einzelnen zurückliegenden Fällen, die die intentionalistischen Merkmale besaßen, die wir auf der Basis von Dispositionen, Charakterzügen, Gewohnheiten und ähnlichem auf die neuen Fälle projizieren. Es wäre eindeutig zirkulär, wenn wir versuchten, solche Generalisierungen zu Wahrheitskriterien für einzelne Feststellungen über das Vorliegen von Absichten und kognitiven Einstellungen zu machen[29].

Läßt sich denn nicht auf direkterem Wege herausfinden, was jemand beabsichtigt und was er für die Realisierung seiner Absichten für notwendig hält? Es gibt eine Methode, auf die wir oft zurückgreifen und die wir normalerweise für die Methode halten, die uns zu den Tatsachen, über deren Vorliegen wir uns Gewißheit verschaffen wollen, den direktesten Zugang gibt. Wir fragen den Mann einfach selbst, warum er schreit. Wir wollen annehmen, er antworte uns in einer Sprache, die wir verstehen. Auch seine Antwort – gesprochen oder niedergeschrieben – stellt ein Verhalten dar, ein verbales Verhalten. Seine Antwort sei etwa »Ich schreie um Hilfe, um vor dem Ertrinken gerettet zu werden« – eine in der vorliegenden prekären Situation vielleicht etwas unwahrscheinliche grammatische Form einer Feststellung. Warum gibt er diese Antwort? Diese Frage beantworten heißt, sein verbales Verhalten zu *erklären*. Die Erklärung könnte die folgende schematische Form haben:

A schreit »Hilfe«, um vor dem Ertrinken gerettet zu werden.
A glaubt, daß er nur dann gerettet wird, wenn er auf die Frage, warum er schreit, (wahrheitsgemäß) antwortet.
Folglich sagt *A*, er schreie deshalb, um gerettet zu werden.

Dies ist ein praktischer Schluß. Er wirft genau die gleichen Fragen auf wie die, die wir jetzt zu beantworten versuchen. Es kann sein, daß *A* lügt. Wenn er mit seinem »Hilfe«-Schrei nur so tut, als sei er in Gefahr, dann wird er wahrscheinlich auch auf die Frage, warum er schreit, die Antwort geben »Ich schreie, um gerettet zu werden«. Dann wäre jedoch die obige Erklärung, daß er dies sagt, um gerettet zu werden, verkehrt.

Wenn also seine Worte »Ich schreie um Hilfe, um gerettet zu werden« verifizieren, was er beabsichtigt[30] und warum er sich so verhält (»Hilfe« schreit), dann nur deshalb, weil wir ihre Wahrheit als gegeben ansehen. Es ist zudem zu beachten, daß die Schwierigkeit einer Verifikation nicht nur die Prämissen betrifft, sondern im gleichen Maße auch die Conclusio des praktischen Schlusses, mit dessen Hilfe wir das Verbalverhalten des Mannes erklären. Wie weisen wir nach, daß *A sagt, daß* er schreit, *um* gerettet *zu* werden? Was wir berichten, sind die Laute, die er äußert. Wir können berichten, daß er sagt »Ich schreie, um gerettet zu werden«. Aber das heißt noch nicht zu berichten, daß er sagt, er schreie deshalb, um gerettet zu werden. Denn wie wissen wir denn, daß er mit seinen Worten gerade das *meinte?* Wenn wir bereits akzeptieren, daß seine Worte diese Bedeutung hatten, und dies als Beleg für die Wahrheit der Prämissen des ursprünglichen praktischen Schlusses verwenden, desjenigen nämlich, der in dem Schrei »Hilfe« resultierte, dann gehen wir davon aus, daß wir die Conclusio eines anderen praktischen Syllogismus bereits verifiziert haben, nämlich desjenigen, der darin resultiert, daß er etwas als Antwort auf eine Frage sagt.

Verbales Verhalten gewährt im Prinzip keinen direkteren Zugang zu inneren Zuständen als irgendein anderes (intentionales) Verhalten. Wenn wir uns dies klarmachen, sind wir versucht, zu behaupten, daß die einzige direkte Methode der Verifikation in dem Bewußtsein besteht, das der, der etwas beabsichtigt und dann auch tut, von seinen inneren Zuständen selbst hat. »Nur ich kann *wissen*, was ich beabsichtige und was ich für die Realisierung des Objekts meiner Intention für nötig halte.«

Ich stehe vor der Tür und beabsichtige, *eben jetzt* zu klingeln. Woher weiß ich, daß ich gerade dies beabsichtige? Tatsache ist, daß mein Drücken des Knopfes – oder was auch immer sonst ich gerade *tue* – darauf anzielt, die Klingel zum Läuten zu bringen. Doch in welchem Sinn kann man sagen, ich *wüßte* dies? Muß ich über die Bedeutung meiner Bewegungen reflektieren, wann immer ich intentional handle?

Daß ich weiß, was meine eigenen Absichten sind, kann auf einer Reflexion über mich selbst beruhen, also auf Beobachtungen und Interpretationen meiner eigenen Reaktionen. In solchen Fällen ist das, was ich von mir selbst weiß, genauso »äußerlich« und »indirekt« wie das, was ein anderer von mir weiß, ja vielleicht nicht einmal ganz so verläßlich. (Es ist keineswegs gewiß, daß ich selbst der beste Kenner meiner eigenen Intentionen oder, was hier auf das gleiche hinausläuft, meiner kognitiven Einstellungen bin.) Was ich von meinen eigenen Intentionen unmittelbar weiß, basiert nicht auf einer Reflexion über mich selbst (meine inneren Zustände). Mein Wissen *ist* die Intentionalität meines Verhaltens, dessen Verknüpfung mit der Intention, etwas zu erreichen. Dieses Wissen ist daher für eine Verifikation der Prämissen eines praktischen Schlusses, die sagen, was meine Absichten und kognitiven Einstellungen sind, wertlos, denn es ist ja gerade *dieses* Wissen, was nachgewiesen (verifiziert) werden soll, nämlich die meinem Verhalten inhärente Intentionalität.

Intentionales Verhalten gleicht, so könnte man sagen, dem Gebrauch einer Sprache[31]. Es ist eine Geste, mit der ich etwas meine. Gerade wie der Gebrauch und das Verstehen einer Sprache eine Sprachgemeinschaft voraussetzt, setzt das Verstehen einer Handlung eine Gemeinschaft von Institutionen, Praktiken und technologischen Einrichtungen voraus, in die man durch Lernen und Abrichtung eingeführt worden ist. Man könnte es vielleicht eine Lebensgemeinschaft nennen[32]. Ein Verhalten, das uns völlig fremd ist, können wir nicht verstehen oder teleologisch erklären.

Behaupte ich damit nicht, daß meine Absicht (eben jetzt) zu klingeln und meine Ansicht, daß dazu das Drücken des Knopfes notwendig ist, *dasselbe* ist wie die Tatsache, daß ich jetzt den Knopf drücke? Darauf wäre zu antworten: Sie ist nicht dasselbe wie die Folge von Körperbewegungen und Ereignissen in der Außenwelt, die damit endigt, daß mein Finger auf den Knopf drückt und der Knopf daraufhin reingeht. Aber sie ist diese Folge, sofern diese von mir als ein Akt des Klingelns *gemeint* (oder von den anderen *verstanden*) wird.

Wer sagt, daß die Intentionalität *in* dem Verhalten liegt, der sagt damit etwas sehr Wichtiges und etwas recht Irreführendes zugleich. Die Wahrheit in dieser Formulierung besteht darin, daß Intentionalität nicht etwas »hinter« oder »außerhalb« des Verhaltens ist. Intentionalität ist kein geistiger Akt und auch keine sie begleitende charakteristische Erfahrung. Irreführend an der Formulierung ist, daß sie eine »Lokalisierung« der Intention nahelegt, eine Begrenzung auf ein genau bestimmtes konkretes Verhalten, so als ob man die Intentionalität durch eine Untersuchung der Bewegungen entdecken könnte. Man könnte sagen – aber auch dies ist vielleicht irreführend –, daß die Intentionalität des Verhaltens sein *Platz* in einer Geschichte über den Handelnden ist. Ein Verhalten bekommt seinen intentionalen Charakter dadurch, daß es vom Handelnden selbst oder von einem Beobachter in einer weiteren Perspektive *gesehen* wird, dadurch, daß es in einen Kontext von Zielen und kognitiven Elementen gestellt wird. Etwas Derartiges geht vor sich, wenn wir einen praktischen Schluß konstruieren, der zum betreffenden Verhalten so paßt, wie Prämissen zu einer gegebenen Conclusio passen.

Das Ergebnis unserer Untersuchung des Verifikationsproblems lautet also wie folgt:

Die Verifikation der Conclusio eines praktischen Schlusses setzt voraus, daß wir eine entsprechende Menge von Prämissen verifizieren können, aus denen logisch folgt, daß das beobachtete Verhalten unter der Beschreibung, die diesem Verhalten in der Conclusio gegeben wird, intentional ist. Dann können wir nicht mehr diese Prämissen bejahen und die Conclusio verneinen, d. h. die Korrektheit der dem beobachteten Verhalten gegebenen Beschreibung verneinen. Doch die Menge der verifizierten Prämissen braucht natürlich nicht die gleiche zu sein wie die der Prämissen des betreffenden praktischen Schlusses.

Die Verifikation der Prämissen eines praktischen Schlusses wiederum setzt voraus, daß wir ein bestimmtes Verhalten als intentional unter einer Beschreibung identifizieren können, die diesem Verhalten entweder durch diese Prämissen selbst (»unmittelbare« Verifikation) oder durch irgendeine andere Menge von Prämissen, aus denen die Prämissen des betreffenden Schlusses folgen (»externe« Verifikation), gegeben wurde.

In dieser wechselseitigen Abhängigkeit der Verifikation von Prämissen und der Verifikation von Conclusionen praktischer Syllogismen besteht meiner Meinung nach die Wahrheit des Logischen Verknüpfungs-Arguments.

Es ist für diese Verifikationsverfahren charakteristisch, daß sie die *Existenz* eines tatsächlichen Verhaltens voraussetzen, dem dann eine intentionalistische »Interpretation« verliehen wird. Angenommen, ein solches Verhalten liegt nicht vor. Worauf läuft diese Annahme hinaus?

Gegeben seien die Prämissen eines praktischen Schlusses: ein Handelnder beabsichtigt, etwas herbeizuführen, und glaubt, daß der Vollzug einer anderen Handlung für dieses Ziel notwendig ist. Der Zeitpunkt zu handeln ist für ihn gekommen. Er selbst ist dieser Ansicht. Vielleicht hatte er wirklich vor, den Tyrannen zu erschießen. Er steht vor dem Unmenschen, zielt auf ihn mit einem geladenen Revolver. Aber nichts passiert. Müssen wir sagen, daß er »gelähmt« ist? Er wird einer medizinischen Untersuchung unterzogen. Es findet sich nichts, was darauf hindeuten würde, daß er physisch daran gehindert war, seine Absicht zu verwirklichen. Müssen wir sagen, daß er seine Absicht aufgab oder daß er seine Meinung über die Erfordernisse der Situation revidierte? Er selbst weigert sich, eine dieser beiden Alternativen anzuerkennen. Müssen wir sagen, daß er lügt? Diese Fragen zielen auf die Konstruktion eines Falles ab, in dem sich die Behauptung, daß er gehindert wurde, daß er vergessen hatte, auf den Zeitpunkt zu achten, oder daß er seine Absicht aufgab bzw. die Erfordernisse der Situation anders beurteilte, auf keine andere Grundlage stützen könnte als auf die bloße Tatsache, daß er nicht in Übereinstimmung mit den Prämissen gehandelt hat. Gewiß, dies ist ein extremer Fall. Aber ich sehe nicht, weshalb er nicht vorkommen könnte. Der einzige Grund, in diesem Fall auf einer der beiden oben erwähnten Alternativen zu insistieren, bestände darin, die Gültigkeit des praktischen Syllogismus als Standard für die Interpretation der Situation aufzufassen. Dies mag vielleicht vernünftig sein. Aber wir sind dazu nicht logisch gezwungen. Wir könnten genausogut sagen: Wenn man sich einen derartigen Fall vorstellen kann, so zeigt dies, daß die Conclusio eines praktischen Schlusses nicht mit logischer Notwendigkeit aus den Prämissen folgt. Darauf zu insistieren wäre Dogmatismus.

Ein Charakteristikum des von uns gerade betrachteten Falles ist, daß der Handelnde buchstäblich *nichts* tut. Dies heißt nicht, daß es der Handelnde unterläßt, zu handeln. Denn da eine Unterlassung intentionales Nicht-Handeln ist, ist ein intentionales Absehen von der Verwirklichung einer Intention eine Änderung der Intention. Dies wäre also ein Fall, wo sich der Syllogismus »auflöst« und die Frage nach seiner Gültigkeit gar nicht auftaucht.

Trotz der Wahrheit des Logischen Verknüpfungs-Arguments haben also die Prämissen eines praktischen Schlusses *nicht* mit logischer Notwendigkeit ein bestimmtes Verhalten zur Folge. Aus ihnen folgt nicht die »Existenz« einer zu ihnen passenden Conclusio. Der Syllogismus ist, wenn er zum Handeln führt, »praktisch« und kein logischer Beweis[33]. Nur wenn eine Handlung bereits vorliegt und eine praktische Argumentation zu ihrer Erklärung oder Rechtfertigung konstruiert wird, nur dann haben wir eine logisch schlüssige Argumentation. Die Notwendigkeit des praktischen Schlußschemas ist, so könnte man sagen, eine *ex post actu* verstandene Notwendigkeit.

Ich versuchte zu zeigen, wie die Prämissen und die Conclusio eines praktischen Schlusses miteinander *verknüpft* sind. Ich griff dabei auf Überlegungen zurück, die ihre Verifikation betreffen. Ein von uns hier nicht betrachtetes Problem ist, welche aus den alternativen Mengen von Prämissen für eine gegebene Conclusio akzeptiert werden sollte. Dies ist das Problem, die Korrektheit (Wahrheit) der »materialen« – im Gegensatz zur »formalen« – Gültigkeit einer vorgeschlagenen Handlungserklärung zu testen. *Dieses* Problem wird in der vorliegenden Arbeit nicht diskutiert werden.

9. Auch wenn man zugibt, daß die Prämissen eines praktischen Schlusses nicht eine Humesche Ursache des in der Conclusio beschriebenen Verhaltens beschreiben, so bleibt immer noch die Frage offen, ob

das gleiche Verhalten nicht auch kausal erklärt werden könnte. Zu dieser Frage gibt es zwei entgegengesetzte Positionen: die Verträglichkeits-These, die die Frage positiv beantwortet, und die Unverträglichkeits-These, die sie negativ beantwortet[34]. Ich werde zu zeigen versuchen, daß beide Positionen sowohl etwas Wahres wie etwas Falsches enthalten und daß sie daher, richtig interpretiert, gar nicht gegensätzlich sind.

Um eine Konfrontation der zwei Positionen überhaupt zu ermöglichen, müssen wir zuerst untersuchen, ob für *dasselbe Explanandum* sowohl eine teleologische als auch eine kausale Erklärung sinnvoll vorgeschlagen werden könnte.

Was *ist* das *Explanandum* einer kausalen Erklärung eines Verhaltens? Ein bestimmtes Verhalten, sicherlich. Aber diese Charakterisierung ist nicht frei von Mehrdeutigkeiten. Sie läßt die Frage offen, ob es sich um ein Verhalten handelt, das intentionalistisch als eine Handlung oder als sonstwie auf einen bestimmten Erfolg abzielend verstanden wird, oder ob es sich bei dem Verhalten um ein »reines Naturereignis«, d. h. letzten Endes um eine Muskeltätigkeit handelt.

Es ist vielleicht zweckmäßig, auch das *Explanandum* einer Kausalerklärung eines Verhaltens in einer intentionalistischen (»aktionistischen«) Sprache zu beschreiben. Ein Physiologe stimuliert in einem Experiment das Nervensystem eines Menschen in einer bestimmten Weise, und die Untersuchungsperson »führt« dementsprechend »bestimmte Bewegungen aus«, sie hebt z. B. ihren Arm. Aber daß die Bewegungen durch die intentionalistische Beschreibung als eine Tätigkeit oder Handlung wiedergegeben werden, ist für deren Kausalerklärung als eine Wirkung der Stimulierung irrelevant und könnte sogar mit Recht als nicht im strengen Sinne »wissenschaftlich« angesehen werden. Erklärt wird, warum *sich* unter dem kausalen Einfluß der Stimulierung seines Nervensystems *Teile seines Körpers bewegen* und nicht, warum *er Teile seines Körpers bewegt*. (Letzteres würde er unter dem teleologischen Einfluß seiner Intentionen und kognitiven Einstellungen tun.) Wir können diese Bewegungen z. B. photographieren, die Bilder in einem Koordinatensystem anordnen und sie dann innerhalb dieses Systems als Ortsveränderungen beschreiben.

Die Frage, was das *Explanandum* einer teleologischen Erklärung ist, ist komplexer. Die Schwierigkeit läßt sich hier durch die folgende Frage verdeutlichen: Ist es möglich, die teleologisch erklärten Bewegungen gänzlich in nicht-intentionalistischen Ausdrücken zu beschreiben, d. h. sie so zu beschreiben, daß das Verhalten *unter dieser Beschreibung* nicht intentional ist? Könnte man sie beispielsweise als Ortsveränderung bestimmter Körper in einem Koordinatensystem beschreiben?

Sehen wir uns nochmals den praktischen Syllogismus an. Seine Conclusio ist, daß sich ein Handelnder, wenn er nicht gehindert wird, daranmacht, etwas Bestimmtes zu tun, was er für die Erreichung eines seiner Ziele für erforderlich hält. Wenn wir ein Verhalten teleologisch erklären wollen, dann fangen wir sozusagen bei der Conclusio an und arbeiten uns dann zu den Prämissen zurück. In normalen Fällen fangen wir bei der Tatsache an, daß eine Handlung ausgeführt worden ist, und können es somit als gegeben ansehen, daß sich der Handelnde auch »darangemacht« hat, sie zu tun. Wir können, ohne dadurch wesentlichen Schwierigkeiten aus dem Weg zu gehen, die Dinge dadurch vereinfachen, daß wir die Diskussion hier nur auf solche normale Fälle einschränken.

Das einer teleologischen Erklärung bedürftige Verhalten besteht also – intentionalistisch beschrieben – darin, daß *A* etwas tut, z. B. einen Knopf drückt. Wir schlagen dazu die folgende teleologische Erklärung vor und konstruieren – in der Vergangenheitsform – Prämissen eines praktischen Schlusses, die diesem *Explanandum* als ihre Conclusio entsprechen:

A beabsichtigte, die Klingel zum Läuten zu bringen.
A glaubte (wußte), daß er die Klingel nur dann zum Läuten bringen kann, wenn er den Knopf drückt.
Folglich drückte *A* den Knopf.

Diese Erklärung kann in dem Sinne »material ungültig« (falsch, inkorrekt) sein, daß *A* den Knopf in Wirklichkeit aus einem anderen Grund drückte. Aber als eine *ex post actu*-Konstruktion von Prämissen, die einer gegebenen Conclusio entsprechen sollen, ist sie »formal gültig« (korrekt).

Sehen wir uns nun an, ob man die Conclusio durch eine nicht-intentionalistische Beschreibung von *A's* Verhalten ersetzen und dennoch *die formale Gültigkeit der Erklärung* (des Schlusses) *erhalten* könnte. Wir versuchen es mit der folgenden Beschreibung und belassen dabei die Prämissen wie vorher:

Folglich stießen *A's* Finger gegen den Knopf.

Dieser Satz mag vielleicht wahr sein – doch *er* könnte unter den gegebenen Prämissen nicht notwendig sein. Knöpfe kann man auf viele verschiedene Weisen drücken. Es ist vielleicht überhaupt nicht notwendig, daß man dazu seine Finger nimmt. Zudem hat ein Mensch normalerweise zehn Finger. Vielleicht drückte er den Knopf mit dem Daumen seiner rechten Hand. Selbst wenn er seine Finger benutzen muß, um den Knopf zu drücken, so kann aus den Prämissen, wie wir sie oben formuliert haben, doch nicht logisch folgen, daß er ihn mit einem ganz bestimmten Finger drücken mußte.

Wie sollen wir also die Conclusio in nicht-intentionalistischer Weise formulieren, ohne gegen die formale Gültigkeit der Erklärung zu verstoßen? Sehen wir uns einen anderen Vorschlag an:

Folglich bewegte sich *A's* Körper so, daß dadurch ein Druck auf den Knopf verursacht wurde.

Auch dieser Vorschlag wäre nicht akzeptabel. *A* holt Luft, und der dadurch erzeugte Luftstrom übt, so wollen wir annehmen, einen schwachen Druck auf den Knopf aus. Dieses Verhalten würde normalerweise als überhaupt nicht in den Bereich der teleologischen Erklärung fallend zählen. Warum? Offensichtlich deshalb, weil wir dies normalerweise nicht als einen Akt, den Knopf zu drücken, interpretieren würden. Wenn wir aber aus der Stellung seines Körpers, der Bewegung seines Mundes und der Art und Weise, wie er Luft holt, zu entnehmen hätten, daß er gegen den Knopf bläst, dann könnten wir *a fortiori* das, was er tat, als eine seltsame Art und Weise, einen Knopf zu drücken, interpretieren.

In der Situation, die wir uns gerade vorstellen, kommt ein bestimmtes Verhalten vor, nämlich Bewegungen von *A's* Körper. Diese Bewegungen könnten sicher so beschrieben werden, daß jegliche Intentionalität fehlt[35]. Aber wenn gefragt würde, welche dieser Bewegungen so sind, daß ihre Ausführung logisch aus den Prämissen unseres obigen praktischen Schlusses folgt, dann hätte die Antwort zu lauten, daß es die Bewegungen sind, die wir als einen Akt des Drückens eines Knopfes interpretieren. Die den Prämissen entsprechende Conclusio ist also:

A's Körper bewegte sich in einer Weise, die einen Akt, einen Knopf zu drücken, darstellt.

Doch dies ist lediglich eine andere und kompliziertere Ausdrucksweise dafür, daß *A* den Knopf drückt. Wir sind wieder dort, wo wir angefangen haben.

Das Resultat unserer Argumentation ist somit folgendes: Die formale Gültigkeit des praktischen Schlusses erfordert, daß das in seiner Conclusio erwähnte Verhalten als eine Handlung beschrieben (verstanden, interpretiert) wird, als das, was der betreffende Handelnde tut oder zu tun versucht. Um *teleologisch erklärbar* zu werden, muß, so könnte man sagen, das Verhalten zuerst *intentionalistisch verstanden* sein. Die Interpretation kann sich von einer Erklärung, die wir für den vorliegenden Fall zur Hand haben, leiten lassen. Wenn uns nicht alles täuscht, so könnte man sagen, will der Mann, der vor der Tür steht, klingeln, und er weiß auch, daß er dazu den Knopf drücken muß. Die ziemlich seltsamen Bewegungen, die wir ihn ausüben sehen, zielen somit offensichtlich darauf ab, den Knopf zu drücken. Später entdecken wir vielleicht, daß seine Hände verkrüppelt sind und daß er seine Füße hernehmen muß, um solche Dinge, wie auf einen Knopf zu drücken, tun zu können.

Die Zwecke, mit Hilfe derer die Handlung erklärt wird, können von der Handlung mehr oder weniger weit »entfernt« sein. Zum Beispiel: *A* drückt den Knopf, um zu klingeln. Dadurch, daß er den Knopf drückt, klingelt er also. Aber *A* klingelt (macht, daß die Klingel läutet), um eingelassen zu werden. Dadurch, daß er klingelt, wird er also eingelassen und ebenso: Dadurch, daß er den Knopf drückt, wird er eingelassen.

Was aber, wenn das Verhalten überhaupt keinen weiteren Zweck hat, sondern, wie wir sagen, »ein Zweck an sich« ist oder »um seiner selbst willen« getan wird? Auch in dem von uns eben diskutierten Beispiel ist es nicht notwendig, irgendeinen Zweck hinter der Handlung selbst anzunehmen. *Vielleicht* tut er es nur, um den Knopf reingehen zu lassen. Dann könnten wir seine Handlung wie folgt erklären:

A beabsichtigt, daß der Knopf reingeht.

A glaubt, daß er dies nur dann erreichen kann, wenn er den Knopf drückt.

Folglich drückt *A* den Knopf.

Doch dies braucht keineswegs eine gültige Erklärung (des Knopf-Drückens) zu sein. Vielleicht war das *einzige*, was *A* tun wollte: einfach den Knopf zu drücken. Vielleicht hatte er niemals zuvor in seinem Leben etwas Derartiges gesehen. Er hat gesehen, daß es die andern tun, weiß aber nicht, wozu sie das tun. Der Vollzug dieser Handlung sieht leicht aus. Er will es selbst versuchen. Und so drückt er eben auf den Knopf.

Für den Fall, wo die Handlung selbst mit dem Objekt der Intention identisch ist und nicht ein Mittel zur Erreichung dieses Objekts, kann man keine Erklärung von der Form eines praktischen Schlusses konstruieren. Die zweite Prämisse fehlt. Es gibt nur die erste Prämisse und die Conclusio (das *Explanandum*). Die erste Prämisse ist: *A* beabsichtigte, den Knopf zu drücken. Die Conclusio lautet, je nach den Besonderheiten des Falles, entweder: *A* machte sich daran, den Knopf zu drücken; oder: *A* drückte den Knopf; oder: *A* hätte sich darangemacht, den Knopf zu drücken (oder: hätte den Knopf gedrückt), wenn er nicht daran gehindert worden wäre. Angenommen, die Conclusio besteht in der zweiten Alternative. Wir können dann einen »verstümmelten« Schluß bilden:

A beabsichtigte, den Knopf zu drücken.
Folglich drückte *A* den Knopf.

Dies klingt recht trivial. Kann dies die »Erklärung« von irgend etwas sein? Es wäre nicht ganz korrekt, wenn man sagte, daß es die Erklärung einer *Handlung* sei. Die Handlung des Knopf-Drückens wird nicht dadurch erklärt, daß man sagt, sie sei intentional (gewollt) gewesen. Denn daß sie dies war, ist bereits darin enthalten, daß man sie überhaupt eine Handlung nennt. Wenn wir *die Handlung erklären* wollen, müssen wir daher auf ein entfernteres Ziel oder Objekt der Intention, das nicht bereits *in* der Handlung selbst drinsteckt, verweisen können. Aber wenn wir *das* in der betreffenden Situation vorgekommene *Verhalten* erklären oder, was hier eine bessere Ausdrucksweise wäre, *verstehen* wollen, dann wäre es *nicht* trivial, wenn man sagte, daß *A* beabsichtigte, den Knopf zu drücken. Das heißt, es wäre nicht trivial, das, was vor sich ging, als einen Akt des Knopf-Drückens zu interpretieren. Vielleicht war *A's* Verhalten in der Situation sehr seltsam. Nehmen wir einmal an, daß er den Knopf mit dem Ellbogen gedrückt hat. Wir wären uns dann vielleicht nicht so ganz sicher, was er wirklich tat: drückte er den Knopf oder tat er vielleicht etwas anderes, z. B. seinen Ellbogen kratzen, woraus sich zufällig ergab, daß der Knopf gedrückt wurde. Solche Fälle kann man sich vorstellen.

»*A* drückte den Knopf, weil er beabsichtigte, den Knopf zu drücken.« Dies ist keine Erklärung dafür, warum *A* den Knopf drückte. Es kann aber eine etwas irreführende Ausdrucksweise dafür sein, daß *A* beim Drücken des Knopfes kein darüber hinausgehendes Objekt der Intention hatte als eben genau dies – den Knopf zu drücken.

»*A* verhielt sich so, weil er beabsichtigte, den Knopf zu drücken.« Davon läßt sich sagen, daß es einen echten Erklärungswert hat, und zwar dann, wenn es bedeutet, daß *A's* Verhalten ein intentionales Drücken des Knopfes war oder ein Versuch, den Knopf zu drücken, und nicht nur eine Bewegung eines Teils seines Körpers, die in einem Druck auf den Knopf resultierte. Wenn wir so *A's* Verhalten »erklären«, verstehen wir es dadurch als den äußeren Aspekt einer Handlung, daß wir diesem Verhalten eine bestimmte Intention unterstellen.

Bereits das bloße Verstehen eines Verhaltens als Handlung (z. B. als ein Knopf-Drücken) – auch ohne diesem Verhalten einen entfernten Zweck (z. B. zu klingeln) zuzuschreiben, zu dessen Erreichung die Handlung ein Mittel ist – ist selbst eine Möglichkeit, Verhalten zu erklären. Vielleicht könnte es eine rudimentäre Form einer teleologischen Erklärung genannt werden. Es ist der Schritt, wodurch wir die Beschreibung des Verhaltens sozusagen auf die teleologische Ebene heben. Aber es scheint mir klarer, wenn man diesen Schritt von der eigentlichen Erklärung trennt und somit zwischen dem *Verstehen eines Verhaltens* (als Handlung) und der *teleologischen Erklärung einer Handlung* (d. h. eines intentionalistisch verstandenen Verhaltens) unterscheidet.

Jetzt können wir die weiter oben gestellten Fragen bezüglich der Gleichheit bzw. Verschiedenheit der *Explananda* von kausalen und teleologischen Erklärungen beantworten. Das *Explanandum* einer teleologischen Erklärung ist eine Handlung, das einer kausalen Erklärung ein intentionalistisch nicht-interpretiertes Verhalten, d. h. eine Bewegung bzw. ein Zustand des Körpers. Da die *Explananda* verschieden sind, taucht auf dieser Ebene die Frage der Verträglichkeit gar nicht auf. Aber dies ist noch keine Lösung des Problems. Denn *demselben* Verhalten, welches das *Explanandum* einer kausalen Erklärung darstellt, kann auch eine intentionalistische Interpretation gegeben werden, wodurch es zu dem *Explanandum* einer teleologischen Erklärung wird. Somit bleibt die Frage der Verträglichkeit in dieser Form bestehen: Kann ein und dasselbe Verhalten sowohl als Bewegung gültig kausal erklärt als auch korrekt als eine Handlung verstanden werden[36]? Diese Frage müssen wir als nächstes diskutieren.

10. Sehen wir uns eine relativ einfache Handlung an, wie z. B. daß ich meinen Arm hebe, einen Knopf drücke oder eine Türe öffne. Das Ergebnis einer solchen Handlung ist ein Ereignis in der Welt: das Sich-Heben meines Armes, das Reingehen des Knopfes, das Sich-Öffnen der Tür. Im zweiten und dritten Fall ist dieses Ereignis zudem etwas, was »außerhalb« meines Körpers geschieht.

Damit eine Handlung vollzogen werden kann, muß es eine *Möglichkeit* zu ihrem Vollzug geben[37]. Es besteht nur dann die Möglichkeit, daß ich meinen Arm hebe, wenn er nicht bereits in erhobener Stellung ist; es besteht nur dann die Möglichkeit, einen Knopf zu drücken, wenn er nicht schon drinsteckt; und es gibt nur dann die Möglichkeit, eine Türe zu öffnen, wenn sie geschlossen ist. Soviel ist klar und unumstritten. Problematischer ist die folgende Frage: Wenn ein Handelnder die Möglichkeit »beim Schopf packt« und die Handlung vollzieht, muß dann auch gelten, daß dann, wenn er die Handlung nicht in dieser Situation vollzogen hätte, das Ereignis, das das Ergebnis seiner Handlung ist, nicht eingetreten wäre? Eine bejahende Antwort hätte zur Folge, daß in einem charakteristischen Sinne in jeder Handlung ein *kontrafaktisches Element* involviert ist (vgl. oben, Kp. II. Abschn. 7).

Angenommen, die Türe ist geschlossen, öffnet sich aber gerade in dem Augenblick »von selbst«, wo ich dabei bin, sie zu öffnen. Ich hatte bereits die Klinke ergriffen und begann zu drücken, und jetzt folgt mein Arm der Bewegung der sich öffnenden Türe. Wäre es richtig, wenn man sagte, *ich* hätte die Türe geöffnet. Die Möglichkeit dazu verschwand sozusagen unter meiner Hand.

Der kritische Punkt liegt in der Wendung »von selbst«. Was bedeutet sie? Offensichtlich ist hier mit ihr nicht (wie sonst manchmal) gemeint, daß das Ereignis, die Bewegung der Türe, überhaupt ohne jede Ursache stattfand. Sie bedeutet vielmehr, daß die Ursache (was immer sie auch sein mag) des Ereignisses irgendwie unabhängig von dem Verhalten des Handelnden wirkte. Die Türe wurde zum Beispiel von der anderen Seite aufgemacht, oder der Wind blies sie auf. Dies wären klare Fälle von unabhängig wirkenden Ursachen. Komplizierter wäre ein Fall, in dem die Öffnung der Türe auf einen Mechanismus zurückgeht, der durch das Verhalten des Handelnden »ausgelöst« wurde. Ein Strahlenbündel wurde etwa unterbrochen, als er auf die Türe zuging. Das Wirken der Ursache war dann nicht von dem Verhalten des Handelnden unabhängig (wenn auch unabhängig von seinem Ergreifen der Klinke, dem Drücken usw.). Sollen wir sagen, daß es trotzdem von dem Handelnden unabhängig war, wenn auch nicht von seinem Verhalten? Zwei Fälle müssen hier unterschieden werden.

Entweder der Handelnde wußte von dem Mechanismus und seiner Funktionsweise oder nicht. Im ersten Fall wäre es richtig, wenn man sagte, er hätte die Türe selbst geöffnet. Er tat dies eben dadurch, daß er durch die Strahlen ging, und nicht dadurch, daß er die Klinke ergriff und drückte. (Das zuletzt erwähnte Verhalten war eine zufällige Begleiterscheinung seines Aktes des Türöffnens, es sei denn, er dachte so etwas wie »Vielleicht ist der Mechanismus nicht in Ordnung; ich will mal lieber diese anderen Dinge auch tun, was dann in jedem Fall die Türe öffnen wird«.) Im zweiten Fall wäre es nicht richtig, wenn man sagte, daß er die Türe öffnete. Die Türe öffnete sich ihm eben, als er sie gerade öffnen wollte. Aus der Tatsache, daß *sein Verhalten* das Sich-Öffnen der Türe *verursachte*, folgt nicht, daß *er* die Türe öffnete, da das Verhalten, das dazu führte, daß sich die Türe öffnete, nicht diese Wirkung haben sollte (nicht so gemeint war). In diesem Sinne können wir hier also sagen, daß sich die Türe »von selbst« öffnete und nicht *von ihm* geöffnet wurde.

Aber wenn der Handelnde – in unserem Beispiel mit den Strahlen – die Klinke ergriff und der sich öffnenden Türe mit seinem Arm folgte, dann *tat* er sicherlich etwas. Er ergriff zumindest die Klinke und drückte. Dies war intentional. Indem er dies tat, zielte er zudem darauf ab, die Türe zu öffnen. Er machte sich daran, letzteres zu tun. Aber hat er diese Tat auch ausgeführt?

Könnten wir hier nicht sagen, daß er die Türe unserer Meinung nach öffnete, da die kausalen Wirkungen seiner Körperbewegungen das Sich-Öffnen der Türe selbst dann bewirkt hätte, wenn jene andere Ursache nicht gewirkt hätte? Das Ergebnis der Handlung war einfach kausal *überdeterminiert*. Aber könnten wir nicht auch sagen, daß er die Türe *nicht* geöffnet hat, da er zu genau diesem Zeitpunkt dadurch, daß ihm die Möglichkeit genommen wurde, daran gehindert war, es zu tun? Ich glaube, daß wir tatsächlich beides sagen können und daß die Wahl zwischen den beiden Beschreibungsmöglichkeiten des Falles von weiteren Einzelheiten über die Situation abhängen würde. Vielleicht sind wir uns nicht ganz sicher, ob der von ihm mit Hilfe seines Armes ausgeübte Druck wirklich hinreichend war, um die Türe zu öffnen; dann war es schließlich doch nicht *er*, der es getan hat. Aber wenn wir uns ganz sicher sind, daß das, was er (unbezweifelbar) tatsächlich *getan* hat – nämlich eine Muskeltätigkeit auszuüben – hinreichend war, um die Türe zu öffnen, dann wären wir anscheinend schon eher geneigt, ihm auch einen Akt des Türöffnens zuzuschreiben, auch wenn das Ergebnis seines Aktes überdeterminiert war.

Verallgemeinernd können wir also sagen: Wenn das Ergebnis einer Handlung, die ein Handelnder durch den Vollzug einer anderen Handlung auszuführen beabsichtigt, »von selbst« eintritt, wobei dieser Ausdruck im oben erklärten Sinne zu verstehen ist, dann »schrumpft« das, was der Handelnde in der betreffenden Situation zweifellos *tut*, auf die Dinge zusammen (bzw. ist auf die Dinge »begrenzt«), durch deren Tun er seine Handlung vollziehen wollte. Somit kann die (darauffolgende) Entdeckung einer unabhängig vom Handelnden wirkenden Ursache zu einer *Redeskription* seiner Handlung unter einem sozusagen »verstümmelten« Aspekt führen.

Wir machen manchmal solche »Rückzieher« in unseren Beschreibungen von Handlungen, aber sie sind Ausnahmen und nicht die Regel. Wenn solche Fälle weit häufiger wären, als sie es tatsächlich sind, würden sie wahrscheinlich unsere gegenwärtigen Vorstellungen davon, wie weit menschliches Handeln die Welt, in der wir leben, »durchdringt«, modifizieren. Man könnte die Hypothese aufstellen, daß jedesmal, wenn z. B. eine Türe geöffnet wird, eine verborgene Ursache unabhängig vom Handelnden wirkte und wirken wird, so daß in Wirklichkeit kein Mensch je eine Tür geöffnet hat. Es gäbe keine sichere Möglichkeit, diese Hypothese zu widerlegen; es gibt aber auch keine guten Gründe, an sie zu glauben.

Es gibt jedoch für diesen Prozeß der Redeskription von Handlungen eine Grenze. Die Grenze ist durch die Basis-Handlungen gesetzt. Dies sind, man wird sich daran erinnern, Handlungen, die direkt vollzogen werden und nicht dadurch, daß man etwas anderes tut, wovon ihr Ergebnis die kausale Wirkung ist.

Seinen Arm zu heben braucht keine Basis-Handlung zu sein. Ich kann mir verschiedene Mittel ausdenken, durch die ich bewirken kann, daß sich mein Arm hebt. Aber den Arm zu heben *kann* eine Basis-Handlung sein und ist es normalerweise auch[38].

Ist die Behauptung »Ich hob meinen Arm« nur dann wahr, wenn auch die Behauptung wahr ist, daß sich mein Arm nicht gehoben hätte, wenn ich ihn nicht selbst gehoben hätte?

Ich habe nicht die Absicht, meinen Arm zu heben, aber jemand ergreift ihn plötzlich und hebt ihn hoch. Die Bewegungen und die sich daraus ergebende Stellung sind genau die, die auch daraus hätten resultieren können, daß ich meinen Arm selbst hob. Nun kann ich aber nicht sagen, daß ich selbst meinen Arm hob, noch könnte ich sagen, daß er sich nicht gehoben hätte, wenn ich es nicht selbst getan hätte. Ich könnte natürlich letzteres sagen und damit *meinen*, daß sich mein Arm nicht gehoben hätte, wenn ich es den anderen nicht hätte tun lassen, sondern ihm widerstanden hätte, oder daß dies nicht passiert wäre, wenn ich dem andern nicht dadurch geholfen hätte, daß ich meinen Arm selbst ein klein wenig hob. Dies ist möglicherweise richtig. Aber wenn »wenn ich es nicht selbst getan hätte« soviel wie »wenn ich meinen Arm nicht selbst gehoben hätte« bedeutet, dann wäre es falsch.

Wodurch würde entschieden, ob ich bei einer bestimmten Gelegenheit, in der keine angebliche Ursache von außerhalb wirkt, meinen Arm gehoben habe oder nicht? Angenommen, mein Arm hebt sich plötzlich. Habe ich ihn gehoben? Die Antwort könnte lauten: Ich hatte überhaupt nicht die Absicht, meinen Arm zu heben, aber plötzlich ging er nach oben. Wenn dies die Antwort wäre, dann hätte ich meinen Arm *nicht* gehoben. Oder sie könnte lauten: Ich wollte gerade meinen Arm heben, hatte mich in der Tat entschlossen, es zu tun, und da merkte ich plötzlich, wie er sich hob. Wenn dies die Antwort ist, dann habe ich auch in diesem Fall meinen Arm nicht gehoben. Mir wurde sozusagen die Möglichkeit dazu genommen. Aber die Antwort könnte auch sein: Sicherlich habe ich meinen Arm gehoben – es geschah absichtlich. Dann sollte ich auch imstande sein zu erklären, *inwiefern* es absichtlich war, d. h. es in eine Geschichte über mich selbst einbetten – z. B. dadurch, daß ich sage, ich hätte mich entschlossen, es zu tun, oder dadurch, daß ich sage, ich hätte an einer Diskussion über die Willensfreiheit teilgenommen und wollte meinem Gegner beweisen, daß ich meinen Arm »nach Belieben« heben könnte, oder dadurch, daß ich sagte, ich hätte meinen Arm gehoben, um ein Buch vom Bücherregal herunterzuholen; damit erkläre ich die Handlung teleologisch. Würde man mich dann darauf hinweisen, daß in meinem Gehirn eben gerade ein gewisses Ereignis stattgefunden hätte, das wir als eine hinreichende Bedingung dafür ansehen, daß sich mein Arm

hebt, dann brauche ich meine ursprüngliche Antwort nicht zurückzu-
ziehen, sondern könnte einfach sagen: Nun gut, ich sehe, mein Arm
hätte sich auf jeden Fall gehoben. Damit sagt man nicht, daß das
Ereignis sozusagen zwei »Ursachen« hatte: Das Nervenereignis und
mich selbst. Man sagt damit vielmehr, daß *die Interpretation eines
Verhaltens als Handlung damit verträglich ist, daß das Verhalten eine
Humesche Ursache hat.*

Wenn das Sich-Heben meines Armes durch eine Humesche Ursache
bewirkt ist, dann wird sich mein Arm mit »Notwendigkeit«, d. h. mit
Natur-Notwendigkeit heben. Wenn ich beabsichtige, ein Buch vom
Bücherregal zu nehmen, und wenn ich glaube, daß es dazu (kausal)
notwendig ist, daß ich meinen Arm hebe, dann hebe ich eben normalerweise meinen Arm, es sei denn, ich werde daran gehindert. Diese Feststellung gilt mit *logischer* Notwendigkeit. Aber die Relation zwischen
den Ereignissen auf den zwei Ebenen, der Ebene der Natur-Notwendigkeit und der der logischen Notwendigkeit, ist *kontingent.* Daß ein
Fall, wo sich mein Arm hebt, auch ein Fall ist, wo ich meinen Arm
hebe, ist durch das Wirken der Ursache (sofern eine solche vorhanden
ist), die meinen Arm nach oben gehen läßt, weder notwendig gemacht
noch ausgeschlossen.

Dennoch kann ich *im großen und ganzen* mit Gewißheit sagen, daß
mein Arm in seiner jetzigen Stellung bleiben wird (wir werden annehmen, daß er nicht bereits hochgehoben ist), *es sei denn, ich hebe ihn.*
Daß ich mir dessen gewiß bin, ist zudem notwendig, damit ich zu
Recht von mir selbst sagen kann, daß ich meinen Arm heben *kann*
(siehe oben, Kp. II., Abschn. 7). Aber diese Gewißheit und die Tatsache, daß ich meinen Arm heben kann, stehen nicht mit der Möglichkeit in Konflikt, daß es zu jedem Zeitpunkt, wo mein Arm nach oben
geht, eine für dieses Ereignis kausal verantwortliche hinreichende Bedingung gibt, die in meinem Nervensystem wirkt.

Ausgeschlossen ist jedoch, daß ich zu ein und derselben Zeit meinen
Arm hebe und das Wirken der Ursache *beobachte.* Denn daraus, daß
ich beobachte, wie die Ursache wirkt, folgt, daß ich *sie* meinen Arm
heben lasse (»unter meinen Augen«), und zuzulassen, daß dies die
Ursache tut, ist unverträglich damit, daß ich meinen Arm selbst hebe.
Dies ist eine logische (»grammatische«) Bemerkung. Wenn ich beobachte, *lasse* ich die Dinge geschehen. Wenn ich handle, *mache* ich, daß
sie geschehen. Es ist ein begrifflicher Widerspruch, ein und dasselbe
Ding in ein und derselben Situation sowohl geschehen zu lassen als
auch zu machen, daß es geschieht. Folglich *kann* niemand die Ursachen
der Ergebnisse seiner eigenen Basis-Handlungen beobachten.

Diejenigen Ereignisse, die die Ergebnisse von Basis-Handlungen
sind, geschehen also im großen und ganzen nur dann, wenn wir diese

Ereignisse mit Intentionalität »bekleiden«, d. h. die Basis-Handlung vollziehen. Daß dem so ist, ist eine empirische Tatsache, die jedoch für den *Begriff* einer Handlung fundamental ist. Die begriffliche Basis unseres Handelns, so könnte man folglich sagen, besteht zum Teil in unserer mangelnden Kenntnis (Bewußtheit) des Wirkens von Ursachen und zum Teil in unserer Gewißheit, daß gewisse Veränderungen nur dann eintreten werden, wenn wir eben so und so handeln[39].

Angenommen, wir würden zugeben, daß ein gewisses (generisches) Nervenereignis eine hinreichende Ursache des (generischen) Ereignisses ist, daß sich mein Arm hebt, zugleich aber die These vertreten wollen, daß sich mein Arm auch dann gehoben hätte, wenn dieses Ereignis in der betreffenden Situation nicht vorgekommen wäre. Was könnten unsere Gründe für diese These sein? Ein möglicher Grund könnte sein, daß wir annehmen, das Ereignis habe mehr als eine hinreichende Humesche Ursache und daß irgendeine dieser anderen Ursachen in der betreffenden Situation wirkte oder gewirkt hätte. Vielleicht haben wir sogar empirische Gründe dafür. Ob es aber solche Gründe gibt oder nicht, kann nicht *a priori* entschieden werden. Aber wenn wir für unsere Behauptung keine *solchen* Gründe haben, könnten wir dann überhaupt Gründe für sie finden? Könnten wir nicht sagen, daß, ganz gleich, ob es nun eine Humesche Ursache gab oder nicht, *ich* jedenfalls meinen Arm gehoben hätte und er sich somit gehoben hätte? Wir hätten dann auch eine weitere Begründung zu geben, wie z. B., daß wir uns entschlossen hatten, dies zu tun, oder nach etwas greifen wollten. Könnten wir damit nicht recht haben? *Muß* jedes Ereignis eine Humesche Ursache haben, wann immer es eintritt[40]? Ich glaube, daß man hier höchstens so etwas wie die folgende These vertreten kann: »Nach allem, was wir wissen« haben Ereignisse wie z. B. das Heben eines Arms bei jedem einzelnen Vorkommen Humesche Ursachen, obwohl wir uns normalerweise ihres Wirkens nicht bewußt sind. Aber diese Ansicht muß sich auf empirische Gründe stützen. Wir können ihre Wahrheit nicht *a priori* beweisen.

IV

Erklärung in den Geschichts- und Sozialwissenschaften

1. Einer teleologischen Handlungserklärung geht normalerweise ein Akt intentionalistischen *Verstehens* gewisser Verhaltensdaten voraus. Man kann »Schichten« oder »Stufen« solcher Verstehensakte unterscheiden. Zum Beispiel: Ich sehe, wie Menschenmengen in derselben Richtung durch die Straßen ziehen, im Chor irgend etwas schreien, einige schwenken Fahnen, etc. Was *ist* das, was hier vor sich geht? Die »Elemente« dessen, was ich intentionalistisch sehe, habe ich bereits verstanden. Die Leute bewegen sich »selbst« vorwärts und werden nicht von einem Wind oder Sturzbach fortgerissen. Sie schreien – und das heißt mehr, als daß Töne aus ihren Kehlen kommen. Aber das »Ganze«, das ich beobachte, ist mir noch nicht klar. Handelt es sich um eine Demonstration? Oder bin ich vielleicht Zeuge eines Volksfests oder einer religiösen Prozession?

Ich glaube nicht, daß man diese Fragen beantworten könnte, indem man teleologische Erklärungen für das (intentionalistisch verstandene) Verhalten der einzelnen Glieder dieser Menge konstruiert. Eine Demonstration hat ein Ziel, das irgendwie aus den Zielen der einzelnen Leute »extrapoliert« werden kann. In welcher Weise dies aber geschehen kann, ist nicht leicht zu sagen. Ein Volksfest oder eine religiöse Prozession ist, wenn überhaupt, nur entfernt mit Zielen verbunden. Vielleicht nahmen einige an dem Fest teil, um sich zu amüsieren. Dies würde ihre Anwesenheit bei diesem Ereignis erklären. Doch zu wissen, welches Ziel sie und andere Beteiligte damit verfolgten, daß sie sich der Menge anschlossen, würde uns noch nicht sagen, daß es sich hier um ein Volksfest handelt. (Wenn man uns sagte, daß es ihr Ziel war, ein Volksfest zu besuchen, würde uns das nicht weiterhelfen, solange wir nicht über unabhängige Kriterien verfügen, nach denen wir beurteilen können, ob etwas ein Volksfest ist oder nicht.)

Die Beantwortung der Frage, was hier vor sich geht, besteht nicht in einer teleologischen Erklärung der Handlungen einzelner Personen. Sie besteht in einem neuen Akt des Verstehens, einem Verstehensakt zweiter Stufe. Wir sagten, aus der Tatsache, daß jemand den vor ihm befindlichen Knopf zu drücken beabsichtigt, folge nicht, daß er gewisse spezifische Körper*bewegungen* (bzw. eine von mehreren spezifizierten alternativen Bewegungen) ausführt. Es folgt lediglich, daß er mit den tatsächlich ausgeführten Bewegungen den Knopf zu drücken beabsichtigt. In ähnlicher Weise läßt sich aus der Tatsache, daß eine Menschenmenge demonstriert, nicht logisch schließen, daß die einzelnen Demonstranten gewisse spezifische individuelle Handlungen (bzw. eine von mehreren spezifizierten alternativen Handlungen) ausführen. Es folgt lediglich, daß die Handlungen, die sie ausführen, als Demonstration intendiert sind, bzw. daß ihre Absicht durchkreuzt wurde (z. B. hat die Polizei auf die Menge geschossen und sie zerstreut sich nun). Die Analogie zwischen individuellen und kollektiven Handlungen ließe sich bis ins Detail verfolgen.

Man kann die Hierarchie oder Stufenfolge dieser interpretativen Akte, eine Bedeutung zu erfassen, durchlaufen. Es gab Demonstrationen, Aufruhr, Streiks, Terror etc. Soll man die Situation »Bürgerkrieg« oder »Revolution« nennen? Es handelt sich hierbei weder um eine Frage der Klassifikation nach bestimmten Kriterien noch der willkürlichen Entscheidung über die Anwendung eines Begriffs. Es handelt sich um eine Frage der Interpretation, es geht darum, die Bedeutung dessen, was passiert, zu verstehen.

Man könnte diese Tätigkeit der Interpretation *explikativ* nennen. Ein Großteil von dem, was man normalerweise als die »Erklärungen« von Historikern oder Sozialwissenschaftlern bezeichnen würde, besteht in solchen Interpretationen des Rohmaterials ihrer Forschung.

Es scheint mir jedoch klarer, hier zwischen Interpretation oder Verstehen auf der einen Seite und Erklärung auf der anderen zu unterscheiden. Die Ergebnisse der Interpretation sind Antworten auf die Frage »Was *ist* dies?«[1]. Nur wenn wir fragen, *warum* es eine Demonstration gab, oder was die »Ursachen« der Revolution waren, versuchen wir das, was ist, die Tatsachen, in einem engeren und strengeren Sinn zu erklären.

Diese beiden Tätigkeiten scheinen außerdem in einer charakteristischen Weise miteinander verbunden zu sein und sich gegenseitig zu stützen. Dies ist ein anderer Grund, sie in einer methodologischen Untersuchung zu trennen. Oft bahnt eine Erklärung auf der einen Ebene den Weg für eine Reinterpretation der Tatsachen auf einer höheren Ebene. Wiederum besteht eine Analogie zu individuellen Handlungen. Wenn man den Akt, einen Knopf zu drücken, teleologisch erklärt, so kann dies dazu führen, daß wir das, was der Handelnde tat, neu beschreiben als einen Akt des Läutens, Aufmerksam-Machens oder sogar Hereinlassen-Werdens. »Dadurch daß er den Knopf drückte, tat er *x*.« Von nun an sehen wir, was er tat, primär als einen Akt des *x*'ens an. Ähnliches gilt für kollektive Handlungen. Was man gewöhnlich für eine reformatorische Bewegung innerhalb der Religion hielt, kann sich mit tieferem Einblick in die Ursachen als »eigentlich« ein Klassenkampf für Landreform herausstellen. Mit dieser Reinterpretation der Tatsachen wird ein neuer Anstoß zu einer Erklärung gegeben. Eine Untersuchung der Ursachen eines Religionszwists kann uns dazu führen, dem Ursprung sozialer Ungleichheiten nachzugehen, beispielsweise als einem Ergebnis von Veränderungen in den Produktionsmethoden einer Gesellschaft.

Mit jedem neuen Akt der Interpretation werden die verfügbaren Tatsachen unter einen neuen Begriff gefaßt[2]. Die Tatsachen nehmen sozusagen eine »Eigenschaft« an, die sie vorher nicht besaßen. Dieser begriffliche Prozeß ist, glaube ich, *verwandt* mit dem, was in der Hegelschen und Marxschen Philosophie der Umschlag von der »Quantität in Qualität«[3] genannt wird, sowie mit verschiedenen Gedanken, die Philosophen über »Emergenz« (»emergente Eigenschaften«) geäußert haben.

Bevor eine Erklärung beginnen kann, muß ihr Gegenstand – das *Explanandum* – beschrieben werden. Jede Beschreibung, so könnte man sagen, sagt uns, was etwas »ist«. Wenn wir jeden Akt des Erfassens, was ein bestimmtes Ding ist,»Verstehen« nennen, dann ist Verstehen eine Vorbedingung für jede Erklärung, sei sie kausal oder teleologisch. Dies ist trivial. Doch Verstehen, was etwas ist, im Sinne von *von welcher Art es ist*, sollte nicht verwechselt werden mit Verstehen, was etwas ist, im Sinne von *was es bedeutet* oder *anzeigt*. Ersteres ist ein charakteristisches Präliminarium der kausalen, letzteres der teleologischen Erklärung. Es ist daher irreführend zu sagen, daß Verstehen *versus* Erklären den Unterschied zwischen zwei Typen wissenschaftlicher Erkenntnis kennzeichnet. Dagegen könnte man sagen, daß der intentionale oder nicht-intentionale Charakter ihrer Gegenstände den Unterschied zwischen zwei Typen des Verstehens und des Erklärens kennzeichnet.

2. Gibt es in den Geschichts-(und Sozial-)Wissenschaften Raum für (echte) Kausalerklärungen? Die Antwort lautet: gewiß. Doch sie nehmen eine besondere Stellung ein und sind in einem charakteristischen Sinn anderen Typen von Erklärung untergeordnet[4].

Es ist zweckmäßig, die beiden früher unterschiedenen Haupttypen kausaler Erklärung – Erklärungen mit Hilfe hinreichender Bedingungen und Erklärungen mit Hilfe notwendiger Bedingungen – getrennt zu betrachten. Erstere beantworten Fragen der schematischen Form *Warum notwendig?* und letztere Fragen des Typs *Wie möglich?*

Ein Archäologe gräbt die Ruinen einer antiken Stadt aus. Er kommt zu der Annahme, daß über die Stadt etwa um das Jahr x eine Katastrophe hereingebrochen sein muß und sie praktisch zerstört worden ist. Was war die Ursache ihrer Zerstörung? War es ein Erdbeben oder war es eine Flutkatastrophe oder war es eine feindliche Eroberung? Dies ist ein Problem für eine *kausale* Erklärung von bestimmten Ereignissen in der äußeren Welt: dem Einsturz von Brücken, dem Zusammenstürzen von Mauern, dem Umstürzen von Statuen etc. Die Tatsache, daß eines der vorgeschlagenen *Explanantia* (Feindhandlung) eine intentionalistische Interpretation eines bestimmten Verhaltens voraussetzt, beeinträchtigt nicht die »kausale Reinheit« der Erklärung. Denn diese Interpretation ist für den Erklärungswert des Arguments unwesentlich. Sagt man, daß die Stadt von Menschen zerstört wurde, so bedeutet dies, daß bestimmte Ereignisse, die aus Handlungen von Menschen resultieren, die Zerstörung der Stadt herbeiführten. Diese Ereignisse waren die Ursachen, unabhängig davon, ob sie die Resultate von Handlungen waren oder nicht.

Es lohnt sich, sich die Relevanz einer Erklärung der eben erwähnten Art für die Geschichtsschreibung anzusehen. *Daß* die Stadt verschwand, kann historisch in vielerlei Weise relevant sein; z. B. aufgrund der Art und Weise, wie diese Tatsache kulturelle, ökonomische oder politische Entwicklungen in den benachbarten Städten oder Königreichen beeinflußte. Es kann interessant sein, diese »Wirkungen« zu verfolgen. In ähnlicher Weise kann es interessant sein, andere berichtete Tatsachen aus jener Periode bis zu ihrer »Ursache« in der Zerstörung der Stadt zurückzuverfolgen. *Warum* die Stadt unterging, die tatsächliche Ursache ihrer Zerstörung, würde man normalerweise als für den Historiker wesentlich weniger interessant ansehen. Ob eine Flutkatastrophe oder ein Erdbeben die Ursache war, kann für ihn völlig irrelevant sein. Daß die Stadt von Menschen zerstört wurde und nicht von Naturgewalten, ist nicht als solches, d. h. als eine *Ursache* für den Einsturz von Häusern etc. interessant. Es kann jedoch den Historiker dazu führen, die Gründe (»Ursachen« im Nicht-Humeschen Sinn) für diese gewaltsame Aggression zu erforschen. Die Ergebnisse dieser Untersuchung könnten die Rolle der Stadt und ihrer Aggressoren im Leben dieser Zeit erhellen.

Generalisierend und simplifizierend könnte man etwa sagen: Kausale Erklärungen, die nach hinreichenden Bedingungen suchen, sind für die historische und sozialwissenschaftliche Forschung nicht *direkt* relevant[5]. (Zur Geschichtsschreibung zähle ich nicht die »Naturgeschichte« des Universums, der Erde oder der Entwicklung der Gattungen.) Doch sie können auf zwei typische Weisen indirekt relevant sein. Einmal, wenn ihre *Explananda* interessante »Wirkungen« auf nachfolgende menschliche Verhältnisse haben. Zum anderen, wenn ihre *Explanantia* interessante »Ursachen« in vorausgehenden menschlichen Handlungen und Gegebenheiten haben. Die eigentliche Rolle der kausalen Erklärung besteht oft darin, die Nicht-Humeschen Ursachen ihres *Explanans* mit den Nicht-Humeschen Wirkungen ihres *Explanandums* zu verbinden. So haben wir beispielsweise dann, wenn die Zerstörung der Stadt ein Rache- oder Eifersuchtsakt seitens einer benachbarten Stadt war, und wenn die Zerstörung wiederum zu einem ökonomischen Desaster für die gesamte Gegend führte, eine Verbindung festgestellt zwischen *der Rivalität der beiden Städte* und nachfolgenden *Veränderungen im wirtschaftlichen Leben* der Gegend. *Dies* ist die Art von Zusammenhang, an der der Geschichtsschreiber interessiert ist. Das folgende Schema könnte zur Illustration dienen:

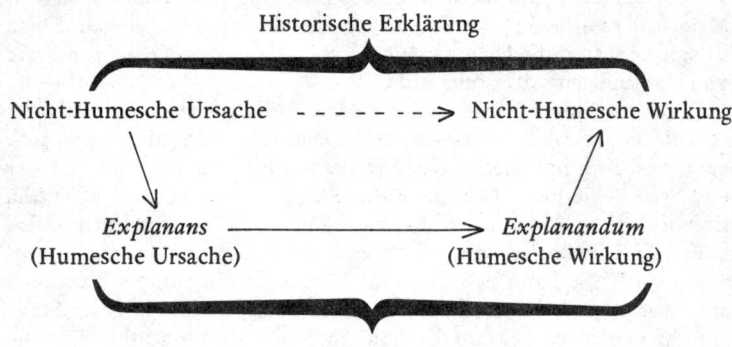

Historische Erklärung

Nicht-Humesche Ursache - - - - - - -→ Nicht-Humesche Wirkung

Explanans ————————→ *Explanandum*
(Humesche Ursache)   (Humesche Wirkung)

Kausale Erklärung

Eine irgendwie andersgeartete Stellung nehmen kausale Erklärungen des *Wie möglich?*-Typs in historischen und sozialwissenschaftlichen Untersuchungen ein.

Ein Archäologe gräbt eine Stadt aus und ist beeindruckt von den riesigen Steinen, die er in der Stadtmauer findet. Wie konnten die antiken Bewohner diese Steinblöcke transportieren und an ihre jeweiligen Stellen in der Mauer hieven? Die Antwort würde gewisse technologische Hilfsmittel oder Fähigkeiten erwähnen, die diese Leute bekanntermaßen oder vermutlich besessen haben. Dadurch war es ihnen *kausal möglich*, diese Leistungen zu vollbringen. Ähnliche kausale Feststellungen wären involviert, wenn man beispielsweise mit Hilfe natürlicher Bedingungen erklären wollte, wie eine Nation überleben bzw. sich gegen einen starken Feind erfolgreich verteidigen konnte. Solche Erklärungen sind echt kausal, da ihre Gültigkeit von einer gesetzmäßigen Verknüpfung (und nicht nur von der Annahme dieser Verknüpfung) zwischen *Explanantia* und *Explananda* abhängt. Die *Explananda* sind Zustände oder Ereignisse in der Welt, z. B. daß die Steine irgendwie in die Mauer kamen oder daß Leute auch weiterhin in einer bestimmten Gegend lebten. Die *Explanantia* sind andere

Zustände oder Ereignisse, die für die Existenz oder Entstehung der ersteren kausal notwendig sind.

Auch hier kann man fragen, welche Relevanz derartige Kausalerklärungen für die Geschichtsschreibung haben. Damit sie überhaupt irgendeine Relevanz haben, müssen ihre *Explananda*, so scheint es, *Ergebnisse* von Handlungen – individuellen oder kollektiven – sein. Ist diese Bedingung erfüllt, so liegt die Relevanz der Erklärung darin, daß sie eine Antwort auf die Frage liefert, wie die *Handlungen* möglich waren (nicht warum sie unternommen wurden). Das folgende Schema illustriert diesen Fall:

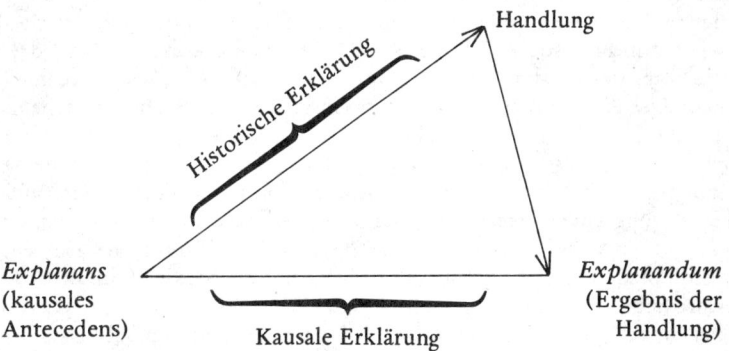

Wir können dann zu Erklärungen übergehen, wie die nun als möglich erwiesenen Handlungen mit anderen Leistungen derselben Handelnden in Beziehung stehen. Doch *dies* ist nicht mehr eine Erklärung mit Hilfe Humescher Ursachen und gesetzmäßiger Verknüpfungen.

3. Eine der hervorstechendsten traditionellen Aufgaben historischer Erklärungen war es, die »Ursachen« von Kriegen, Revolutionen, dem Aufstieg und Fall von Imperien sowie von großen Wanderbewegungen herauszufinden. Sehen wir uns hier das folgende Beispiel an – wir könnten ebenso ein anderes wählen:

Wir wollen annehmen, die Ursache für den Ausbruch des Ersten Weltkrieges sei die Ermordung des österreichischen Erzherzogs im Juli 1914 in Sarajevo gewesen. Wir brauchen hier den Einwand nicht ernst zu nehmen, daß dies lediglich *eine* Ursache unter vielen anderen und noch dazu keine sehr »tiefe« war. In der damaligen Situation war der Sarajevo-Zwischenfall jedenfalls der »Funke, der das Pulverfaß zum Explodieren brachte«[6].

Wir haben hier ein *Explanandum*: den Ausbruch des Krieges, und ein vorgeschlagenes *Explanans*: die Schüsse von Sarajevo. Die kritische Aufgabe des Historikers bestünde darin, die Erklärung auf ihre (faktische) Richtigkeit zu prüfen. Die Aufgabe des Philosophen ist es, die begriffliche Natur des Mechanismus zu untersuchen, der das *Explanans* (die »Ursache«) mit dem *Explanandum* (der »Wirkung«) verknüpft. Könnte diese Verknüpfung, dieses Band, beispielsweise ein (Kausal-)Gesetz sein?

Eines scheint klar zu sein und – zumindest auf den ersten Blick – für die Möglichkeit einer echt kausalen Verknüpfung zu sprechen. Nämlich, daß *Explanans* und *Explanandum* offensichtlich die Forderung der logischen Unabhängigkeit erfüllen. Sicherlich war die Ermordung des Erzherzogs ein anderes Ereignis als der Ausbruch des Krieges. Dies will ich nicht bestreiten. Doch es sollte nebenbei erwähnt werden, daß die Frage der Unabhängigkeit nicht ganz so einfach ist, wie es scheinen mag. Der Ausbruch eines Krieges ist ein komplexes Ereignis, bestehend aus einer Vielzahl von »Teilen« recht unterschiedlichen Charakters: politischen Entscheidungen, militärischen Anordnungen, Mobilmachungen, gewaltsamen Zusammenstößen, die in Blutvergießen und Zerstörung enden, etc. Es ist keineswegs selbstverständlich, daß man das Ereignis, das wir den *Ausbruch* des Ersten Weltkrieges nennen, beschreiben kann, ohne den Zwischenfall von Sarajevo in die Beschreibung aufzunehmen. Doch wir wollen, wenigstens für die vorliegende Argumentation, annehmen, daß dies tatsächlich möglich ist.

Wie verursachte dann die Ermordung den Ausbruch des Krieges? Sicherlich nicht in buchstäblich derselben Weise, wie ein Funke ein Pulverfaß zum Explodieren bringt. Der Vergleich ist letztlich vielleicht höchst irreführend und der in den beiden Fällen tätige Mechanismus möglicherweise völlig unterschiedlich. In beiden Fällen gibt es Zwischenglieder zwischen Ursache und Wirkung, die klargemacht werden müssen, wenn man die Verknüpfung verstehen will. Im Fall des Vorfalls von Sarajevo – nicht jedoch im Fall der Explosion – sind diese Glieder typischerweise *Motivationen* für weitere Handlungen.

Sehen wir uns – in groben Zügen – an, was nach Sarajevo tatsächlich geschah. Als erstes löste die Ermordung des Erzherzogs das österreichische Ultimatum an Serbien aus. Das Ultimatum lieferte Rußland einen Vorwand zur Mobilisierung seiner Armee. Dies wiederum bestärkte die Serben in ihrer Haltung gegenüber der österreichischen Drohung. Als sich die serbische Regierung weigerte, alle Bedingungen des Ultimatums zu erfüllen, folgte die österreichische Kriegserklärung an die Serben. Und so fort. Doch kehren wir zu dem ersten Schritt zurück, dem Ultimatum. Warum wurde es vom österreichischen Kabinett gestellt? Hätte es ein ähnliches Ultimatum an Dänemark gestellt, wenn der Erzherzog auf einer Vergnügungsreise nach Grönland von einem verrückten Eskimo ermordet worden wäre? Wohl kaum. Der Vorfall von Sarajevo berührte die Ziele und Interessen der österreichischen Politik in einer ganz anderen Weise. Es war eines der traditionellen Ziele der Habsburger gewesen, den österreichischen Einfluß am Balkan zu behaupten und auszudehnen. Dieser Einfluß wäre vielleicht stark geschwächt worden, hätte man nicht die an dem Mord für schuldig Befundenen bestraft, die hinter der Ermordung stehende Verschwörung mit all ihren möglichen Verzweigungen im Ausland aufgedeckt und damit dokumentiert, daß man nicht zulassen würde, daß die hinter der Ermordung stehenden Interessen die momentanen österreichischen Pläne, als Gegengewicht gegen den russischen Einfluß am Balkan ein unabhängiges kroatisches Königreich zu schaffen, durchkreuzen. Diese Überlegungen lieferten dem österreichischen Kabinett das Rohmaterial an Motivationen für die »praktischen Schlüsse«, die in dem Ultimatum terminierten. Hätte das österreichische Kabinett dieses Ultimatum nicht gestellt, wären entweder seine politischen Ziele andere gewesen, als wir sie in unserer Skizze einer Erklärung unterstellten, *oder* seine Einschätzung der »Erfordernisse der Situation« wären andere gewesen. Diese Schlußfolgerungen hätten wir dann aus seiner Passivität ziehen können. Es hätte sich überdies um logisch geartete Schlußfolgerungen gehandelt. Zwischen dem Ultimatum und seinem Motivationshintergrund, wie er von dem Historiker rekonstruiert wird, besteht nämlich eine begriffliche Verknüpfung, obwohl die Ermordung und das Ultimatum – und a fortiori der Ausbruch des Krieges – logisch unabhängige Ereignisse darstellen. Die Rolle des Mordes im Nexus der nachfolgenden Ereignisse besteht darin, daß er die faktische Situation geändert hat, die die österreichische Regierung im Hinblick auf die für ihre Handlungen zu ziehenden entsprechenden praktischen Schlüsse einzuschätzen hatte. Somit änderte der Mord indirekt auch den Motivationshintergrund für die Handlungen der österreichischen Regierung. Die (Re)Aktionen der Österreicher beeinflußten wiederum in einer ähnlichen Weise den Motivationshintergrund für die Aktionen der russischen Regierung, und somit wurde, wie man sagt, der Krieg »durch die Macht der Umstände« allmählich unvermeidbar.

Das Beispiel läßt sich verallgemeinern. Die Erklärung historischer Ereignisse (z. B. des Ausbruchs eines Krieges) besteht oft einfach in dem Verweis auf eines oder mehrere frühere Ereignisse (z. B. eine Ermordung, einen Vertragsbruch, einen Grenzzwischenfall), die wir als deren »Mit-Ursachen« ansehen. Wenn man die Antecedensbedingungen *Explanantia* nennt, dann sind *Explananda* und *Explanantia* in solchen historischen Erklärungen tatsächlich logisch unabhängig. Was sie jedoch verknüpft, ist nicht eine Menge allgemeiner Gesetze, sondern eine Menge singulärer Aussagen, die die Prämissen praktischer Schlüsse bilden. Die Conclusio, die aus dem in diesen Prämissen gegebenen Motivationshintergrund gezogen wird, ist oft nicht das *Explanandum* selbst, sondern irgendein anderes, dazwischenliegendes Ereignis bzw. irgendeine andere, dazwischenliegende Handlung – in unserem Beispiel das österreichische Ultimatum – das bzw. die in den Motivationshintergrund eines wieder anderen praktischen Schlusses mit einer anderen Zwischen-Conclusio – etwa Rußlands Mobilisierung seiner Armee – eingeht und so fort durch eine Anzahl von Schritten, bis wir schließlich zum *Explanandum* selbst kommen.

Die Schüsse von Sarajevo eine Ursache des 1914–1918-Krieges zu nennen, ist eine ganz legitime Verwendung des Begriffs »Ursache« – nur müssen wir uns daran erinnern, daß wir jetzt nicht über Humesche Ursachen und gesetzmäßige Verknüpfungen sprechen. Und die Erklärung »kausal« zu nennen, ist ebenso ganz in Ordnung, solange wir sie nicht auf gleiche Stufe mit Erklärungen stellen, die das Gesetzesschema der Erklärung erfüllen. Die Erklärung »teleologisch« zu nennen, wäre sicherlich eine falsche Bezeichnung, obwohl Teleologie wesentlich in die das *Explanans* mit dem *Explanandum* verbindenden praktischen Schlüsse eingeht. Wenn ich sie, *faute de mieux*, quasi-kausal nenne, so impliziert das nicht irgendein Werturteil oder eine Unvollkommenheit dieser Erklärung qua Erklärung. Ich gebrauche diesen Ausdruck, weil die Gültigkeit der Erklärung nicht von der Wahrheit allgemeiner Gesetze abhängt. (Vgl. Kap. III, Abschn. 1.)

Wir werden zu der allgemeinen Struktur der an dem Sarajevo-Zwischenfall exemplifizierten Erklärung einige weitere Beobachtungen anstellen.

Wir haben eine Folge voneinander unabhängiger Ereignisse: die Ermordung, das Ultimatum, _____, der Ausbruch des Krieges. Die Ereignisse sind, so sagten wir, durch praktische Syllogismen miteinander verbunden[7]. Aber *wie*? Die Prämissen des praktischen Schlusses, der zu dem Ultimatum führte, geben uns, so wie wir sie skizziert haben, den Motivationshintergrund für die Handlung des österreichischen Kabinetts. Wir erinnern uns, daß die erste Prämisse die Ziele und Zwecke der österreichischen Politik zum Gegenstand hatte. Die zweite Prämisse besagte, daß eine bestimmte Handlung, nämlich das Stellen des Ultimatums, als notwendig erachtet wurde, damit die Realisierung dieser Ziele nicht ernsthaft gefährdet wurde. Zu keiner der beiden Prämissen gehört eine Beschreibung der Ermordung. Für die erste Prämisse braucht sie überhaupt nicht relevant zu sein. Für die zweite dagegen schon. Die Schüsse hatten eine *neue Situation* geschaffen. In dieser neuen Situation *wurde* eine bestimmte Handlung notwendig, die – bei gleichbleibenden Zielen und Zwecken der Handlung – vorher nicht notwendig gewesen war. Man könnte sagen, daß

131

das Ereignis, nämlich die Ermordung, einen praktischen Schluß »ausgelöst« oder »freigesetzt« hat, der bereits »latent« da war. Die Conclusio des ausgelösten Schlusses, d. h. das Stellen des Ultimatums, schuf eine andere Situation, die einen neuen praktischen Schluß (auf seiten des russischen Kabinetts) auslöste, der wiederum eine neue Situation schuf (die Mobilmachung), weitere praktische Schlüsse auslöste, deren letzte »Conclusio« schließlich der Ausbruch des Krieges war.

Durch das folgende Schema ließe sich dies illustrieren – ein gestrichelter Pfeil bedeutet, daß eine Tatsache die Prämissen eines praktischen Schlusses beeinflußt und ein durchgehender Pfeil besagt, daß sich eine neue Tatsache als eine Conclusio aus den Prämissen ergibt:

quasi-kausale historische Erklärung

praktische
Prämissen

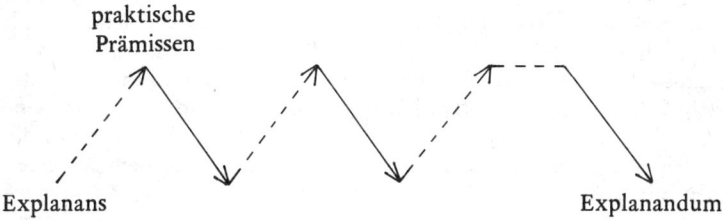

Explanans   Explanandum

4. Die Ziele und Zwecke, die im Hintergrund einer Erklärung des untersuchten Typs stehen, sind manchmal die ziemlich subtilen Produkte kultureller, politischer, religiöser etc. Traditionen. Ursprung und spezieller Charakter dieser Ziele können ein anderer lohnender Gegenstand historischer Erklärungen sein. Manchmal jedoch ist der Motivationshintergrund derart »lapidar« und anthropologisch universell, daß ihm der Historiker keine besondere Beachtung zu schenken braucht. So z. B. wenn es heißt, daß die »Ursachen« der Wanderbewegung eines Stammes in Überbevölkerung, einer Hungersnot oder einer Flutkatastrophe zu sehen sind. »Sie mußten einfach ihren Wohnsitz verlassen.« Aber hätten diese Leute nicht noch bleiben und sich dem Hunger- oder Ertrinkungstod [wie die Ratten] ausliefern können? Natürlich hätten sie das *können*, und vielleicht taten es auch einige von ihnen. Im großen und ganzen sind Menschen aber darauf aus, bei Katastrophen ihr Leben zu retten und nach einem Ort zu suchen, wo sie was zu essen haben oder gesichert sind, wenn die Bedingungen, unter denen sie leben, unerträglich werden. Dies sind universelle Motive und sie brauchen in den Erklärungen des Historikers nicht erwähnt zu werden, die dann die *Explananda* als die »Wirkungen« be-

kannter »Ursachen« unmittelbar auf vorangegangene Veränderungen in den äußeren Umständen beziehen.

Es gibt bestimmte Hauptgruppen von Veränderungen in den äußeren Umständen, die Forscher verschiedener Schulen besonders stark betont haben oder vielleicht sogar als die alleinige oder fundamentalste Ursache historischer Ereignisse ansehen wollten. Eine solche Gruppe besteht aus klimatischen Veränderungen, den Wirkungen von Erosion und anderen Ereignissen in der äußeren Umgebung, die Anpassungen im Verhalten und in der Lebensform notwendig machen. Eine zweite Gruppe besteht aus technologischen Veränderungen. Diese machen es kausal möglich, Dinge zu vollbringen, zu denen man vorher nicht in der Lage war. Veränderungen in den Produktionsmitteln bilden hier eine Untergruppe[8].

Ein Grund, solche Veränderungen »äußere« Veränderungen zu nennen, liegt darin, daß sie neue Handlungen entweder unter dem sich ändernden kausalen Einfluß von Naturkräften notwendig oder dank der Erfindung und Beherrschung neuer kausaler Mechanismen möglich machen. Solchen Veränderungen können Veränderungen in den »inneren« Umständen der Motivationen (Bedürfnisse) und kognitiven Einstellungen der Menschen gegenübergestellt werden. Es mag dann die Frage auftauchen, wie Veränderungen in den Umständen der einen Art mit Veränderungen in Umständen der anderen Art in Zusammenhang stehen, und welche Veränderungen jeweils »Ursachen« und welche »Wirkungen« sind.

Wahrscheinlich läßt sich hier von keiner Gruppe von Faktoren sagen, sie hätte einen ausschließlichen Anspruch darauf, in dem Sinne fundamental zu sein, daß Veränderungen in allen anderen Gruppen aus Veränderungen in dieser Gruppe ableitbar sind. Dies ließe sich wahrscheinlich nicht einmal für irgendeinen eingeschränkteren Typ von Anspruch nachweisen, etwa, daß alle Veränderungen in den Motivationen auf technologische, geschweige denn auf Veränderungen in den Produktionsmitteln zurückgeführt werden können. Es mag richtig sein, daß der Wunsch, neue Dinge zu tun, weitgehend zusammen mit einer neu entdeckten Möglichkeit, sie zu tun, auftaucht. Doch technologische Fortschritte, die es ermöglichen, neue Dinge zu tun, haben ebenfalls einen Motivationshintergrund. Dieser Hintergrund kann sich im Laufe der Geschichte geändert haben und die Veränderungen können z. B. eher durch Veränderungen in den religiösen Einstellungen bedingt sein als durch andere Veränderungen, die selbst technologischer Art sind[9]. Und technologische Veränderungen können ebenfalls durch äußere Faktoren bedingt sein[10].

Paradigmatische Thesen wie z. B. die des historischen Materialismus lassen sich nicht *apriorisch* als gültig erweisen. Doch ebenso lassen sie sich durch Erfahrung nicht leicht widerlegen[11]. Ihre Wahrheit ist primär zu messen an ihrer Fruchtbarkeit für die Förderung unseres Verständnisses der Geschichte und des sozialen Prozesses. Und diese Fruchtbarkeit kann beträchtlich sein[12].

5. Die Antwort auf die Frage, warum etwas getan wurde, lautet oft, daß der Handelnde dazu gebracht wurde. Die Formen, wie Leute dazu gebracht werden, bestimmte Dinge zu tun, bilden ein anderes Erklärungsmuster, wenn auch kein mit den anderen Mustern gänzlich unzusammenhängendes.

Es gibt eine Vielzahl von Möglichkeiten, wie man jemanden dazu bringen kann, etwas zu tun. Ein Fall ist etwa, wenn ein Handelnder (oder eine Gruppe von Handelnden) durch irgendeinen anderen Handelnden (bzw. eine Gruppe) dazu gebracht wird, bestimmte Dinge zu tun. Ebenso kann man Untergruppen dieses allgemeinen Falles unterscheiden. Handelnde können andere Handelnde dazu bringen, bestimmte Dinge zu tun, indem sie ihnen befehlen, Handlungen auszuführen oder zu unterlassen, oder indem sie jemanden einfach um etwas bitten oder indem sie ihm drohen, Angst einjagen oder ihn erpressen, oder indem sie physische Gewalt (Zwang) anwenden.

Ein charakteristischer Zweck physischer Gewaltanwendung besteht darin, jemanden temporär oder auf die Dauer *außerstand zu setzen*, gewisse Dinge zu tun, z. B. indem man ihn einsperrt oder zum Krüppel macht. Dies ist oft genug ein rein kausaler Mechanismus, ausgelöst durch denjenigen, der Gewalt anwendet. Was dem Opfer dabei geschieht, ist im wesentlichen eine Zerstörung oder Unterdrückung von Zuständen, die für die Ausführung verschiedenartiger Dinge kausal notwendig sind. Der in solchen Fällen funktionierende kausale Mechanismus findet manchmal eine oblique Verwendung für die Erklärung, warum jemand gewisse Dinge *nicht* getan hat, die er – das nehmen wir als selbstverständlich an – aus einigen allgemeinen motivationalen, gewöhnlich teleologischen, Erwägungen heraus normalerweise getan hätte. Warum floh der Gefangene nicht, obwohl seine Zellentür offengelassen worden war? Die Antwort könnte lauten, daß er an die Wand angekettet war. Kausal erklärt wird hier die *Unfähigkeit* des Gefangenen, etwas Bestimmtes zu tun, und *nicht* unmittelbar die Tatsache, daß er es *nicht tut*.

Es ist eine bemerkenswerte Asymmetrie, daß physischer Zwang Handlungen kausal unmöglich, aber nicht kausal notwendig machen kann. Wenn jemand meinen Arm ergreift und damit einem anderen ins Gesicht schlägt, dann habe nicht *ich* dem anderen ins Gesicht geschlagen und *a fortiori* kann man auch nicht sagen, ich sei dazu gezwungen worden. Geschlagen hat allein der, der mir Gewalt antat. Wenn Handlungen im Unterschied zu Unterlassungen durch Zwang notwendig gemacht werden, ist Zwang nicht »rein physisch«. Wenn ich dem Räuber, der den Finger am Abzug hat, meinen Geldbeutel aushändige, tue ich das, um mein Leben zu retten oder aus irgendeinem anderen teleologischen Motiv. »Ich wurde gezwungen« bedeutet nun »Hätte ich es nicht getan, so wäre etwas passiert, das ich auf keinen Fall wollte«. Hätte ich gewollt, daß man mich tötet, wäre ich nicht gezwungen gewesen, dem Räuber meinen Geldbeutel auszuhändigen.

Ist der Mechanismus kausal, wenn man etwas in Reaktion auf Befehle oder Aufforderungen tut? Solche Reaktionen können fast »mechanisch« sein. Sie haben manchmal eine unheimlich anmutende Ähnlichkeit mit Reflexhandlungen. Der Handelnde, der durch seine Handlung bei seinem Gegenüber eine Reaktion hervorruft, ist dem Experimentator nicht unähnlich, der durch einen Eingriff in die Natur ein kausales System in Bewegung setzt. Nicht ohne Grund läßt sich die Tätigkeit beider als »Manipulation« beschreiben.

Um die begriffliche Natur dieses »Jemanden-dazu-bringen-etwas-zu-tun«-Mechanismus deutlicher zu sehen, ist es hilfreich, den Fall, wo ein Handelnder einen anderen dazu bringt, etwas Bestimmtes zu tun, mit einem anderen typischen Fall zu vergleichen, nämlich dem, wo der Mechanismus zwar auch »außerhalb« des Handelnden ausgelöst wird, jedoch durch die unpersönliche Macht einer Norm oder Regel. Man tut etwas, weil die Gesetze des Staates oder die Gebote Gottes es verlangen, oder weil die gesellschaftlichen Gebräuche bzw. die Ehrenkodizes und guten Sitten es vorschreiben. Diese verschiedenartigen, aber verwandten Fälle lassen sich unter der Rubrik »*normativer Druck*« zusammenfassen.

Die Art und Weise, wie man im einzelnen auf Normen reagiert, braucht überhaupt nicht teleologisch zu sein. Doch die Art, wie Normen allmählich einen »Druck« auf Handelnde ausüben, zeigt deutlich teleologische Merkmale.

Mit Verhaltensregeln kann eine *Sanktion* verbunden sein, d. h. eine irgendwie geartete bestrafende Reaktion als Konsequenz einer Regelverletzung. Im Fall von Rechtsnormen sind Art und Anwendung der bestrafenden Reaktion selbst durch Normen (Verfahrensgesetze etc.) reguliert. Abweichungen von den Kodizes und Gebräuchen der Gesellschaft werden wahrscheinlich scheel angesehen werden. Auch das ist eine Sanktion.

Manchmal richtet man sich nach einer Norm, um nicht bestraft oder getadelt zu werden. Was man tut bzw. nicht tut, erhält dann eine klar teleologische Erklärung.

Sanktionen zu entgehen, ist jedoch nicht der einzige teleologische

Aspekt der Befolgung von Normen. Das Erlassen von Gesetzen ist oft oder sogar gewöhnlich durch zweckrationale Überlegungen motiviert. Gebräuche haben ursprünglich vielleicht Zwecken gedient, die später vergessen wurden ober obsolet geworden sind.

Wenn die normativem Druck ausgesetzten Handelnden den Zwekken, zu denen die Normen aufgestellt wurden, zustimmen, so kann man sagen, daß sie sich nach ihnen richten bzw. sie befolgen, damit diese Zwecke erfüllt werden. Der teleologische Mechanismus gleicht jedoch nicht genau dem Schema eines praktischen Schlusses, das wir im vorhergehenden Kapitel untersucht haben.

Wenn jemand ein Gesetz befolgt, *weil* er das Ziel oder den Zweck, dem das Gesetz dienen soll, billigt, braucht er nicht davon überzeugt zu sein, daß sein persönlicher Beitrag notwendig ist, um die Erfüllung dieses Zwecks zu gewährleisten. Er muß jedoch irgendwie daran glauben, daß der Zweck erfüllt werden kann und daß eine *kollektive* Anstrengung nötig ist, um dies zu gewährleisten. Man kann das Ziel, mit dem ein Gesetz oder eine Regel aufgestellt wurde, billigen und gleichzeitig von der Unerreichbarkeit des Ziels vollständig überzeugt sein. Handlungen, die in Übereinstimmung mit der Norm vollzogen werden, kann man dann jedoch nicht dadurch erklären, daß man sagt, sei seien unternommen worden, *um* den Zweck der Norm zu gewährleisten. Sie sind vielleicht unternommen worden, um ein Beispiel zu geben und andere zu ermutigen. Aber dann muß der Handelnde der Überzeugung sein, daß es sich lohnt, dieses Beispiel zu geben, d. h. daß es letztlich zu einer Situation führen kann, in der der Zweck der Norm durch die kooperativen Anstrengungen aller gewährleistet ist.

Normativer Druck entwickelt sich somit unter dem gemeinsamen teleologischen Einfluß von einerseits Angst vor Sanktionen und andererseits dem Bestreben, die Realisierung der Ziele zu gewährleisten, für die die Normen instrumentelle Funktion besitzen sollen. Dies heißt nicht, daß normenkonformes Verhalten in jedem Einzelfall eine teleologische Erklärung erhält. Weder Angst vor Sanktionen noch Engagement für das öffentliche Wohl müssen der Grund sein, warum sich jemand nach Normen richtet.

Etwas genau Analoges gilt auch für die einfacheren Fälle, wo ein Handelnder einen anderen dazu bringt, etwas zu tun, indem er ihm einen Befehl gibt, ihn darum bittet etc. Im Fall von Befehlen oder Anordnungen könnte man vom *Druck der Autorität* sprechen. Als Kindern wird uns beigebracht und anerzogen, Befehle und Aufforderungen zu befolgen bzw. angemessen darauf zu antworten. Man bringt uns dies mit Hilfe teleologischer Mechanismen für die Vermeidung von Strafe und die Suche nach Belohnung bei. Auf einer späteren Stufe erhält die Teleologie eben dieser »Jemanden-dazu-bringen-etwas-zu-tun«-Handlung für diejenigen, die einer solchen Handlung ausgesetzt sind, oft motivationale Kraft. Wir denken allmählich, daß die Befehle und Verbote zu unserem »Besten« existieren, oder suchen unsere Kooperation zu festigen für Ziele, die letztlich auch unsere eigenen sind.

Man könnte die Ziele, für deren Realisierung Befehle oder Regeln eine instrumentelle Funktion besitzen, *interne Belohnungen* für Befolgung nennen. Nicht-Erreichung dieser Ziele könnte man *interne Bestrafung* für Nicht-Befolgung nennen. Belohnungen und Bestrafungen, die zwar mit einer Norm verbunden sind, jedoch nicht im Erreichen oder Nicht-Erreichen des Normenziels bestehen, können *extern* genannt werden. Daß externe Bestrafung in der Teleologie normativen Drucks eine grundlegendere Position einnimmt als externe Belohnung, kann kaum an etwas anderem liegen als der Tatsache, daß die Erfüllung von Normen in der Mehrzahl von Fällen auch als interne Belohnung für diejenigen, die sie befolgen, angesehen wird. Es gibt somit einen begrifflichen Grund für diese häufig beobachtete Asymmetrie in den Rollen von Belohnung und Bestrafung.

Es ist seinem teleologischen Hintergrund zuzuschreiben, daß der »Jemanden-dazu-bringen-etwas-zu-tun«-Mechanismus funktioniert. Darin unterscheidet er sich von einem kausalen Mechanismus. Der teleologische Hintergrund kann jedoch von dem individuellen Fall, in dem der Mechanismus am Werk ist, mehr oder weniger entfernt liegen. Er kann so weit entfernt liegen, daß er in dem individuellen Fall überhaupt fehlt. Dies ist der Fall, wenn die Antwort auf die Frage, warum ein Handelnder das und das tat, lautet, daß er es *bloß* deshalb tat, weil es ihm befohlen worden ist, oder *bloß* deshalb, weil dies in der Gesellschaft, zu der er gehört, so üblich, die Regel, Praxis etc. ist. Ist im individuellen Fall hinter der Reaktion auf eine Stimulierung durch den Mechanismus *überhaupt keine* Teleologie zu erkennen, erscheint ein Verhalten oft sinnlos, stumpfsinnig oder irrational.

Ein solcher Mechanismus kann seinen teleologischen Hintergrund auch partiell oder gänzlich *verlieren*. Dies ist der Fall, wenn die Sanktion nicht mehr wirksam oder die Belohnung nicht mehr attraktiv ist. Auch in diesen Fällen nehmen Handlungen, die bloß in Reaktion auf eine Stimulierung durch den Mechanismus vollzogen wurden, einen irrationalen Zug an.

Genau gegen solche Formen irrationalen Verhaltens richtet sich häufig der Protest von Moral- und Sozialkritikern. Durch ihre Kritik bahnen sie vielleicht den Weg für eine »sinnvollere« Anwendung der verschiedenen Formen des autoritativen Drucks und der gesellschaftlichen Normen.

Kann die Reaktion auf den von uns betrachteten Typ von Stimulierung so »mechanisch« und arm an teleologischer Motivation werden, daß sie zu einer Form konditionierter Reflex-(Re)Aktion verkümmert? *Kann die Verknüpfung zwischen Stimulus und Response hier eine wirklich gesetzmäßige (kausale) Verknüpfung sein?* Ich sehe nicht, warum dies nicht der Fall sein könnte. Doch solche Fälle sind, glaube ich, selten. Wenn sie tatsächlich vorkommen, verliert die Reaktion den Charakter einer Handlung. Denn wenn sie wie ein »Reflex« auf die Stimulierung folgt, kann das reagierende Subjekt nicht mehr mit Überzeugung behaupten, in Situationen der Stimulusanwendung würde die wahrscheinliche Veränderung nicht eintreten, *wenn sie nicht von ihm (als Handelndem, intentional) herbeigeführt würde.* Diese Überzeugung ist jedoch, wie wir gesehen haben, eine logische Vorbedingung von Handlungen. Fehlt sie, ist der Reaktion jegliche Intentionalität genommen. Sie ist dann nicht mehr als eine Reaktion auf die Stimulierung *gemeint.* Sie *ist* dann einfach eine solche.

6. Es ist wichtig, zwischen Normen, die Verhalten regulieren (vorschreiben, erlauben oder verbieten) und Regeln, die verschiedene soziale Praktiken und Institutionen definieren, zu unterscheiden. Beide werden »Normen« oder »Regeln« genannt. Ein Grund dafür, daß man sie leicht durcheinanderbringt, liegt darin, daß sie sich gleichzeitig in charakteristischer Weise unterscheiden und in komplizierter Weise miteinander zusammenhängen.

Normen der ersten Art sagen uns, *daß* gewisse Dinge getan werden sollten oder getan werden dürfen. Normen der zweiten Art sagen uns, *wie* gewisse Handlungen vollzogen werden. Oft, wenn auch nicht in allen Fällen, ist eine Norm der zweiten Art erforderlich, um die Erfüllung einer Norm der ersten Art zu ermöglichen. Normen der zweiten Art sind daher in bezug auf Normen der ersten Art in einem charakteristischen Sinne *sekundär.* Um die zwei Typen von Normen oder Regeln auseinanderzuhalten, werde ich sie hier, *faute de mieux,* als primäre bzw. sekundäre Normen (Regeln) bezeichnen[13].

Damit eine Ehe rechtskräftig wird, müssen die Partner bestimmte Bedingungen (z. B. bzgl. Alter und u. U. geistiger und physischer Gesundheit) erfüllen und bestimmte Zeremonien durchlaufen, zu denen andere Personen gehören, die ebenfalls bestimmte Bedingungen erfüllen müssen (z. B. ein kirchlicher oder staatlicher Beamter zu sein). Diese Bedingungen und Zeremonien definieren die soziale Handlung des Heiratens. Der Vollzug dieser Handlung hat eine Reihe »rechtlicher Konsequenzen«. Das verheiratete Paar darf einen Hausstand gründen, die Partner haben einander gegenüber bestimmte Rechtsansprüche und tragen Verantwortung für ihre Nachkommenschaft etc. Bei diesen »Konsequenzen« handelt es sich normalerweise um eine Menge von Verhaltensnormen, deren Verletzung wahrscheinlich Sanktionen von seiten der Rechtsmaschinerie der Gesellschaft zur Folge haben wird. Die Regeln für das Heiraten verpflichten nicht schon an sich jemanden zu etwas; doch die Regel – wenn es eine solche gibt –, die es Unverheirateten verbietet, einen Hausstand zu gründen, gebietet ihnen, dies so lange sein zu lassen, solange sie die »Handlung« des Heiratens noch nicht »vollzogen« haben. Man kann jemanden nicht dafür bestrafen, daß er nicht heiratet (es sei denn, es gibt ein Gesetz, das die Ehe obgligatorisch macht); doch man kann jemanden, wenn er unverheiratet ist, dafür bestrafen, daß er Dinge tut, die nur Verheirateten erlaubt sind – bzw., wenn er verheiratet ist, dafür, daß er gewisse Dinge nicht tut, zu denen Verheiratete verpflichtet sind.

Normen dieser Art sind nicht nur in rechtlichen Kontexten äußerst wichtig. Sie durchziehen das gesamte soziale Leben. Die Regel, daß man eine Dame oder einen Älteren grüßt, indem man seinen Hut zieht oder eine Verbeugung macht, definiert eine Praxis. Die Regel der guten Sitten, nach der man eine Dame oder einen Älteren grüßen sollte, ist davon verschieden. Sie stellt eine Verhaltensnorm dar. Wer sie nicht befolgt, kann damit entschuldigt werden, daß er in der Gemeinschaft fremd ist und nicht weiß, wie man grüßt, d. h. die Regeln nicht kennt, die die Praxis (Zeremonie) des Grüßens definieren. Wenn jemand die Regel kennen dürfte, sie aber nicht befolgt, ist er Sanktionen ausgesetzt, wird er von der Gesellschaft »scheel angesehen« werden.

Sekundäre Regeln spielen, soweit ich sehen kann, keine charakteristische oder wichtige Rolle in der *Erklärung* von Verhalten. Dies liegt daran, daß sie keine Mechanismen darstellen, um jemanden dazu zu bringen, etwas zu tun. Sie haben jedoch fundamentale Bedeutung für das *Verstehen* von Verhalten und daher für die Beschreibungen, die Anthropologen und Sozialwissenschaftler von den von ihnen untersuchten Gemeinschaften geben[14].

»Warum zog dieser Mann seinen Hut und machte eine Verbeugung, als er auf der Straße an dieser Dame vorüberging?« Die Antwort könnte lauten: »Er grüßte sie.« Doch sie könnte ebenfalls lauten: »Weil er ihr seine Ehrerbietung erweisen wollte.« Im ersten Fall sagen wir, was der Betreffende tat, und machen dadurch sein Verhalten einem, der mit unseren Grußkonventionen nicht vertraut ist, verständlich. (Es wird allerdings angenommen, daß ihm der Begriff des Grüßens geläufig ist.) Die zweite Antwort könnte eine teleologische Erklärung der Handlung sein oder zumindest eine solche andeuten. Man könnte sagen, daß die erste Antwort »in Wirklichkeit« einer Frage »Was?« und nicht der Frage »Warum?« entspricht – doch das wäre pedantisch. Man könnte ebenfalls sagen, daß die zweite Antwort »in Wirklichkeit« der Frage »Warum grüßte er die Dame?« und nicht der Frage »Warum zog er seinen Hut?« entspricht. Doch auch das wäre pedantisch.

7. Was in den Humanwissenschaften wie kausale Erklärungen aussieht, sind gewöhnlich Erklärungen der von mir quasi-kausal genannten Art. Es mag die Frage auftauchen, ob nicht scheinbar teleologische Erklärungen in diesen Wissenschaften manchmal Erklärungen der von mir quasi-teleologisch genannten Art sind.

Quasi-teleologische Erklärungen sind primär in biologischen Kontexten zu Hause. »Die Atembewegungen werden schneller, um den Oxygen-Verlust des Blutes zu kompensieren.« Wir haben hier eine Funktion in bezug auf einen Zweck. Das ist Quasi-Teleologie. Gibt es etwas Analoges in den Geschichts- oder Sozialwissenschaften? Die Frage läßt sich auch folgendermaßen stellen: Zeigen Individuen und Gruppen ein Verhalten, das einen Zweck erfüllt, ohne dazu intendiert zu sein? Eine verwandte Form derselben Frage ist: Kann der Mensch einer »Bestimmung« dienen, die nicht mit Hilfe seiner eigenen intentionalen Ziele definierbar ist?

Betrachten wir den folgenden Fall: Der wirtschaftliche Aufschwung Polens unter Kasimir dem Großen kam zum großen Teil von der Tatsache, daß die aus deutschen Gebieten vertriebenen Juden sich in Polen niederlassen durften bzw. sogar dazu aufgefordert wurden. Die Vertreibung der Juden aus Deutschland sowie ihre Aufnahme durch den polnischen König ermöglichte den Aufschwung Polens. Es wäre nicht verkehrt zu sagen, daß die Juden Deutschland verlassen *mußten*, damit Polen diesen Aufschwung nehmen konnte. Diese Feststellung würde auch nicht mit der richtigen Feststellung in Konflikt stehen, daß sie Deutschland verlassen *mußten, weil* sie verfolgt wurden.

Generell gesagt *ermöglichen* bisweilen die Leistungen eines einzelnen oder einer Gruppe gewisse vorher nicht erwartete Leistungen eines anderen, einer anderen Generation bzw. einer anderen Gruppe. Die früheren Leistungen erhalten dann im Lichte der späteren eine neue *Signifikanz*. Sie erhalten gewissermaßen einen Zweck, der den für die Leistungen Verantwortlichen unbekannt war. Dies ist *eine* Seite des Phänomens, das Hegel die »List der Vernunft« genannt hat. In solchen Fällen sagen wir manchmal, daß es die »Bestimmung« dieser Leute war, einer Zukunft den Weg zu bahnen, mit der sie selbst vielleicht niemals gerechnet haben. Dies ist eine harmlose Verwendung von »Bestimmung« und von »Zweck«. Doch zeigt sie tatsächlich, daß die Erklärungen dieser früheren Ereignisse im Lichte der späteren quasi-teleologisch sind?

Die Antwort fällt eindeutig negativ aus.

Wenn wir einem vergangenen Ereignis mit der Begründung, daß es irgendein späteres Ereignis ermöglicht hat, Signifikanz zuschreiben oder sogar sagen, daß das erste nötig war, damit das zweite stattfinden konnte, dann behaupten wir manchmal, doch bei weitem nicht immer, daß zwischen den Ereignissen eine gesetzmäßige Verknüpfung der Form, daß das eine eine notwendige Bedingung für das andere darstellt, besteht. Der Zusammenhang zwischen irgendeiner technischen Neuerung und nachfolgenden Handlungen, deren Ausführung durch diese Neuerung möglich wurde, ist (involviert) ein(en) Zusammenhang gesetzmäßiger Notwendigkeit. Doch der Zusammenhang zwischen der Verfolgung der Juden im mittelalterlichen Deutschland und dem Aufschwung Polens unter Kasimir dem Großen involviert, so komplex er auch sein mag, keine gesetzmäßigen (kausalen) Verknüpfungen. Dies selbst dann nicht, wenn ein Historiker zu Recht behaupten könnte, daß Polen ohne die Ereignisse in Deutschland den Aufschwung, so wie es ihn erlebt hat, nicht erlebt hätte. Das eine Ereignis ist genauso wenig eine kausal notwendige Bedingung des zweiten, wie die Schüsse von Sarajevo unter den gegebenen Umständen eine kausal hinreichende Bedingung des 1914–1918-Krieges waren. In beiden Fällen ist die Verbindung zwischen den Ereignissen ein motivationaler Mechanismus, dessen Funktionieren als eine Reihe praktischer Schlüsse rekonstruiert werden kann. Die Ereignisse, denen eine kausale Rolle zugeschrieben wird, erzeugen eine neue Situation und liefern dadurch eine Tatsachenbasis für praktische Schlüsse, die vorher nicht vorgenommen werden konnten. Doch es gibt einen charakteristischen Unterschied zwischen den beiden Fällen. Er scheint in folgendem zu liegen: Historische Ereignisse »führen notwendig« zu anderen Ereignissen, wenn sie die Menschen angesichts bereits existierender Ziele und Intentionen zu einer Neueinschätzung der »Erfordernisse der Situation« führen. Historische Ereignisse »ermöglichen« andere Ereignisse, wenn sie dadurch, daß sie die Handelnden mit neuen Handlungsmöglichkeiten versehen, die Intentionen umformen. Solange Kapital und Arbeitskräfte fehlen, bleiben Pläne zur wirtschaftlichen Entwicklung eines Landes leere Wünsche bzw. werden gar nicht erst angefertigt. Mit dem Hinzukommen dieser Mittel entwickeln sich implizite Wünsche zu konkreten Intentionen, und Handlungen folgen, wo vorher Unvermögen regierte.

Der Prozeß der Revision der fernen Vergangenheit im Lichte der jüngeren Vergangenheit ist ein außerordentlich charakteristisches Kennzeichen der »Historiographie« genannten Gelehrtentätigkeit. Sie erklärt, warum es – aus begrifflichen Gründen – so etwas wie eine vollständige oder definitive Darstellung der historischen Vergangenheit nicht geben kann. Der Grund liegt nicht nur darin, daß bisher unbekannte Tatsachen ans Licht kommen können. Dies ist zwar richtig, aber relativ trivial. Der interessante Grund liegt darin, daß das Bemühen des Historikers, die jüngere Vergangenheit zu verstehen und zu erklären, ihn dazu führt, der älteren Vergangenheit eine Rolle oder Signifikanz zuzuschreiben, die sie vor diesen jüngeren Ereignissen noch nicht besaß. Und da wir im großen und ganzen nicht wissen, was die Zukunft bringen wird, können wir jetzt auch nicht vollständig wissen, was die Charakteristika der Gegenwart und Vergangenheit sind[15].

Ein vollständiges Verstehen der vergangenen Geschichte, so könnte man sagen, setzt voraus, daß es keine Zukunft gibt, daß die Geschichte zu einem Ende gekommen ist. Es gab einen großen Philosophen, der in gewissen Momenten der Exaltation der Ansicht gewesen zu sein scheint, daß er die Geschichte vollständig »durchschaut« hat. Dieser Philosoph war Hegel. In solchen Momenten sprach er von sich als dem Ende und der Vollendung der Weltgeschichte[16]. Doch seine Worte, glaube ich, wollte er in dem Sinne verstanden wissen, der eine adäquate Beurteilung ihrer Wahrheit erst ermöglicht.

Das Charakteristikum historischer Forschung, daß dieselbe Vergangenheit immer wieder von neuem ausgegraben wird, wird manchmal als ein Prozeß der Neubewertung der Vergangenheit bezeichnet. Doch diese Charakterisierung ist sicher irreführend. Sie erweckt den Anschein, als sei das Urteil des Historikers eine Sache seines Geschmacks und seiner Präferenzen, bzw. als käme es darauf an, was *er* zufällig für wichtig und »wertvoll« hält. Sicherlich gibt es in der Historiographie auch dieses Element. Doch in der Hauptsache handelt es sich nicht um eine subjektive Angelegenheit der »Neubewertung«, wenn man vergangenen Ereignissen eine neue Signifikanz zuschreibt, sondern um eine Frage der *Erklärung* mit prinzipiell objektiven Tests der Richtigkeit. Die Feststellung etwa, daß ein früheres Ereignis x ein späteres Ereignis y ermöglicht hat, ist vielleicht nicht endgültig verifizierbar oder widerlegbar. Doch es handelt sich um eine Feststellung, die sich auf *Tatsachen* stützt, und nicht auf die *Meinungen* des Historikers über diese Tatsachen.

8. Zielgerichtetheit des von mir Quasi-Teleologie genannten Typs kann oft mit Hilfe der Idee des negativen Feedback kausal erklärt werden. Warum werden die Atembewegungen bei schwerer körperlicher Arbeit schneller? Die Antwort, daß dies eintrifft, um ein gestörtes Gleichgewicht in der chemischen Zusammensetzung des Blutes wiederherzustellen, verweist auf die Entdeckung bestimmter kausaler Verknüpfungen. Körperliche Anstrengung vermindert den Oxygengehalt des Blutes, und schnellere Atmung gleicht diesen Verlust wieder aus. Doch

die Frage, die dadurch beantwortet wird, ist strenggenommen nicht, *warum* die Atmung schneller werden *muß*, sondern *wie* das Blut sein chemisches Gleichgewicht wiedererhalten *kann*. Anzunehmen, daß die erste Frage durch den Verweis auf diese Entdeckungen ebenfalls beantwortet ist, hieße, glaube ich, eine illegitime »vitalistische« Idee der Teleologie in biologischen Kontexten zu akzeptieren. Die Frage, warum der Atem schneller geht, ist so lange nicht endgültig beantwortet, solange wir nicht gezeigt haben, daß es eine zusätzliche kausale Verknüpfung gibt, die erklärt, wie der Oxygenverlust des Blutes die Atembewegungen beschleunigt. Diese Verknüpfung ist das Feedback. Mit seiner Entdeckung haben wir eine »volle« Kausalerklärung des Sachverhalts. Wir können jetzt die Frage, warum der Atem schneller wird, unter Bezugnahme auf hinreichende Antecedensbedingungen beantworten und nicht nur, wie bei der quasi-teleologischen Erklärung, unter Bezugnahme auf notwendige Bedingungen für nachfolgende Ereignisse.

Die Entdeckung des Feedback, so könnte man sagen, ergänzt eine frühere *Wie möglich?*-Erklärung um eine neue *Warum notwendig?*-Erklärung. Sie nimmt daher dem Sachverhalt den »teleologischen Zug«, den er so lange besaß, solange der explanatorische Kreis noch nicht geschlossen war.

Gibt es etwas Analoges in der Geschichte und im Leben von Gesellschaften? Die Frage zerfällt in zwei Teile. Gibt es gesellschaftliche Feedback-Prozesse? Liegen bei diesen Prozessen Humesche Ursachen vor?

Beim Feedback gibt es eine Verkettung zweier Systeme. Nennen wir sie das primäre und das sekundäre System. Ein bestimmter Anteil der kausalen Effizienz des primären Systems wird in das sekundäre System abgeleitet, so daß es über die Wirkungen des ersten Systems »auf dem laufenden« gehalten wird. Dieser Zufluß an Information setzt den Ursache-Faktor des sekundären Systems in Gang. Die Wirkung wird in das primäre System rückgekoppelt und »befiehlt« eine Modifikation in der Wirkungsweise seines Ursache-Faktors. Dies schließt die Kette der miteinander verknüpften Wirkungen.

Es ist nur teilweise eine Metapher, wenn man den Input in das sekundäre System »Information« nennt und seinen Output, der gleichzeitig ein Input in das primäre System ist, einen »Befehl« oder ein »Signal«. Die Theorie der Struktur der kodierten und dekodierten Nachrichten ist in einem wörtlichen Sinne Informationstheorie. Der einzige metaphorische Aspekt liegt in der Anspielung auf die Analogie zwischen diesem kausalen Austausch von Nachrichten und dem intentionalen Gebrauch, den Handelnde von Zeichen zur sprachlichen Kommunikation machen.

Stellen wir uns nun einen Fall vor, wo man sagen kann, daß Handlungen infolge der Entscheidungen, die sie in die Tat umsetzen, eine Gesellschaft mit Hilfe »normativen Drucks« und gelegentlich vielleicht auch mit Hilfe physischen Zwangs oder Gewalt in eine bestimmte Richtung lenken. Angenommen, ein Teil dieser Gesellschaft partizipiert nicht am Entscheidungsprozeß der herrschenden Gruppe, ist jedoch über die Ergebnisse informiert und aufgeklärt genug, um über deren Konsequenzen zu reflektieren – sowohl über die von den beschließenden Personen intendierten als auch über die weitergehenden, die diese nicht klar voraussehen. Diese mehr oder weniger gut artikulierte Einsicht kann dann in dieser anderen Gruppe das Verlangen wecken, die herrschende Gruppe so zu beeinflussen, daß sie ihren Initiativen eine neue Richtung gibt oder andernfalls deren Auswirkungen herabmindert. Fehlen institutionalisierte Kanäle, um der herrschenden Gruppe neue Direktiven zu übermitteln, werden die »Feedbackers« auf Formen kommunikativer Handlung wie Demonstrationen, Proteste, Streiks, Sabotage etc., zurückgreifen müssen, die durch existierende Regeln des sozialen Spiels nicht reguliert sind und manchmal diesen Regeln sogar zuwiderlaufen.

Das hier beschriebene Muster sozialer Handlungen ist bekannt. Seine Analogie zu dem Prozeß des sogenannten negativen Feedback liegt auf der Hand. Aus der hier gegebenen schematischen Beschreibung zusammen mit dem vorher Gesagten über »Ursachen« und »Wirkungen« auf der Ebene von Handelnden und intentionalen Handlungen sollte jedoch ebenfalls klar sein, daß der Ablauf des Feedback-Prozesses keinen Humeschen Kausalvorgang unter allgemeinen Gesetzen darstellt, sondern eine motivationale, durch praktische Schlüsse herbeigeführte Zwangsläufigkeit.

Der Informationsausfluß aus dem primären System beeinflußt die kognitiven Einstellungen der dem sekundären System angehörenden Handelnden. Er wirkt sich somit auf die zweiten oder kognitiven Prämissen latenter Schlüsse aus. Wenn nichts unternommen wird, um den Ablauf in dem primären System zu korrigieren, kann ein bestimmtes positives Ziel nicht erreicht bzw. ein bestimmtes Unheil nicht abgewendet werden. Dies führt zu Versuchen, in das Funktionieren des primären Systems einzugreifen. Diese Versuche kritisieren die Ziele der herrschenden Gruppe. Sie sind somit darauf gerichtet, die ersten oder voluntativen Prämissen für die Handlungen derer, die die Entscheidungen treffen, zu beeinflussen. Diese werden aufgefordert, ihre Ziele zu ändern, so daß die für deren Realisierungen als notwendig erachteten Handlungen nicht mehr die (von den Handelnden in dem sekundären System) für negativ gehaltenen Konsequenzen haben. Ob die Handelnden in dem primären System auf die Direktiven aus dem sekundären System reagieren, ist ungewiß. Ebenso ungewiß ist, ob die Information aus dem primären System die kognitiven Einstellungen der Handelnden in dem sekundären System beeinflussen wird. Doch wenn die Prämissen, d. h. die Entschlüsse der Handelnden in dem einen und die Erkenntnisse der Handelnden in dem anderen System einmal vorliegen, werden die darauffolgenden Handlungen im Lichte der neuen Prämissen *logisch notwendig*.

Wer in der Tradition von Aristoteles, Leibniz, Frege und den Autoren der *Principia Mathematica* Logik studiert, wird die Hegelsche Logik, sollte er jemals mit ihr konfrontiert werden, wahrscheinlich entweder unverständlich oder einfach falsch finden. Die Hegelsche Logik verwendet auch der orthodoxe Marxismus. Eine ihrer Eigentümlichkeiten liegt in der nachdrücklichen Verwerfung des sogenannten Gesetzes der doppelten Negation, das besagt, daß die Negation der Negation eines Satzes mit diesem Satz äquivalent ist. Hegelianer und Marxisten bestehen darauf, daß die Negation der Negation – eine Idee, die in ihren Schriften eine große Rolle spielt – zu etwas anderem führt als dem Ausgangspunkt dieser Operation. Was meinen sie damit? Ich vermute, daß wir es in *einigen* Fällen verstehen können, wenn wir uns ihre Beispiele ansehen und ihre Ideen im Lichte der Vorstellung vom negativen Feedback reformulieren. Hier handelt es sich nämlich um eine Art »doppelten Negations-«Prozeß. Der Ursache-Faktor des sekundären Systems »negiert« die Wirkung, die der Ursache-Faktor des primären System hervorbringt, und die Wirkung des sekundären Systems »negiert« die Auswirkungen des Ursache-Faktors des primären Systems, d. h. korrigiert ihn, um die erste Negation »aufzuheben«. Dies ist eine etwas ausgefallene Beschreibung eines Prozesses, dessen logische Struktur einen interessanten Gegenstand für eine exakte logische Analyse darstellt. Man kann nicht gerade sagen, daß Hegel, Marx oder Engels das Verdienst zukommt, diese Analyse geliefert zu haben. Doch man kann ihnen mit einiger Berechtigung zugestehen, daß sie Ideen antizipiert haben, die, wie sich später herausstellte, sowohl für die Bio- als auch für die Sozialwissenschaften von fundamentaler Bedeutung sind[17]. Ich glaube, daß sich eine Reihe von Schlüsselideen der Hegelschen und Marxschen Philosophie auf interessante Weise in eine moderne kybernetische und systemtheoretische Terminologie übersetzen ließe. Eine solche Übersetzung würde diese Ideen nicht nur verständlicher und präziser, sondern auch einem größeren Kreis von Wissenschaftlern zugänglicher machen als nur denen, die in den fensterlosen Räumen des orthodoxen Marxismus gefangen sind[18].

9. In den beiden letzten Abschnitten dieses Kapitels werde ich kurz einige Probleme diskutieren, die mit dem Problem des Determinismus in der Geschichte und in der gesellschaftlichen Entwicklung zusammenhängen. Eines der Probleme besteht hier darin herauszubringen, was »Determinismus« in diesen Kontexten bedeuten könnte – und zwischen verschiedenen Arten von Determinismus zu unterscheiden.

Es war eine der Hauptthesen dieser Arbeit, daß man Kausalvorgänge in der Natur und – wenn man so will – Kausalvorgänge im Bereich individueller und kollektiver Handlungen als zwei völlig verschiedene Dinge auseinanderhalten sollte. Im Lichte dieser Unterscheidung wird sich zeigen, daß viele Annahmen und Ideen zum Determinismus in der Geschichte von Individuen und Gesellschaften auf begrifflichen Konfusionen und falschen Analogien beruhen. Doch selbst wenn die Konfusionen beseitigt sind, bleiben schwerwiegende Probleme.

Es ist zweckmäßig, zwischen zwei Typen von Determinismus zu unterscheiden, die man vertreten und verteidigen kann, und die von Forschern auf den genannten Gebieten auch tatsächlich vertreten und verteidigt worden sind. Der eine Typ steht im Zusammenhang mit der Idee der *Voraussagbarkeit*, der andere mit der Idee der *Verständlichkeit* des historischen und sozialen Prozesses. Man könnte die beiden Typen u. U. Prä-Determination und Post-Determination nennen. Die Verständlichkeit der Geschichte ist ein Determinismus *ex post facto*.

Man kann ebenso – und zwar sowohl in den Naturwissenschaften als auch in den Humanwissenschaften – zwischen einem Determinismus auf der Mikro-Ebene und einem Determinismus auf der Makro-Ebene unterscheiden[19]. Man kann oft mit großer Genauigkeit und einem hohen Zuverlässigkeitsgrad das Ergebnis eines Prozesses voraussagen, an dem eine große Zahl von »Elementen« teilhat, deren individuelle Beiträge vielleicht kaum voraussagbar oder völlig unkontrollierbar sind. In ähnlicher Weise sieht man manchmal klar die Notwendigkeit irgendeines »großen historischen Ereignisses«, etwa einer Revolution oder eines Krieges, und gibt – rückblickend – gleichzeitig zu, daß die Sache im einzelnen völlig anders hätte verlaufen können, als sie tatsächlich verlaufen ist[20].

Was von historischer und sozialwissenschaftlicher Seite über Determinismus – ob vom Voraussagbarkeits- oder Verständlichkeitstyp – gesagt wurde, beschränkte sich gewöhnlich auf Ereignisse auf der Makro-Ebene. Dies gilt insbesondere für Voraussagbarkeitsbehauptungen[21].

Der prototypische Fall einer Voraussage von Makro-Ereignissen mit hohem Wahrscheinlichkeitsgrad ist die Voraussage der relativen Häufigkeiten, mit denen die in einzelnen Experimenten erzielten Resultate in einem Massen-Experiment vorkommen. Philosophen wollten manchmal hinter dieser Art der Voraussagbarkeit von Ereignissen die Wirkung eines Naturgesetzes sehen, des sog. Gesetzes der großen Zahlen oder des Ausgleichs des Zufalls. Auch in der Geschichte der Sozialwissenschaften haben mit diesem Gesetz zusammenhängende Ideen eine nicht unbeträchtliche Rolle gespielt. Man nahm an, daß dieses Gesetz den Indeterminismus im Verhalten des Individuums mit dem Determinismus im Verhalten des Kollektivs irgendwie versöhnte[22].

Die mit der Idee vom Ausgleich des Zufalls zusammenhängenden philosophischen Probleme sind von fundamentaler Bedeutung für die Theorie der Induktion und der Wahrscheinlichkeit[23]. Zu einer detaillierten Diskussion dieser Probleme ist hier nicht der Ort. Ein paar Bemerkungen werden genügen.

Die Anwendung eines »Gesetzes der großen Zahlen« setzt voraus, daß Ereignissen, die bei generisch identifizierbaren, wiederholten Gelegenheiten ihres Vorkommens vorkommen können oder nicht, hypothetisch Wahrscheinlichkeitswerte zugeordnet werden. Auf dieser hypothetischen Grundlage wird errechnet, daß etwas Bestimmtes mit einer als »praktische Sicherheit« angesehenen Wahrscheinlichkeit der Fall sein wird, wenn die betreffenden Ereignisse eine gewisse Zahl von Realisierungsmöglichkeiten hatten. Vorausgesagt wird normalerweise, daß eine relative Häufigkeit nahe einem bestimmten Mittelwert liegen wird. Wenn die praktisch sichere Sache dennoch nicht eintritt, sprechen wir entweder von einem seltsamen Zufall oder führen dies auf die Anfangshypothesen über die Wahrscheinlichkeitswerte zurück. Der *Ausgleich des Zufalls* ist somit eine logische Konsequenz der Art und Weise, wie wir unsere hypothetischen Wahrscheinlichkeitsverteilungen im Lichte statistischer Erfahrungen korrigieren. Es gibt kein »Naturgesetz«, das den Ausgleich garantierte. Und es gibt hier auch keinen »Mystizismus« bzgl. einer Versöhnung individueller Freiheit mit kollektivem Determinismus.

Es mag nun die Frage auftauchen, ob es in der Welt des Menschen und der Gesellschaft Analogien zu diesen Auswirkungen des Zufalls in Massen-Experimenten gibt. Berichte über eine lange Zeitspanne zeigen beispielsweise in einer Gesellschaft eine stabile Selbstmordquote. Wenn wir voraussagen, daß sich innerhalb der nächsten zwölf Monate in dieser Gesellschaft ungefähr m Menschen umbringen werden, können wir diese Voraussage vielleicht für sicher halten. Man kann hier die Analogie mit Zufallsereignissen verbessern, wenn man die Selbstmordquote auf die einzelnen Individuen »verteilt«, so daß wir von der Wahrscheinlichkeit sprechen können, daß sich ein wahllos herausgegriffenes Individuum im Verlauf der nächsten zwölf Monate umbringen wird. Für bestimmte Zwecke wäre dies ein nützliches Unterfangen.

Doch da es von den individuellen Unterschieden zwischen Menschen abstrahiert, ist das Bild, das es von der Realität gibt, *verzerrt*. Jede (statistische) Wahrscheinlichkeitsaussage kann zu Recht mit einem verzerrten Bild verglichen oder in einem charakteristischen Sinn eine *unvollständige Beschreibung* eines Sachverhalts genannt werden[24].

Ein Sozialwissenschaftler erklärt ferner vielleicht den Unterschied in den Selbstmordquoten zweier Gesellschaften durch einen Unterschied in einigen für das Leben in diesen Gesellschaften charakteristischen Merkmalen. Beispielsweise durch einen Unterschied in den Arbeitslosenquoten oder in der Arbeitsbelastung. Er wird vielleicht auch Veränderungen in der Selbstmordquote voraussagen, und zwar als Konsequenz von Veränderungen in der Lebensweise.

Dies gleicht alles sehr stark den Erklärungen und Voraussagen in den Naturwissenschaften, insbesondere in denen, wo Wahrscheinlichkeitsbegriffe und statistische Hilfsmittel eine außergewöhnliche Rolle spielen. Philosophen einer positivistischen Richtung würden sagen, daß dies die grundlegende methodologische Einheit aller Formen von Wissensaneignung, die über die deskriptive Stufe hinaus auf die Ebene von Gesetzen und Gleichförmigkeiten vordringen, belegt. Und manche Sozialwissenschaftler würden vielleicht behaupten, daß genau *dies* ihren Bemühungen den Status einer »Wissenschaft« verleiht.

Ich glaube, wir können dies alles akzeptieren, allerdings mit zwei Vorbehalten. Der erste ist, daß dieses Bild nur einen Aspekt dessen zeigt, was in sozialwissenschaftlichen Untersuchungen tatsächlich vor sich geht – ein Aspekt außerdem, in dem sie sich von den eigentlichen historischen Untersuchungen unterscheiden lassen. (Man sollte jedoch nicht versuchen, hier eine scharfe Grenze zu ziehen.) Der zweite Vorbehalt lautet, daß sich die Erklärungsmuster, die in der unterhalb der Makro-Ebene statistisch korrelierter allgemeiner Merkmale (etwa Arbeitsbelastung und Selbstmordquote oder ökonomischer Status und Stimmverhalten) liegenden Mikro-Ebene handelnder Individuen Geltung besitzen, von den kausalen Erklärungsmustern, die in der Mikro-Welt individueller Naturereignisse angewandt werden, stark unterscheiden. Der Unterschied liegt kurz gesagt in folgendem:

Die Systeme (»Fragmente der Weltgeschichte«), die von experimentellen Wissenschaften untersucht werden, können durch einen Handelnden, der außerhalb dieser Systeme steht, manipuliert werden. Dieser Handelnde hat gelernt, die Anfangszustände der Systeme unter Bedingungen zu reproduzieren, unter denen diese sonst nicht eintreten würden. Aus wiederholten Beobachtungen gelangt er dann zu einer Kenntnis der in dem System liegenden Entwicklungsmöglichkeiten. Die von Sozialwissenschaftlern untersuchten Systeme können in der Regel nicht durch Handelnde außerhalb dieser Systeme manipuliert werden.

148

Sie können statt dessen durch Handelnde, die sich innerhalb dieser Systeme befinden, manipuliert werden. Dies bedeutet, daß man es selbst bewerkstelligen kann, daß sich Voraussagen über die Systementwicklung innerhalb der Grenzen menschlicher Fähigkeiten erfüllen bzw. nicht erfüllen. U. a. ist genau dieser Unterschied zwischen Voraussagen im Bereich von Naturereignissen und im Bereich von Handlungen von Philosophen wie Karl Popper und Isaiah Berlin in ihren Polemiken gegen den von Popper so genannten *Historizismus*[25] zu Recht betont worden. Ich bin mir jedoch nicht sicher, ob sie oder schließlich die »Historizisten« selbst die Thesen eines Determinismus des Voraussagbarkeitstyps nicht manchmal mit den Thesen eines Determinismus ganz anderer Art verwechselt haben[26].

10. Wenn eine Handlung teleologisch erklärt werden kann, ist sie in einem gewissen Sinn determiniert, nämlich determiniert durch bestimmte Intentionen und kognitive Einstellungen von Menschen. Wenn jede Handlung eine teleologische Erklärung besäße, würde in der Geschichte und im Leben von Gesellschaften eine *Art* universeller Determinismus herrschen.

Es scheint völlig klar, daß *nicht* das gesamte Verhalten von *Individuen* teleologisch erklärt werden kann. Manches Verhalten ist überhaupt nicht intentional. Doch diese Art von Verhalten ist für die Geschichts- oder Sozialwissenschaften auch nicht von großem Interesse. U. u. könnte es in diesen Gebieten gänzlich unberücksichtigt gelassen werden. Andererseits kann intentionalistisch verstandenes Verhalten nicht ausnahmslos als das Resultat eines praktischen Schlusses teleologisch erklärt werden. Intentionale Handlungen können, wie es scheint, aus völlig zweckfreien Wahlen resultieren (vgl. oben, Kap. III, Abschn. 5). Mit den Erfordernissen von Sitte und Norm übereinstimmende Handlungen lassen sich gewöhnlich mit einem teleologischen Hintergrund in Verbindung bringen. (Ansonsten wäre »normativer Druck« nicht die wichtige Macht, die er im Leben von Gemeinschaften nun einmal ist.) In den meisten Fällen fungiert dieser teleologische Hintergrund nur als eine »entfernte« Erklärungsbasis für die Handlungen in den individuellen Fällen.

Man könnte sagen, daß Verhalten, das nicht als Handlung verstanden wird, unter den anerkannten *Fakten* der Geschichts- oder Sozialwissenschaften (noch) keinen Platz besitzt. Bei individuellem Verhalten ist das Problem, es als Handlung der einen oder anderen Art (und nicht als bloße »Reflexe«) zu interpretieren, selten, wenn überhaupt jemals, für historische oder sozialwissenschaftliche Untersuchungen relevant. *Was* die Handelnden tun, wird in der Beschreibung, die man von ihrem

Verhalten gibt, gewöhnlich als gegeben angenommen. Anders verhält es sich jedoch bei Gruppenverhalten. Hier ist die Frage, *was* die Gruppe tut, wenn man die Individuen, aus denen sie besteht, bestimmte Handlungen vollziehen sieht, stets am Platz und oft problematisch (vgl. oben, Abschn. 1). Eine Antwort auf diese Frage stellt *ipso facto* eine Art Erklärung dar. Um als *Tatsache* in Frage zu kommen, so könnte man sagen, muß das vorliegende Material bereits einen Erklärbarkeitstest bestanden haben[27].

Den von intentionalistischem Verstehen und teleologischer Erklärung repräsentierten Determinismus könnte man eine Form von *Rationalismus* nennen. Die Idee, daß jegliche Handlung teleologisch erklärbar ist, wäre so etwas wie ein extremer Rationalismus. Zahlreiche Verfechter des sogenannten Determinismus in der klassischen Kontroverse um das Problem der Willensfreiheit haben in Wirklichkeit ein derartiges rationalistisches Verständnis von (freier) Handlung vertreten. Einige von ihnen haben behauptet, daß eine deterministische Position die Idee der (moralischen) Verantwortung durchaus nicht unterminiert, sondern ganz im Gegenteil notwendig ist, um diese richtig zu begründen[28]. Ich glaube, daß dies grundsätzlich richtig ist. Die Zuschreibung von Verantwortung ist eine Zuschreibung von Intention (-alität) und potentieller Klarheit über die Konsequenzen der jeweils vollzogenen Handlungen. Es ist jedoch falsch, diesen Fall dem Determinismus kausaler Notwendigkeit anzugleichen, und jede Behauptung, daß menschliche Handlungen in diesem Sinn determiniert sind, wäre ebenso falsch.

Von dem relativistischen Rationalismus, der Handlungen im Lichte festgelegter Ziele und kognitiver Einstellungen von Handelnden sieht, ist ein absoluter Rationalismus zu unterscheiden, der der Geschichte oder dem sozialen Prozeß als Ganzem ein Ziel zuschreibt. Dieses Ziel kann man sich als etwas Immanentes vorstellen, etwa so, wie wir m. E. Hegels Begriff des objektiven und des absoluten Geistes zu verstehen haben. Oder es kann etwas Transzendentes sein wie etwa verschiedene von der christlichen Theologie angebotene Modelle der Welterklärung. Es kann u. U. auch auf eine Kombination dieser beiden Anschauungstypen hinauslaufen. Doch alle derartigen Ideen überschreiten die Grenzen einer empirischen Untersuchung des Menschen und der Gesellschaft und daher auch von allem, das mit einigem Recht beanspruchen könnte, eine »Wissenschaft« zu sein. Dennoch mag ihnen ein großes Interesse und ein großer Wert zukommen. Eine teleologische Erklärung von Geschichte und Gesellschaft kann den Menschen auf vielerlei Weise beeinflussen. Eine Interpretation mit Hilfe immanenter oder transzendenter Ziele kann uns dazu bringen, daß wir uns in die Dinge fügen, in der Annahme, daß sie einem uns unbekannten Zweck dienen. Oder sie kann uns zu einem Handeln nötigen für Ziele, die angeblich nicht von dem kontingenten Willen individueller Handelnder, sondern von der wahren Natur der Dinge oder dem Willen Gottes gesetzt sind.

Anmerkungen

I. Zwei Traditionen

[1] Fast alle wissenschaftlichen Revolutionen bezeugen, daß sich die Entdeckung neuer Tatsachen von der Erfindung einer neuen Theorie, mit der man sie erklären kann, nicht trennen läßt – sie bezeugen ebenfalls die enge gegenseitige Beziehung zwischen Tatsachenbeschreibung und Begriffsbildung. Vgl. z. B. die in Kuhn 1967, S. 79, und *passim* gegebene Darstellung von der Entdeckung des Oxygen und dem Zusammenbruch der Phlogiston-Theorie der Verbrennung.

[2] Vgl. Popper 1935, Abschn. 12; Hempel 1942, Abschn. 4; Caws 1965, Abschn. 13.

[3] Die These von der »strukturellen Gleichheit von Erklärung und Voraussage« wurde neuerdings von mehreren Autoren kritisiert. Entscheidenden Anstoß erhielt die Diskussion von Scheffler 1957 und Hanson 1959. Die Pros und Contras der These finden sich geschickt aufgegliedert in Hempel 1965, Abschn. 2.4. Zu einer Verteidigung der These vgl. auch Angel 1967.

[4] Die *loci classici* der Konfrontation zwischen dem »aristotelischen« und dem »galileischen« Standpunkt sind Galileis in Dialogform abgefaßte Arbeiten *Dialoghi sui massimi sistemi tolemaico e copernicano* und *Discorsi e dimostrazioni matematiche intorno à due nuove scienze*. Selbstverständlich geben sie kein historisch getreues Bild der aristotelischen Wissenschaft und ihrer Methodologie. Sie zeigen jedoch mit bewundernswerter Klarheit zwei unterschiedliche Auffassungen vom Erklären und Verstehen von Naturphänomenen. Eine ausgezeichnete Darstellung des Gegensatzes zwischen diesen beiden Typen von Wissenschaft findet sich in Lewin 1930/1931: »Bei der Gegenüberstellung der aristotelischen und galileischen Begriffsbildung in der Physik kommt es uns naturgemäß weniger auf die persönlichen Nüancen der Theorie bei Galilei und Aristoteles an als auf einige ziemlich massive Unterschiede der Denkweise, die für die tatsächliche Forschung der aristotelisch-mittelalterlichen und der nachgalileischen Physik maßgebend waren« (S. 423).

[5] Zum platonischen Hintergrund der neuen Naturwissenschaft, die in der Spätrenaissance und im Barock entstand, vgl. Burtt 1924, Cassirer 1946 und Koyré 1939.

[6] Diese Ausdrücke liefern bestenfalls nur eine partielle Charakterisierung des Gegensatzes. Obwohl sich bei Aristoteles und in der »aristotelischen« Wissenschaft eine starke Betonung der Teleologie erkennen läßt, sind keineswegs alle für diese Denkweise charakteristischen Erklärungen teleologisch. Aristotelische Erklärungen, einschließlich zahlreicher der bekannteren Fälle, werden im Sinne von »Möglichkeiten« oder »Vermögen« mit dem »Wesen« irgendeines Stoffes in Verbindung gebracht. Man kann jedoch sagen, daß solche Erklärungen echten teleologischen Erklärungen darin *ähnlich* sind, daß sie Explikationen von Begriffen und nicht Hypothesen über Ursachen darstellen. In ähnlicher Weise waren die Erklärungen, die Galilei und die »neue Wissen-

schaft« an die Stelle dieser Erklärungen der aristotelischen Wissenschaft setzten, bei weitem nicht immer in einem strengen Sinne kausal. Die Prototypen galileischer Erklärungen stützen sich allerdings auf Gesetze, die Phänomene verknüpfen, die numerisch meßbare Werte von verschiedenen Parametern darstellen. Sie bilden somit Erklärungen, die einem subsumptionstheoretischen Muster entsprechen (siehe unten, Abschn. 2 und 5). Darin *unterscheiden* sie sich nach dem in dieser Arbeit eingenommenen Standpunkt von genuin teleologischen Erklärungen.

[7] Der Ausdruck »mechanistisch« ist mit Vorsicht zu gebrauchen. Kybernetische und systemtheoretische Erklärungen, die subsumptionstheoretischen Mustern entsprechen (siehe unten, Abschn. 7), kann man in einem weiten Sinn »mechanistisch« nennen. Sie lassen sich jedoch ebenfalls signifikant von Erklärungen unterscheiden, die in einem engeren Sinn so genannt werden.

[8] Vgl. Mill 1865 und die Bezugnahme auf Comte und den Positivismus in Mill 1873, besonders in Buch VI.

[9] Der »Positivismus« läßt sich in verschiedener Weise charakterisieren. Eine Charakterisierung verbindet den Positivismus mit einer phänomenalistischen oder sensualistischen Erkenntnistheorie und den modernen Positivismus mit einer Verifikationstheorie der Bedeutung. Eine andere Charakterisierung verbindet ihn mit einer »szientistischen« und »technologischen« Auffassung von Erkenntnis und deren Verwendungen. Mill hat mehr von einem Positivisten im ersten Sinn an sich als Comte. Comtes Positivismus ist vor allem Wissenschaftstheorie. (Vgl. Comte 1830, »Avertissement de l'Auteur«.) Sein letztliches Ziel (»premier but«, »but spécial«) bestand darin, ein Verfechter des »positiven«, wissenschaftlichen Geistes in der Untersuchung gesellschaftlicher Phänomene zu sein. (Comte 1830, Leçon I, Abschn. 6.) Damit gekoppelt war ein starker Glaube an die Nützlichkeit wissenschaftlicher Erkenntnisse für soziale Reformen. »Une ... proprieté fondamentale ... dans ce que j'ai appelé la philosophie positive, et qui doit sans doute lui mériter plus que toute autre l'attention générale, quisqu'elle est aujourd'hui la plus importante pour la pratique, c'est qu'elle peut être considérée comme le seul base solide de la réorganisation sociale.« (Comte 1830, Leçon I, Abschn. 8.) Es ist vielleicht nicht uninteressant, daß sich Comte als Verkünder einer technologischen Wissensauffassung mit Francis Bacon vergleichen läßt. Beide trugen zwar wesentlich zur Bildung eines gewissen »szientistischen Meinungsklimas« bei, doch fast überhaupt nichts zum tatsächlichen wissenschaftlichen Fortschritt.

[10] Comte 1830, »Avertissement«: »... par *philosophie positive* ... j'entends seulement l'étude propre des généralités des différentes sciences, conçues comme soumises à une méthode unique et comme formant les différentes parties d'un plan général de recherches.« Comte 1830, Leçon I, Abschn. 10: »Quant à la doctrine, il n'est pas nécessaire qu'elle soit une, il suffit qu'elle soit homogène. C'est donc sous le double point de vue de l'unité des méthodes et de l'homogénéité des doctrine que nous considérons, dans ce cours, les différentes classes de théories positives.«

[11] Comte 1830, Leçon I, Abschn. 6 (zum Begriff einer »physique sociale«) sowie Leçon II, Abschn. 11.

[12] Mill 1873, Buch III, Kap. xii; Comte 1830, Leçon I, Abschn. 4 und 24.

Comte liefert keine systematische Theorie der Erklärung. Der Hauptakzent liegt bei ihm auf der Voraussage. Vgl. Comte 1844, Teil I, Abschn. 3: »Ainsi, le véritable esprit positive consiste surtout *à voir pour prévoir,* à étudier ce qui est afin d'en conclure ce qui sera, d'après le dogme général de l'invariabilité des lois naturelles.«

[13] Mill 1873, Buch III, Kap. xii, Abschn. 1: »Eine individuelle Thatsache nennt man erklärt, wenn man ihre Ursachen nachgewiesen, das heißt, das oder die ursächlichen Gesetze festgestellt hat, von deren Wirksamkeit ihre Entstehung ein einzelner Fall ist.« Comte wies die Suche nach »Ursachen« zurück. Er schrieb diese der »prä-positivistischen«, metaphysischen Phase in der Entwicklung der Wissenschaften zu. In der positivistischen Wissenschaft wird die Rolle von Ursachen von allgemeinen Gesetzen übernommen. Vgl. Comte 1830, Leçon I, Abschn. 4, sowie Comte 1844, Teil I, Abschn. 3.

[14] Vgl. das Zitat aus Mill in Anm. 13 oben. Comte 1830, Leçon I, Abschn. 2: »L'explication des faits ... n'est plus désormais que la liaison établie entre les divers phénomènes particuliers et quelques faits généraux.«

[15] Mill 1873, Buch VI, Kap. iii, Abschn. 2: »Mit andern Worten, man kann sagen, daß die Wissenschaft der menschlichen Natur in dem Maße vorhanden ist, als die annähernden Wahrheiten, welche die praktische Kenntniß der Menschennatur bilden, sich als Corollarien aus den durchgängig allgemeinen Gesetzen der menschlichen Natur, auf denen sie beruhen, darstellen lassen.«

[16] Vgl. Comte 1844, Teil I, Abschn. 6.

[17] Insbesondere Comte war sich dieser Beziehung zur Tradition bewußt. Vgl. Comte 1830, Leçon I, Abschn. 5. Nach Comte tat die Wissenschaft mit Bacon und Galilei den entscheidenden Schritt in das positive Stadium.

[18] Windelband 1894.

[19] Droysen 1858. Die von Droysen vorgenommene methodologische Unterscheidung hatte ursprünglich die Form einer Trichotomie: die philosophische Methode, die physikalische Methode und die historische Methode. Die Ziele dieser drei Methoden bestanden jeweils darin, zu erkennen, zu erklären und zu verstehen. Zu Droysens hermeneutischer Methodologie der Geschichte siehe Wach 1926/1933, Bd. III, Kap. ii.

[20] Siehe Dilthey 1883; 1894; 1900; 1910. Zu Diltheys Hermeneutik vgl. Stein 1913. Zur Geschichte des Begriffs »Verstehen« im allgemeinen siehe Apel 1955.

[21] Eingeführt wurde der Ausdruck *Geisteswissenschaften* anscheinend durch die von Schliel im Jahre 1863 angefertigte Übersetzung von Mills *Logic.* Buch VI von Mill 1843 wird in der Übersetzung genannt: »Von der Logik der Geisteswissenschaften oder moralischen Wissenschaften.« Populär wurde der Ausdruck durch Dilthey. Vgl. Frischeisen-Köhler 1912.

[22] Simmel entwickelt seine psychologistische Theorie des Verstehens und des historischen Wissens in Simmel 1892, besonders Kap. I, und Simmel 1918.

[23] Droysen 1857/1937, S. 25, hatte bereits gesagt: »Unser historisches Verstehen ist ganz dasselbe, wie wir den mit uns Sprechenden verstehen.« Diltheys Begriff des Verstehens (Dilthey 1883 und 1894) war ursprünglich stark »psychologistisch« und »subjektivistisch«. Später (in Dilthey 1910) betonte er – offensichtlich unter dem wachsenden Einfluß Hegels – den »objektiven« Charakter der Leistungen der Verstehensmethode. Vgl. auch Dilthey 1900, insbesondere Appendix S. 332–338.

154

[24] Der Ausdruck »Soziologie« wird auch in Mill 1873 verwendet.

[25] Den methodologischen Standpunkt Durkheims sieht man am deutlichsten in Durkheim 1893 und 1894. Trotz seiner positivistischen Einstellung ließen sich, glaube ich, einige der Hauptideen Durkheims, z. B. jene über die »représentations collectives« des sozialen Bewußtseins, fruchtbar im Sinne einer hermeneutischen Methodologie des Verstehens reinterpretieren.

[26] Zu Webers Position siehe insbesondere Weber 1913 und Weber 1921, Teil I, Kap. i.

[27] Marx zeigt eine deutliche Ambivalenz zwischen einerseits einer »kausalistischen«, »szientistischen« und andererseits einer »hermeneutisch-dialektischen«, »teleologischen« Orientierung. Diese Ambivalenz gibt nebenbei gesagt Anlaß zu radikal verschiedenen Interpretationen seiner philosophischen Aussagen. In dieser Hinsicht läßt sich Marx interessanterweise mit Freud vergleichen, in dessen Werk eine explizite, naturwissenschaftlich orientierte Suche nach Kausalerklärungen häufig einer impliziten hermeneutischen und teleologischen Tendenz seines Denkens zuwiderläuft. Bei beiden Autoren hat man den Eindruck, daß ihr Denken zu einem gewissen Maß durch den damals sowohl in der Wissenschaft als auch in der Wissenschaftstheorie (dem Positivismus) vorherrschenden »Galileismus« gehemmt und verzerrt wurde.

[28] Zu Hegel über Notwendigkeit und Gesetz siehe Hegel 1812/1816, Buch II, Abschn. i, Kap 3 (»Der Grund«), sowie Hegel 1830, Abschn. 147–159. Hegels Auffassung von Kausalität, Notwendigkeit und Erklärung zeigt sich vielleicht am besten in der *Jenenser Logik* S. 40–76. Zum Begriff des Gesetzes und der Notwendigkeit in der Marxschen Philosophie siehe Rapp 1968. Marx sagte von gesellschaftlichen Gesetzen des öfteren, daß sie eine »eiserne Notwendigkeit« besitzen oder mit »der Unerbittlichkeit von Naturgesetzen« arbeiten. Vgl. Marcuse 1970, S. 278 f., und Kon 1964, Bd. I, S. 290. Siehe auch in Lenin 1909 das Kapitel über Kausalität und Notwendigkeit in der Natur.

[29] Dieses Schema, das oft Hegel zugeschrieben wird, stammt von Fichte. Hegel verwendet es nicht explizit; man kann jedoch zu Recht sagen, daß es auf überaus viele der charakteristisch Hegelschen und ebenso der Marxschen »Denkbewegungen« *zutrifft*.

[30] Vgl. Litt 1953, S. 220 ff. (»Evolution und Dialektik«).

[31] Vgl. Hartmann 1923 und Marcuse 1970, S. 46 f. und S. 152.

[32] Zu Hegel über Teleologie vgl. Hegel 1812/1816, Buch II, Abschn. iii, Kap. 2. »Mechanische« Erklärungen liefern uns kein *vollständiges* Verständnis der Naturphänomene; die Erklärung wird nur dann vollständig, wenn sie in eine teleologische Perspektive gerückt wird. Der »aristotelische« und teleologische Charakter von Hegels und Marx' Ideen zu Gesetz und Notwendigkeit wird in Wilenius 1967 hervorgehoben und reichlich belegt. Ich bin diesem Autor zu Dank verpflichtet, daß er mir bei meinen Bemühungen, das Hegelsche und Marxsche Denken zu verstehen, wertvolle Hilfe geleistet hat. Zur impliziten Teleologie im Marxismus vgl. auch Ch. Taylor 1966.

[33] Die Frage nach der Beziehung Diltheys – sowie der Philosophen der hermeneutischen Methodologie im allgemeinen – zu Hegel ist komplex. Diltheys Entwicklung von einer mehr »subjektivistisch-psychologischen« zu einer mehr »objektivistisch-hermeneutischen« Position war gleichzeitig eine zunehmende Orientierung an Hegel und der hegelianischen Tradition. (Vgl.

oben Anm. 23.) Zu diesen Zusammenhängen vgl. Marcuse 1932, besonders S. 363 ff., sowie Gadamer 1960, besonders Teil II, Abschn. 2. Von entscheidender Bedeutung für das in diesem Jahrhundert wiedererwachte Interesse an Hegel war Dilthey 1905.

[34] Ein typischer Repräsentant dieser modernen Erben des Positivismus ist Karl Popper. Er war stets ein starker Kritiker des Positivismus des Wiener Kreises und des »Induktivismus« einer bestimmten Richtung positivistischer Wissenschaftstheorie. Doch der irgendwie »abtrünnige« Antipositivismus Poppers und seiner Nachfolger sollte hier die historische Kontinuität nicht verdecken noch die Gegensätze zu anderen ausgesprochen antipositivistischen Strömungen der Gegenwartsphilosophie verwischen. Im wesentlichen ist die bisweilen *Kritischer Rationalismus* genannte Denkrichtung ein moderner Verfechter einer Geistestradition, deren zwei große Klassiker Comte und Mill sind. Vgl. Albert 1968.

[35] Von Popper beispielsweise in Popper 1935, Abschn. 12. Später erhob Popper gegenüber Hempel den Anspruch, der Urheber derselben Theorie der – wie er sagt – »kausalen Erklärung« zu sein (Popper 1957/1958, Bd II, Kap 15, Abschn. 2). Tatsächlich war jedoch die »Popper-Hempel«-Theorie der Erklärung seit den Tagen Mills und Jevons' so etwas wie ein philosophischer Gemeinplatz gewesen. Vgl. Ducasse 1925, S. 150 f.: »Erklärung besteht im wesentlichen in der Formulierung einer Tatsachen-Hypothese, die sich zu der zu erklärenden Tatsache so verhält, wie ein Antecedens zum Consequens irgendeines bereits bekannten Verknüpfungs-Gesetzes«; Hobart 1930, S. 300: »Ein Ereignis erklären heißt zeigen, daß es sich so, wie es sich ereignet hat, ereignen mußte. D. h., man muß zeigen, daß es die Wirkung einer Ursache darstellt, m. a. W., daß es einem Gesetz folgt.« Die Beispiele ließen sich leicht fortsetzen.

[36] Dray 1957, S. 1.

[37] Die wichtigsten Beiträge Hempels zur Erklärungstheorie, angefangen von der Arbeit (1942) über allgemeine Gesetze in der Geschichte, finden sich gesammelt in Hempel 1965. Wichtig ist ebenfalls Hempel 1962/1966.

[38] Die Unterscheidung zwischen zwei Typen von Erklärungsschema wurde, soweit ich weiß, erstmals in Hempel 1959 getroffen. Sie wurde später noch weiter ausgearbeitet, und zwar in Hempel 1962; 1962/1966; und 1965. Hempels Theorie des zweiten Schemas unterlag einigen Änderungen, die sich in den angeführten Aufsätzen verfolgen lassen. Auch seine Terminologie schwankte. Hempel nennt Erklärungen, die nicht zum deduktiven Typ gehören, abwechselnd »induktive«, »statistische«, »probabilistische« und »induktiv-statistische« Erklärungen.

[39] Sowohl Terminologie als auch Bedeutung der verschiedenen Ausdrücke schwanken. Ich ziehe das Ausdruckspaar *Explanans* (pl. *Explanantia*) und *Explanandum* vor. Das erste Glied dieses Paares wird gewöhnlich so definiert (verstanden), daß es sowohl die Basis der Erklärung *als auch* die allgemeinen Gesetze umfaßt. Siehe z. B. Hempel-Oppenheim 1948, Abschn. 2. Es scheint mir jedoch, hauptsächlich aus terminologischen Gründen, zweckmäßiger, den Ausdruck *»Explanans«* nur für die Basis zu verwenden, d. h. für die Tatsachenfeststellungen, aus denen – in Verbindung mit den Gesetzen – das *Explanandum* deduziert wird.

[40] Vgl. von Wright 1963a, Kap. II, Abschn. 6.

[41] Die ursprüngliche Version des hier paraphrasierten Beispiels findet sich in Hempel 1942, Abschn. 2.1.

[42] Es gibt keine eindeutige Standardform des Schemas (vgl. oben, Anm. 38). Man kann daher sagen, daß sich unsere Diskussion nur auf eine *Version* dieses Schemas bezieht.

[43] Zweifel über die explikative Leistung des Schemas wurden in der bereits angegebenen Literatur erhoben und diskutiert. Siehe Gluck 1955, Scriven 1959, Dray 1963. Die Argumente von Scriven und Dray sind verwandt mit der hier vorgebrachten Kritik des Schemas. Um Scrivens gelungene Wendung zu gebrauchen, induktiv-probabilistische Erklärungen, »geben den Einzelfall aus der Hand« (S. 467). »Ein Ereignis«, so sagt Scriven, »kann sich innerhalb eines Geflechts von statistischen Gesetzen frei bewegen, wird jedoch innerhalb des ›normic network‹ lokalisiert und durch diese Lokalisierung erklärt« (ib.).

[44] Zur Unterscheidung zwischen individuellen und generischen Ereignissen und Zuständen siehe unten Kap. II, Abschn. 4, sowie von Wright 1963a, Kap. II, Abschn. 5.

[45] Zur Rolle der Wahrscheinlichkeit in einer Kausalanalyse vgl. Suppes 1970. Der Autor definiert den Begriff der Ursache unter Bezugnahme auf Wahrscheinlichkeit (S. 12). Unter einer *prima facie*-Ursache eines Ereignisses versteht er ein anderes Ereignis, für das gilt, daß die ursprüngliche Wahrscheinlichkeit des ersten Ereignisses kleiner ist als die Wahrscheinlichkeit des ersten Ereignisses nach Eintreten des zweiten Ereignisses. Es scheint mir zweifelhaft, ob dies mit irgendeiner üblichen oder natürlichen Verwendung von »Ursache« (oder *»prima facie*-Ursache«) übereinstimmt. Dagegen sehe ich nichts, was dagegen sprechen könnte, die *Relevanz* (des Vorkommens) eines Ereignisses für die Wahrscheinlichkeit (des Vorkommens) eines anderen Ereignisses eine Art von »kausaler« Relevanz zu nennen.

[46] Von Hempel wird dieser Unterschied stets betont. Die generelle Beziehung zwischen Kausalerklärungen und deduktiv-nomologischen Erklärungen wird in Hempel 1965, S. 347 ff. ausführlich diskutiert. Mill 1873, Buch III, Kap. xii, Abschn. 1, sowie Popper 1935, Abschn. 12 scheinen Kausalerklärungen implizit mit Erklärungen unter allgemeinen Gesetzen zu identifizieren.

[47] N. Hartmann 1951 unterscheidet zwischen der Teleologie von *Prozessen, Formen* und *Ganzheiten.* Ayala 1970, S. 9, erwähnt drei Fälle von Teleologie in der Biologie, nämlich (a) »wenn der End-Zustand oder das Ziel von dem Handelnden bewußt antizipiert werden«, (b) Selbstregulationssysteme, (c) »Strukturen, die anatomisch und psychologisch dazu bestimmt sind, eine gewisse Funktion zu erfüllen.«

[48] Zu kritischen Bemerkungen über diesen Artikel siehe R. Taylor 1950a und 1950b sowie die Erwiderung von Rosenblueth und Wiener 1950.

[49] R. Taylor 1950a nennt die Auffassung von Rosenblueth, Wiener und Bigelow eine »mechanistische« Konzeption von Zielgerichtetheit. Der Ausdruck »mechanistisch« muß dann jedoch in einem weiteren Sinn verwendet werden, der, glaube ich, besser von dem Ausdruck »kausalistisch« erfaßt wird. Vgl. oben, Anm. 7.

[50] Die Autoren selbst nennen ihre Auffassung nicht »kausal«. Sie sind im

Gegenteil darauf bedacht, zwischen Kausalität und ihrem Begriff von Teleologie zu unterscheiden. Dies scheint mir jedoch eine zu starke Beschränkung des Ausdrucks »kausal« zu sein.

[51] Die Autoren argumentierten strenggenommen für eine Beschränkung des Begriffs »teleologisches Verhalten« auf »zielgerichtete Reaktionen, die durch *trial* und *error* kontrolliert sind«. »Teleologisches Verhalten wird somit gleichbedeutend mit Verhalten, das durch negatives Feedback kontrolliert wird« (Rosenblueth, Wiener, Bigelow 1943, S. 23–24).

[52] Braithwaite 1953, Kap. X; Nagel 1961, Kap. XII. Eine repräsentative Auswahl aus beiden Werken ist wiederabgedruckt in Canfield (ed.) 1966. Braithwaite vertritt ausdrücklich die Auffassung, daß teleologische Erklärungen, sowohl von intentionalen zielgerichteten Tätigkeiten als auch von zielgerichtetem Verhalten allgemein, auf (Formen von) Kausalerklärungen reduzierbar sind. Nagels Haltung zur Frage der Reduktion von Teleologie auf kausale (nichtteleologische) Erklärungsmuster ist etwas vorsichtiger. Es scheint mir eine faire Wiedergabe von Nagels Position zu sein, wenn man sagt, daß er teleologische Erklärungen in der *Biologie* als »reduzierbar« auf Kausalerklärungen ansieht. Zu neueren Diskussionen dieser Probleme siehe Ackermann 1969 und Ayala 1970.

[53] Zur allgemeinen und philosophischen Bedeutung der Kybernetik vgl. David 1965, Klaus 1961, Lange 1962 und Wiener 1948.

[54] Vgl. Lange 1962, Kap. I.

[55] Comte 1830, Leçon I, Abschn. 10: »Le caractère fondamental de la philosophie positive est de regarder tous des phénomènes comme assujettis à des *lois* naturelles invariables.«

[56] Zum Begriff der logischen Unabhängigkeit siehe auch Kap. II, Abschn. 4, und Kap. III, Abschn. 3.

[57] Es ist völlig klar, daß das, was man die »traditionelle« Form des deduktiv-nomologischen Erklärungsschemas nennen könnte, keine adäquate Formulierung der Bedingungen ist, die eine Erklärung vom deduktiv-nomologischen Typ zu erfüllen hat. Doch dieses Eingeständnis ist nicht an sich schon eine ernste Kritik der Subsumptions-Theorie der Erklärung. Die Adäquatheit des Hempelschen Schemas sowie weitere Bedingungen, die man u. U. dafür aufstellen muß, werden diskutiert in Eberle, Kaplan und Montague 1961, Fain 1963, Kim 1963, Ackermann 1965 und Ackermann und Stennes 1966.

[58] Die Position, die man in der Wissenschaftstheorie Konventionalismus nennt, hängt ursprünglich mit dem Namen Henri Poincaré zusammen. Die Hauptquelle ist Poincaré 1902, Kap. V–VII. In ihrer extremen Form zeigt sich diese Position, glaube ich, am besten in den Arbeiten von Hans Cornelius und Hugo Dingler. Zum Konventionalismus siehe auch von Wright 1941/1957, Kap. III.

[59] Vgl. von Wright 1941/1957, Kap. III, Abschn. 4, sowie von Wright 1951, Kap. VI, Abschn. 2.

[60] Die meisten Repräsentanten des Konventionalismus standen philosophisch dem Positivismus nahe. Dies gilt nicht zuletzt für die radikalen Konventionalisten. Vgl. Ajdukiewicz 1934, Cornelius 1931, Dingler 1931 und 1953.

[61] Die Wiedereinführung der Idee der Natur-Notwendigkeit in die moderne Diskussion sowie der Auffassung von Naturgesetzen als Prinzipien der Not-

wendigkeit geht hauptsächlich auf William Kneale zurück. Vgl. Kneale 1949 und 1961. Bezeichnenderweise ist Kneale eine führende Kapazität in der Geschichte der Modallogik und der Logik allgemein. Zu Diskussionen über die Idee der Natur-Notwendigkeit siehe auch Nerlich und Suchting 1967, Popper 1967 und Maxwell 1968.

[62] Siehe zu diesem Problem besonders Goodman 1954 (worin Goodman 1947 wiederabgedruckt ist), S. 17–27, 45 f., 73–83 und *passim*.

[63] Von Wright 1957.

[64] Ib., S. 153.

[65] Zu einer allgemeinen Orientierung siehe David 1965. Zur Kybernetik in den Sozialwissenschaften siehe Buckley 1967 und Buckley (ed.) 1968; einen guten Überblick über Kybernetik in der Rechtswissenschaft liefert Losano 1969.

[66] Eine sehr klare Darstellung und eine geschickte Verteidigung der subsumptionstheoretischen Auffassung von dispositionellen Handlungserklärungen mit Hilfe von Motivationsgründen liefert Hempel 1965, S. 469–487.

[67] Hempel 1962/1966, S. 107.

[68] »Wenn wir zum Beispiel die erste Teilung Polens im Jahre 1772 durch den Hinweis erklären, daß Polen keinesfalls der vereinten Macht Rußlands, Preußens und Österreichs widerstehen konnte, dann nehmen wir stillschweigend einige triviale universelle Gesetze an, wie etwa dieses: ›Wenn eine von zwei ungefähr gleich gut geführten und gleich gut ausgerüsteten Armeen einen ungeheuren Überschuß an Menschen besitzt, dann gewinnt die andere niemals.‹ ... Wir können ein solches Gesetz ein Gesetz der Soziologie militärischer Macht nennen; aber es ist zu trivial, um für die Erforscher der Soziologie je ein ernsthaftes Problem darzustellen oder um ihre Aufmerksamkeit zu erregen« (Popper 1957/1958, Bd. II, Kap. 15, Abschn. 2, S. 327). Dies mag richtig sein. Doch würde jemand im Traum daran denken, die Teilung Polens durch die stillschweigende Annahme eines solchen »Gesetzes der Soziologie« zu erklären? Es ist bemerkenswert, wie gut es den Verfechtern der Subsumptions-Theorie historischer Erklärung gelingt, relevante Beispiele zu vermeiden.

[69] Dies ist Drays Standardbeispiel. Siehe Dray 1957, S. 25, 33 ff., 51, 97, 102, 134. Das Beispiel wurde von P. Gardiner in die Diskussion eingebracht. Siehe Gardiner 1952, S. 67, 87 ff. Die hier wiedergegebene Paraphrase des Beispiels hat eine geringfügig andere Färbung als das Beispiel in den Diskussionen von Dray und Gardiner.

[70] Dray 1957, Kap. V. Er hat später seine Position in Dray 1963 erläutert. Hook (ed.) 1963 enthält mehrere Beiträge zur Diskussion des Drayschen Erklärungsschemas für Handlungen.

[71] Vom subsumptionstheoretischen Standpunkt aus wurde Drays Erklärungsmodell in Hempel 1962 und nochmals in Hempel 1965, Abschn. 10.3. kritisiert. Von einem Standpunkt aus, der im wesentlichen Drays Auffassung teilt, wird in Donagan 1964 eine Kritik vorgebracht. Donagan trifft eine Unterscheidung zwischen *verständlichen* und *rationalen* Handlungen. Drays Terminologie mag hier etwas unglücklich sein. Sie legt allzu leicht eine »rationalistische« Interpretation der Geschichte nahe, und zwar in einem etwas stärkeren Sinn, als von Dray selbst tatsächlich intendiert. (Vgl. unten,

Kap. IV, Abschn. 10.) Zu einer kritischen Diskussion von Drays Auffassung siehe auch Louch 1966.

[72] Zu den Beziehungen zwischen der neueren analytischen Philosophie und der Philosophie des *Verstehens* siehe Gardiner 1966.

[73] Man kann sagen, daß es dieses Verdienst mit Hampshire 1959 teilt.

[74] Anscombe 1957, Abschn. 33. Praktisches Begründen ist jedoch nicht so durchgängig vernachlässigt worden, wie Anscombe anzunehmen scheint. Hegels Doktrin von dem, was er gelegentlich auch »Schluß des Handelns« nennt, zeigt eine interessante Ähnlichkeit mit der in dieser Arbeit behandelten Idee eines praktischen Syllogismus. In dem Hegelschen Schema eines praktischen Schlusses besagt die erste Prämisse, daß jemand ein bestimmtes Ziel verfolgt (»der subjektive Zweck«), die zweite Prämisse bilden die ins Auge gefaßten Mittel zur Erreichung dieses Ziels, und die Conclusio besteht aus der »Objektivierung« der jeweiligen Absichten in einer Handlung (»der ausgeführte Zweck«). Hegel schreibt: »Der Zweck schließt sich durch ein Mittel mit der Objektivität und in dieser mit sich selbst zusammen ... Das Mittel ist daher die *formale* Mitte eines *formalen* Schlusses; es ist ein *Äußerliches* gegen das *Extrem* des subjektiven Zweckes so wie daher auch gegen das Extrem des objektiven Zweckes« (Hegel 1812/1816, Buch II, Abschn. iii, Kap. 2 B). Für diese Beobachtungen zu Verwandtschaften zwischen Aristoteles und Hegel bin ich Juha Manninen zu Dank verpflichtet.

[75] Aristoteles, *Ethica Nicomachea* 1147a 25–30.

[76] Anscombe 1957, Abschn. 33. Um diesen Punkt gab es seither einige Debatten. Kenny 1966 argumentiert für den *sui generis*-Charakter von praktischen Begründungen. Jarvis 1962 vertritt die gegenteilige Ansicht. Eine dazwischenliegende Position wird in Wallace 1969 eingenommen.

[77] Diese Auffassung wird natürlich von denen angegriffen werden, die eine – in Kap. III, Abschn. 4, so genannte – »kausalistische« Auffassung von der Gültigkeit praktischer Argumente vertreten.

[78] Melden 1961, Kenny 1963, d'Arcy 1963 und Brown 1968, um ein paar der bedeutenderen zu nennen.

[79] Zu einer Verteidigung des subsumptionstheoretischen Erklärungsschemas für Handlungen sowie der Idee, daß Handlungen Ursachen haben, siehe Brandt und Kim 1963, Davidson 1963 und Churchland 1970. Ein »mechanistisches« Erklärungsschema, das kybernetische Ideen verwendet, wird in Ackermann 1967 vorgeschlagen. Das neueste größere Werk zur Erklärungstheorie und Wissenschaftstheorie allgemein, Stegmüller 1969, steht entschieden in der Tradition des Positivismus und logischen Empirismus. Es sollte ebenfalls erwähnt werden, daß die in dem Sammelband von Vesey (Vesey 1968) erschienenen vier Artikel zum Problem von Handlungen und Ursachen – die Arbeiten von Kolnai, Henderson, Pears und Whiteley – alle eine kausalistische Auffassung von dem motivationalen Mechanismus von Handlungen vertreten.

[80] In Winch 1964a findet sich eine interessante Diskussion der Anwendungen seiner Auffassungen auf die Sozialanthropologie und das Verstehen primitiver Kulturen.

[81] Winch 1964b bestreitet, daß er eine Methodologie der Sozialwissenschaften konstruieren wolle. Dies ist richtig, wenn man unter Methodologie grob ge-

sagt eine Theorie der von Wissenschaftlern verwendeten Methoden versteht. Es ist jedoch nicht richtig, wenn man unter Methodologie – so wie wir es hier tun – die *Philosophie* der Methode versteht.

[82] Siehe die Kritik in Louch 1963 und die Erwiderung darauf in Winch 1964b.

[83] Vgl. Wilenius 1967, S. 130. Ein Philosoph innerhalb der phänomenologischen Richtung, dessen Ansichten über die Natur der sozialen Realität und die Methodologie der Sozialwissenschaften Ähnlichkeiten mit denen Winchs aufweisen, ist Alfred Schütz (1899–1959). Sein Buch *Der sinnhafte Aufbau der sozialen Welt, eine Einleitung in die verstehende Soziologie* erschien am Vorabend des kulturellen Niedergangs in Europa und blieb, selbst nachdem der Autor in den Vereinigten Staaten Zuflucht gefunden hatte, merkwürdig unbeachtet. Schütz' in Englisch verfaßte gesammelte Aufsätze wurden zusammen mit einem wesentlichen Teil von *Der sinnhafte Aufbau* postum veröffentlicht (Schütz 1964).

[84] Vgl. Yolton 1966, S. 16.

[85] Die Hauptquelle ist Gadamer 1960. Mit der entsprechenden Vorsicht ließe sich vielleicht zwischen *dialektisch* orientierten und *analytisch* orientierten hermeneutischen Philosophen unterscheiden. Der Ausdruck »hermeneutische Philosophie« könnte dann als eine allgemeine Bezeichnung für beide Richtungen verwendet werden. Dies hätte den Zweck, schärfer als bisher zwischen der vom späten Wittgenstein ausgehenden analytischen Philosophie und der analytischen Philosophie der positivistischen oder logisch empiristischen Richtung zu unterscheiden. Eine solche Neueinteilung wird der Morphologie der modernen Denkströmungen mit der Zeit wahrscheinlich gerechter als eine Katalogisierung der wittgensteinianischen Philosophie unter der Kategorie »analytisch« und eine Auffassung von der auf dem Kontinent beheimateten hermeneutischen Philosophie als im Grunde einer Variante der Phänomenologie.

[86] Zur Stellung der Sprache in der hermeneutischen Philosophie vgl. die in Gadamer (ed.) 1967 gesammelten Aufsätze. Hier sollte ebenfalls das neuerliche Interesse an der im Hegelschen Denken implizit enthaltenen Sprachauffassung erwähnt werden. Siehe Lauener 1962, Simon 1966 und Derbolav 1970.

[87] Ursprünglich die Kunst der Interpretation geschriebener Texte. Zur Geschichte dieses Ausdrucks und dieser Richtung vgl. Apel 1966, Dilthey 1900, Gadamer 1960 und Wach 1926/1933.

[88] Zu dieser Verwandtschaft siehe Apel 1966. Zur Beziehung zwischen analytischer und hermeneutischer Philosophie allgemein siehe Apel 1965/1967, Habermas 1967 und Gadamer 1969.

[89] Vgl. Apel 1965/1967; 1968; und Radnitzky 1968, Bd. II.

[90] Radnitzky 1968, Bd. II, S. 106 ff. Zur Kritik des *Verstehens* und der hermeneutischen Methodologie vom Standpunkt der analytischen Philosophie und des Positivismus aus siehe Neurath 1931, S. 56; Hempel 1942, Abschnitt 6; Hempel-Oppenheim 1948, Teil I, Abschn. 4; Hempel 1965, Abschn. 10.3; Abel 1948; Martin 1969.

[91] Die Unterscheidung zwischen den beiden Strömungen scheint erstmals in Krajewski 1963 vorgenommen worden zu sein. Siehe auch Kusý 1970.

[92] Grundlagen für die Untersuchung des Einflusses der Kybernetik auf den

marxistischen dialektischen Materialismus bieten Klaus 1961 und Kirschenmann 1969.

[93] Vgl. Klaus 1961, S. 290–324; Lange 1962.

[94] Vgl. Krajewski 1963 und Skolimowski 1965.

[95] Skolimowski 1965, S. 245.

[96] Dieser Name scheint erstmals von Adam Schaff in Schaff 1961 vorgeschlagen worden zu sein. Die unter dieser Bezeichnung zusammengefaßten Auffassungen bilden eine sehr gemischte Gruppe; einige davon sind mehr »orthodox«, andere wiederum mehr »revisionistisch«. Siehe die Aufsatzsammlung in Fromm (ed.) 1965. Siehe auch Marković 1969: »Der Marxismus der Gegenwart ist in Wirklichkeit ein ganzes Bündel gegensätzlicher Orientierungen und Tendenzen« (S. 608).

[97] Die Arbeiten von Lukács über den jungen Hegel und den jungen Marx (Lukács 1948 und 1955) waren von großer Bedeutung für die hegelianische Re-Orientierung der marxistischen Philosophie. Lukács 1948 ist eine heftige Polemik gegen Diltheys Arbeit über den jungen Hegel aus dem Jahre 1905, die für die Hegel-Renaissance zu Beginn dieses Jahrhunderts von entscheidender Bedeutung war.

[98] Man kann sagen, daß die Frankfurter Schule (Horkheimer, Adorno, Fromm, Marcuse, Habermas) eine Position einnimmt, die im Schnittpunkt von hermeneutischer Philosophie und humanistischem Marxismus liegt.

[99] Sartre 1960. Zu Sartre und dem Marxismus siehe Desan 1965.

II. Kausalität und kausale Erklärung

[1] Siehe Hume 1739, Buch I, Teil iii, Abschn. 1 und Abschn. 14, und insbesondere Hume 1748, Abschn. iv, Teil 1.

[2] Hume 1739, Buch I, Teil iii, Abschn. 14; Hume 1748, Abschn. iv, Teil 2 und Abschn. vii, Teil 2.

[3] Für einen Überblick über die Bemühungen, »das Humesche Problem« zu lösen, siehe von Wright 1941/1957.

[4] Dieser Ausspruch stammt von C. D. Broad in Broad 1926.

[5] Diese These ist von Philosophen mit so unterschiedlichen allgemeinen Positionen wie Comte (vgl. oben, Kp. I, Abschn. 2) und Collingwood vertreten worden. Comte 1844, Teil I, Abschn. 3: »La révolution fondamentale qui caractérise la virilité de notre intelligence consiste essentiellement à substituer partout, á l'inaccessible détermination du causes proprement dites, la simple recherche des lois, c'est-à-dire des relations constantes qui existent entre les phénomènes observés.« Comte 1851, Einleitung. Collingwood 1940, S. 327. Vgl. auch Donagan 1962, S. 145.

[6] Russell 1912/13, S. 171.

[7] Ebda., S. 184.

[8] Nagel 1965, S. 12.

[9] Suppes 1970, S. 5.

[10] Russell 1912/1913 und Campbell 1921, S. 49–57.

[11] Vgl. Popper 1935, Abschn. 12. Die Relation zwischen kausaler Erklärung und subsumptiver Erklärung vom deduktiv-nomologischen Typ wird im Detail diskutiert in Hempel 1965, Abschn. 22. Nach Hempel ist *jede* kausale Erklärung deduktiv-nomologisch, aber nicht jede deduktiv-nomologische Erklärung kausal.

[12] Es ist nützlich, hier einen Unterschied zwischen der Erklärung von *Tatsachen*, wie zum Beispiel dem Vorkommen eines Ereignisses und der »Erklärung«, wenn wir es so nennen wollen, von (wissenschaftlichen) *Gesetzen* zu erwähnen. In diesem Buch diskutiere ich nur die erste Art von Erklärungen. Einer zwar geläufigen, aber wohl kaum ganz unbestreitbaren Ansicht zufolge besteht die Erklärung von Gesetzen in deren Ableitung aus allgemeineren Gesetzen bzw. in dem Nachweis, daß sie spezielle Fälle solcher allgemeiner Gesetze sind. Dies ist eine deduktiv-nomologische Erklärung vom subsumptionstheoretischen Typ. Vgl. Mill 1843, Buch III, Kapitel xii und Braithwaite 1953, Kapitel XI. »Und in derselben Weise nennt man ein Gesetz oder eine Gleichförmigkeit in der Natur erklärt, wenn man ein anderes Gesetz oder Gesetze nachgewiesen hat, von denen jenes Gesetz selbst nur ein Fall ist und aus denen man es herleiten könnte« (Mill). »Ein Gesetz erklären heißt, eine bestimmte Menge von Hypothesen anzugeben, aus der das Gesetz folgt« (Braithwaite). Dies ist jedoch *keine* »kausale Erklärung« – zumindest nicht in irgendeinem sehr guten Sinne dieses Ausdrucks. Genausowenig würde man sagen, daß ein Gesetz die Gültigkeit eines anderen Gesetzes »verursacht«, wie daß die Wahrheit von $2^n > n$ die »Ursache« davon ist, daß 2^3 größer als 3 ist.

[13] Zu der Unterscheidung zwischen den verschiedenen Bedingungs-Begriffen und den Elementen ihrer Logik siehe von Wright 1951, Kp. III, Abschn. 2. Zur Relation zwischen Bedingungs-Begriffen und Kausalvorstellungen siehe auch Mackie 1965, Marc-Wogau 1962, Scriven 1964 und Vanquickenborne 1969.

[14] Zur Bedeutung von »generisch« siehe unten Abschn. 4.

[15] Die Pionierarbeit in diesem Gebiet ist Broad 1930. Für eine ausführlichere Behandlung siehe von Wright 1951, Kp. IV. Für eine Zusammenfassung siehe von Wright 1941/1957, Kp. IV, Abschn. 3–5 der revidierten Ausgabe.

[16] Ein Großteil der Konfusion in der Diskussion der Kausalität und der induktiven Logik stammt aus fehlenden Unterscheidungen zwischen verschiedenen Bedingungs-Relationen. So wird in Hume 1748, Abschn. vii, Teil 2 »Ursache« beinahe in ein und demselben Atemzug zuerst im Sinne einer hinreichenden und dann im Sinne einer notwendigen Bedingung definiert – offensichtlich in der Annahme, daß die beiden Bedeutungen identisch sind. » ... mögen wir also eine Ursache definieren als: *einen Gegenstand, dem ein anderer folgt, wobei allen Gegenständen, die dem ersten gleichartig sind, Gegenstände folgen, die dem zweiten gleichartig sind. Oder mit anderen Worten: wobei, wenn der erste Gegenstand nicht bestanden hätte, der zweite nie ins Dasein getreten wäre.*« (Hume 1964, S. 92 f.) Mill 1843 ist voll von Beispielen ähnlicher Konfusionen. Siehe von Wright 1941/1957, Kp. IV, Abschn. 5, und von Wright 1951, Kp. VI, Abschn. 4, S. 158–163.

[17] Es ist zu beachten, daß hier der Ausdruck »Strikte Implikation« in einer Bedeutung verwendet wird, die uns *nicht* auf die Ansicht festlegt, daß die Notwendigkeit der Implikation eine *logische* Notwendigkeit ist. Eine Pionier-

arbeit in dem Bereich einer modalen, nicht-extensionalistischen Analyse der Kausalität ist Burks 1951.

[18] Insbesondere die Frage, ob eine Ursache in Richtung auf die Vergangenheit wirken kann, ist in der neueren Literatur viel diskutiert worden. Man kann sagen, daß die gegenwärtige Diskussion mit Dummett 1954 und Flew 1954 begann. Unter den wichtigeren Beiträgen sind Black 1955, Chisholm 1960, Chisholm-R. Taylor 1960, Dummett 1964 und Chisholm 1966. Für eine Bibliographie siehe Gale (Hrsg.) 1968.

[19] Zum Begriff einer Situation (*occasion*) und zur Unterscheidung zwischen generischen Propositions-ähnlichen Entitäten und individuellen Propositions-ähnlichen Entitäten siehe von Wright 1963a, Kp. II, Abschn. 4.

[20] Zu einer detaillierten Darstellung dieses Systems der Zeit-Logik und der Logik der Veränderung siehe von Wright 1965; 1969.

[21] Zu einer detaillierteren Darstellung siehe von Wright 1968b.

[22] Einer Standarddefinition zufolge ist ein System eine Klasse von Elementen mit einer koordinierten Menge von Relationen. Siehe Hall und Fagen 1956, S. 81; Lange 1962; Buckley 1967. Dieser Begriff eines Systems ist viel weiter als der hier diskutierte. Unser Begriff eines Systems ist praktisch der gleiche wie Reschers Begriff eines *diskreten Zustandssystems*. Siehe Rescher 1963. Er ist auch mit dem kybernetischen Begriff eines *dynamischen Systems* verwandt. Siehe Ashby 1952, Kp. II und Ashby 1956, Kp. III, Abschn. 1 und 11.

[23] Ein wichtiger Aspekt solcher Betrachtungen ist die Verbindung von *Wahrscheinlichkeits*-Größen mit den alternativen Entwicklungen an jedem Punkt und von *Wert*-Größen mit den Gesamt-Zuständen oder Welten.

[24] Ist ein System ein Fragment eines anderen Systems, dann durchläuft es eine geringere Anzahl von Stufen. Eine Bedingungs-Relation zwischen einem Zustand auf der Stufe m und einem Zustand auf der Stufe n des Fragment-Systems, die auch für das Gesamt-System gilt, ist eine Relation zwischen einem Zustand auf der Stufe $m+k$ und einem Zustand auf der Stufe $n+k$ des Gesamt-Systems, wobei k die Anzahl der Stufen ausdrückt, durch die sich die beiden Systeme unterscheiden. Ebenso gilt: Eine Bedingungs-Relation zwischen einem Zustand auf der Stufe m und einem Zustand auf der Stufe n des größeren Systems ist eine Bedingungs-Relation zwischen dem ersten Zustand auf der Stufe $m-k$ und dem zweiten Zustand auf der Stufe $n-k$ des Fragment-Systems. Wenn $m-k<1$, dann gibt es zu der Bedingungs-Relation innerhalb des Gesamt-Systems keine ihr im Fragment-System entsprechende Bedingungs-Relation. (Dies deshalb, weil der bedingte Zustand zu einer Stufe gehört, die vor dem Anfangs-Zustand des Fragment-Systems liegt.)

[25] Diese Fragen, die Bedingungs-Relationen betreffen, dürfen nicht mit Fragen durcheinandergebracht werden, bei denen es um die in Abschn. 6 diskutierten »kontingenten« oder »relativen« Bedingungen geht.

[26] Diese Relativität der Bedingungs-Relationen auf ein System erfordert für ihren symbolischen Ausdruck im $AL+T+\wedge+M$-Kalkül den Gebrauch von *iterierten* Modaloperatoren. (Modaloperatoren »höherer Ordnung«) Angenommen z. B., das Vorkommen von d_1 auf der vierten Stufe sei eine hinreichende Bedingung für das Vorkommen von p in e_1. Das bedeutet, daß die Tatsache, daß das System auf der dritten Stufe den Zustand c_1 durchläuft, *hinreicht*, um es *notwendig* werden zu lassen, daß das System auf der vierten Stufe den

Zustand d_1 durchläuft, um einen End-Zustand zu erreichen, der p enthält. Der Argumentation willen wollen wir die vereinfachende Annahme akzeptieren, daß eine strikte Implikation ein adäquater symbolischer Ausdruck der Tatsache ist, daß ihr Antecedens eine hinreichende Bedingung ihres Konsequens und ihr Konsequens eine notwendige Bedingung ihres Antecedens ist. Die obige Relativität der Bedingungs-Relationen könnte dann von der folgenden Formel »abgelesen« werden:

$$N(c_1 \rightarrow N(tT(tTp) \rightarrow tTd_1))$$

wobei t so zu verstehen ist, daß es eine beliebige Tautologie bezeichnet.

[27] Jedes System kann wiederum als ein Fragment größerer Systeme angesehen werden. Bedingungs-Relationen, die innerhalb des ersten Systems gelten, brauchen nicht innerhalb dieser größeren Systeme gelten.

[28] Für eine allgemeine Definition der Abgeschlossenheit siehe Hall und Fagen 1956, S. 86. Es ist wichtig, daß man sieht, daß Abgeschlossenheit, wie sie hier definiert wird, eine Eigenschaft eines Systems *bei einer gegebenen Realisierung dieses Systems* ist, d. h. in einer Situation, wo sein Anfangs-Zustand vorkommt und das System eine seiner möglichen Entwicklungen in einer Anzahl n von aufeinanderfolgenden Stufen durchläuft. Das gleiche System, das bei der einen Folge seiner jeweiligen Realisierung abgeschlossen ist (vorkommt), braucht nicht auch bei einer anderen Folge solcher Realisierungen abgeschlossen zu sein.

[29] Vgl. Nagel 1965, S. 19 ff. Der von Nagel diskutierte Fall unterscheidet sich von dem von uns im Text diskutierten nur geringfügig. Nagel geht es um die »kontingente« Notwendigkeit eines Faktors. Die im Text unter *II* und *III* diskutierten Typen einer »relativen« Bedingung *hängen* mit dem *zusammen*, was Mackie (1965, S. 245) eine »*inus*-condition« nennt, d. h. einen unentbehrlichen Teil einer hinreichenden Bedingung, die nicht auch eine notwendige Bedingung ist. Sie hängen des weiteren mit dem zusammen, was Marc-Wogau (1962, S. 226 f.) »ein Moment in einer minimal hinreichenden und zur selben Zeit notwendigen Bedingung *post factum*« nennt, wie auch mit der von Scriven (1964, S. 408) gegebenen Charakterisierung von Ursachen eines einzelnen Ereignisses. Diese drei Autoren versuchen, Bedingungen zu formulieren, die ein Faktor erfüllen muß, um als eine »Ursache« zu gelten – und zwar zusätzlich zu der Bedingung, daß er eine »kontingente hinreichende Bedingung« in dem im Text erklärten Sinne ist. Es ist nicht gewiß, ob sich eine befriedigende Charakterisierung allein mit Hilfe verschiedener Bedingungs-Relationen geben läßt. Vielleicht muß man sich dazu auch Fragen der *Manipulierbarkeit* (Kontrolle) der Faktoren (siehe unten Abschn. 7–10) und Fragen von einer *epistemischen* Natur ansehen. Bei den letzteren geht es um die Ordnung, in der uns das Vorhandensein einzelner Faktoren bekannt wird und von uns bei der Erklärung berücksichtigt wird. Die Relevanz der epistemischen Ordnung spiegelt sich in der *Erweiterung* von Anfangsfragmenten eines Systems entweder durch den Einschluß weiterer Elemente im Zustandsraum oder durch die Betrachtung einer größeren Anzahl von Stufen in den Systementwicklungen wider.

[30] Es ist meines Erachtens das Verdienst von William Dray, als erster die wichtige Rolle von Erklärungen betont zu haben, die auf Fragen, *wie* das eine oder andere möglich war, antworten. Erklärungen dieser Art sind »nicht weni-

ger« subsumptions-theoretisch als Erklärungen, die auf Fragen, *warum* das eine oder andere geschah, antworten. (Weitaus nicht alle Antworten auf *Warum notwendig?*-Fragen sind subsumptions-theoretische Erklärungen. Vgl. unten Kp. IV.) Wenn *Wie möglich?*-Erklärungen subsumptions-theoretisch sind, entsprechen sie einem Gesetzesschema der Erklärung. Aber dieses Schema ist nicht identisch mit der ursprünglichen Form des Hempel-Schemas. Daß man *Wie möglich?*-Erklärungen einen unabhängigen logischen Status zuschreibt, sollte nicht als eine Kritik der Hempelschen Theorie der Erklärung angesehen werden, sondern eher als eine Ergänzung dieser Theorie in einer wichtigen Hinsicht. Es ist jedoch interessant zu bemerken, daß Kritiker von Drays Meinungen in der Regel *Wie möglich?*-Erklärungen skeptisch gegenüberstanden und manchmal versucht haben, diese Erklärungen in die Schablone von Hempelschen *Warum notwendig?*-Erklärungen zu zwängen. Siehe Dray 1968. Unter keinen Umständen sollte man jedoch die Unterscheidung zwischen den zwei Typen von Erklärungen als eine Charakterisierung eines generellen Unterschieds zwischen den Erklärungsmustern der Naturwissenschaften und der Humanwissenschaften ansehen.

[31] Wie in Kp. I, Abschn. 1, Anmerkung 3, bemerkt, ist die Frage der Beziehung zwischen Erklärung und Voraussage in der neueren Literatur viel diskutiert worden. Diese Diskussion hat sich jedoch im großen und ganzen lediglich mit den Voraussagefunktionen von *Warum?*-Fragen beschäftigt.

[32] Eine bemerkenswerte Ausnahme ist Ernest Nagel. Viele seiner Analysen der Teleologie betreffen typische Fälle von »Quasi-Teleologie« und haben zum Ziel, deren *kausalen* Charakter zu zeigen. Siehe Nagel 1953; 1961, insbesondere S. 401–427; 1965.

[33] Einen guten Überblick über die Problemsituation in diesem Gebiet liefert Lagerspetz 1959. Die Position des Autors steht der von Nagel nahe.

[34] Zu diesem »kontrafaktischen Element«, das in dem Begriff einer Handlung involviert ist, siehe unten Kp. III, Abschn. 10. Vgl. auch Black 1958, S. 24, und von Wright 1968c, Kp. II, Abschn. 6. Meine früheren Ansichten zu dieser Frage unterscheiden sich jedoch etwas von der Position, die ich hier vertrete.

[35] Die Wendung »hinreichende Bedingung in einer bestimmten Situation« darf nicht mißverstanden werden. Wenn *a* eine hinreichende Bedingung von *b* ist, dann ist in *allen* Situationen, wo *a* vorhanden ist, auch *b* vorhanden. Aber es kann sein, daß *b* in *einigen* Situationen mit der hinreichenden Bedingung *a* verknüpft ist, bei anderen dagegen mit einer anderen seiner hinreichenden Bedingungen und in wieder anderen mit überhaupt keiner hinreichenden Bedingung.

[36] Jaeger 1934, Buch I, Kp. 9; Kelsen 1941, Kp. V.: »Die Entstehung des Kausalgesetzes aus dem Vergeltungsprinzip in der griechischen Naturphilosophie.«

[37] Vgl. Cohen 1942, S. 13.

[38] Die Unterscheidung zwischen Basis-Handlungen und Handlungen, die keine Basis-Handlungen sind, wurde in die neuere Literatur von A. C. Danto eingeführt. Siehe Danto 1963; 1965a; 1966. Gegen die von Danto vorgelegte Formulierung dieser Unterscheidung lassen sich Einwände vorbringen. Vgl. Stoutland 1968. Danto definiert eine Basis-Handlung als eine Handlung, die nicht durch irgendeine andere Handlung desselben Handelnden verursacht

wird. Stoutlands Definition weicht davon leicht ab: Eine Basis-Handlung eines Handelnden ist eine Handlung, die er nicht dadurch vollzieht, daß er irgendeine andere Handlung vollzieht. Die letztere Definition ist entschieden besser; sie umgeht u. a. den zweifelhaften Begriff »eine Handlung verursachen«. Siehe auch unten Kp. III, Anm. 38.

[39] Die These, daß »Handlung« gegenüber »Ursache« eine begriffliche Priorität besitzt, hat in der Geistesgeschichte eine lange Tradition. Es gibt sie in den verschiedensten Varianten. Einer ihrer Verfechter war Thomas Reid. Seine Ansichten über die Priorität der Idee der Handlung (der aktiven Kraft) gegenüber der der kausalen Wirkung ist jedoch von dem hier vertretenen Standpunkt recht verschieden. Nach Reid hat sich unsere Idee von *Ursache* und *Wirkung* in der Natur auf Grund einer *Analogie* zwischen der Kausalrelation und der Relation eines *Handelnden* zu seiner *Handlung* gebildet. Die Vorstellung von einer »aktiven Kraft« in einem Menschen ist, so Reid, die Idee, daß dieser Mensch »gewisse Dinge tun kann, wenn er will«. (Reid 1788, Essay I, Kp. V.) Eine Auffassung von der Beziehung zwischen dem Begriff einer Ursache und dem einer Handlung, die der hier vertretenen Auffassung verwandter ist, stellt Collingwoods Vorstellung von der Ursache als einer »Handhabe« dar. Vgl. Collingwood 1940, S. 296. Die Position, die von der ganzen untersuchten Literatur der meinigen am ähnlichsten ist, ist die von Gasking 1955 vorgetragene. Nach Gaskings Ansicht »ist der Begriff der Verursachung wesentlich mit unseren manipulativen Techniken, gewisse Ergebnisse hervorzubringen, verknüpft« und »eine Feststellung über die Ursache von etwas ist sehr eng mit einer Anweisung, wie man dieses etwas hervorbringen oder verhindern kann, verknüpft« (S. 483). Dies gilt auch dann, wenn man von einem einzelnen Ereignis von einer komplexen und globalen Art, das von niemandem durch Manipulierung hätte hervorgebracht werden können, sagt, es habe ein anderes einzelnes Ereignis verursacht; zum Beispiel wenn die Erhöhung der durchschnittlichen Meereshöhe dem Schmelzen des Polareises zugeschrieben wird. (Vgl. unser Beispiel auf Seite 72 über den Ausbruch des Vesuv und die Zerstörung von Pompeji.) Denn »wenn man mit Recht etwas Derartiges sagen kann, dann ist es stets der Fall, daß man Ereignisse der ersten Art als ein Mittel zur Hervorbringung von Ereignissen der zweiten Art hervorbringen kann« (S. 483). Diesen manipulativen Begriff von Ursache nennt Gasking »den fundamentalen oder primitiven« (S. 486). Er macht die Beobachtung, die mir korrekt und wichtig zu sein scheint, daß dieser Begriff einer Ursache nicht von großer Bedeutung in den theoretischen Formulierungen von Naturwissenschaftlern ist (ebda.). Der Fortschritt der Naturwissenschaften besteht, so kann man von einer bestimmten Perspektive aus sagen, in dem Übergang von »manipulativen Anweisungen« zu »funktionalen Gesetzen« (S. 487). Dies stimmt mit der Ansicht Russells und anderer überein. Aber dem sollte dann hinzugefügt werden, daß – der Experimente und der technischen Anwendungen wegen – diese funktionalen Relationen eine logische Basis liefern, aus der sich neue Anweisungen für das Hervorbringen oder Verhindern von bestimmten Dingen entnehmen lassen. Dies erklärt die von Nagel (vgl. oben, S. 43) bemerkte Tatsache, daß der Begriff der (»manipulativen«) Verursachung auch weiterhin »die Darstellungen, die Naturwissenschaftler von ihren Laboratoriumsverfahren geben« durchdringt.

[40] Für eine eindringliche Verteidigung der Humeschen, »passivistischen« Auffassung von Kausalität und Naturgesetzen als einer regelmäßigen Abfolge siehe Hobart 1930. Der Autor behauptet, daß die »bloße Abfolge von Ereignissen in diesen die von uns charakterisierte Notwendigkeit erzeugt« (S. 298). *In einem bestimmten Sinne* gilt das auch von der Auffassung von Kausalität, wie ich sie hier verteidige. Die Idee einer Natur-Notwendigkeit, wie ich sie sehe, hat ihre Wurzeln in der Idee, daß wir Dinge dadurch herbeiführen können, daß wir andere Dinge tun. Unser Wissen, daß das Tun bestimmter Dinge andere Dinge »herbeiführt«, beruht nun aber auf Beobachtungen regelmäßiger Abfolge. Zu sagen, daß Dinge andere Dinge »herbeiführen«, ist daher irreführend: *Dieses* »Herbeiführen« ist nichts anderes als eine regelmäßige Abfolge. Unser Wissen, daß wir Dinge tun können, beruht zudem auf unserer Gewißheit, daß bestimmte Sachverhalte unverändert bleiben (oder sich in einer bestimmten Weise verändern), wenn wir nicht in den Verlauf der Natur – sei es produktiv oder präventiv – eingreifen. Woher haben wir diese Gewißheit? Offensichtlich aus der Erfahrung. Und somit wurzelt der Begriff der Handlung letzten Endes in unserer Vertrautheit mit empirischen Regelmäßigkeiten.

[41] Simon 1953 verteidigt eine verwandte Auffassung des Problems der Asymmetrie der Kausalrelation. Er weist die Idee zurück, daß »Ursache als eine funktionale Beziehung in Verbindung mit einer zeitlichen Folge definiert werden könnte« (S. 159). Die Asymmetrie der Relation muß ihm zufolge mit Hilfe der Fähigkeit wiedergegeben werden, die Struktur eines Modells zu kontrollieren und in diese einzugreifen.

[42] Das hier von uns verwandte grobe Modell oder Bild beansprucht natürlich nicht, realistisch zu sein. »Ereignisse im Gehirn« sind nicht einmal »im Prinzip« einer visuellen Beobachtung zugänglich. Für die gegenwärtige Diskussion erfüllt jedoch das grobe Modell seine logische Funktion, *wenn* man zugibt, daß Ereignisse im Gehirn Nervenprozesse darstellen, die man *unabhängig* von den Wirkungen, die sie bei den »Muskeltätigkeit« genannten Prozessen hervorrufen, definieren und identifizieren kann. Ob diese Bedingung der Unabhängigkeit wirklich erfüllt ist, kann ich nicht entscheiden – es fehlt mir hier an Kompetenz. Ich bin mir nicht bewußt, daß sie je in Frage gestellt wurde. Aber die Sache könnte wohl eine Untersuchung wert sein.

[43] Die Idee, daß ein Handelnder Ereignisse in seinem Gehirn »in der Vergangenheit« herbeiführen kann, wird in höchst interessanter Weise diskutiert in Chisholm 1966. Nach Chisholm kann ein Handelnder dadurch, daß er etwas tut, z. B. seinen Arm hebt, gewisse Ereignisse in seinem Gehirn hervorbringen. Eine kausale Relation dieses Typs, d. h. zwischen einem Handelnden und einem Ereignis in der Welt, nennt Chisholm *immanent*. Er unterscheidet diese Relation von kausalen Relationen, die er *transeunt* nennt und die zwischen einem Ereignis und einem anderen Ereignis bestehen. Die Relation zwischen dem Sich-Heben eines Armes und den (vorangehenden) Ereignissen im Gehirn ist also die einer *transeunten Verursachung*. Chisholms Unterscheidung verwendend könnte man sagen, daß ich für die Existenz von Vorkommnissen einer transeunten Verursachung, die in Richtung Vergangenheit wirkt, argumentiere. Denn ich versuche zu beweisen, daß das Sich-Heben meines Armes das Vorkommen gewisser vorangehender Ereignisse in meinem Gehirn

168

»verursacht«. Chisholms Begriff der »immanenten Verursachung« scheint mir mit unüberwindlichen Schwierigkeiten verbunden zu sein. Chisholm sagt, daß »die Natur der transeunten Verursachung nicht klarer als die der immanenten Verursachung ist« (S. 22). In einem gewissen Sinne kann ich ihm hier zustimmen. Und vielleicht könnte man sagen, daß *mein* Begriff der »(transeunten) Verursachung« wegen seiner Abhängigkeit von dem Begriff der Handlung bereits *einen* Begriff von »immanenter Verursachung« in sich enthält. Chisholm sagt auch: »Würden wir den Begriff einer immanenten Verursachung nicht verstehen, so würden wir auch den einer transeunten Verursachung nicht verstehen« (S. 22). Hier scheint meine Position der seinigen recht nahe zu kommen. Wenn wir für die Wörter »immanente Verursachung« »Handlung« substituieren, erhalten wir meine Version dieses Gedankens. Man könnte, wenn man so will, Handlung »immanente Verursachung« *nennen* und dieser Wendung somit eine Bedeutung geben. Aber ich glaube nicht, daß man den Begriff einer immanenten Verursachung zur *Klärung* des Begriffs einer Handlung verwenden kann.

III. Intentionalität und teleologische Erklärung

[1] Dieser Unterschied zwischen den Erklärungstypen wäre nur dann ein Unterschied »an der Oberfläche«, wenn sich herausstellte, daß teleologische und quasi-kausale Erklärungen in (echte) Kausalerklärungen transformierbar sind. Es würde dann immer noch zutreffen, daß die Korrektheit der Erklärung (z. B. dafür, daß der, der unbedingt den Zug erreichen will, rennt) nicht von der Wahrheit der angenommenen gesetzmäßigen Verknüpfung zwischen Rennen und rechtzeitiger Ankunft auf dem Bahnhof abhängt. Sie würde vielmehr von der Wahrheit der gesetzmäßigen Verknüpfung zwischen seinem »den Zug unbedingt erreichen wollen« (interpretiert vielleicht als irgendein globaler Zustand seines Gehirns und seines Körpers) und seinem Rennen abhängen.
[2] Dies würde meines Erachtens der in Braithwaite 1953, S. 322–341; Hempel 1959, Abschn. 7; und in Nagel 1961, S. 401–428 vertretenen Ansicht entsprechen. Nagel formuliert sie so: »Jede Aussage über den Gegenstand einer teleologischen Erklärung kann im Prinzip in einer nicht-teleologischen Sprache wiedergegeben werden, so daß solche Erklärungen, zusammen mit allen Behauptungen über ihre Gebrauchskontexte, in logisch äquivalente nicht-teleologische Formulierungen übersetzbar sind« (S. 421). Dies stimmt mit der Auffassung des »radikalen Kybernetizismus« z. B. im Sinne von Klaus 1961, S. 290–325, überein.
[3] Ich will den Möglichkeiten, die die Kybernetiker für eine kausale Analyse der Teleologie eröffnet haben, nichts von ihrer Bedeutung nehmen. Diese Analyse verhalf uns zum Beispiel zu einer klareren Unterscheidung zwischen verschiedenen Typen von Teleologie. Meine These ist *nicht*, daß die Erklärung zielgerichteten Verhaltens bzw. von Zielgerichtetheit im allgemeinen in bestimmten Fällen (oft) nicht auf eine Übereinstimmung mit dem Gesetzesschema der Erklärung reduziert werden kann. Meine These besagt nur, daß diese Reduktion nicht bei *allen* Formen der Teleologie anwendbar ist. Ich hätte

nichts dagegen, wenn man für die nicht-reduzierbaren Formen lieber einen anderen Namen, z. B. »Intentionalität« wählte und den Namen »Teleologie« für die reduzierbaren Formen reservieren wollte.

[4] Es wäre unzweckmäßig und pedantisch, wenn man sich dagegen wenden würde, das Wort »Ursache« nicht ausschließlich auf Fälle gesetzmäßiger Verknüpfungen anzuwenden. Dagegen scheint es mir vernünftig zu sein, wenn man sich dagegen wendet, den technischen Ausdruck »kausale Erklärung« für Erklärungen zu verwenden, die nicht einem subsumptions-theoretischen Muster entsprechen.

[5] Siehe Mayr 1965 und Ayala 1970.

[6] Ein anderer Name für Erklärungen, die auf gesetzmäßigen Verbindungen zwischen dem *Explanandum* und irgendwelchen zeitlich späteren *Explanantia* beruhen, wäre »Terminalkausalität«. Er wurde von dem finnischen Philosophen Kaila 1956 geprägt. Er stellte Initial- und Terminalkausalität einander gegenüber. Nach Kailas Meinung kommt der Terminalkausalität eine große Bedeutung zu, nicht nur in den Verhaltenswissenschaften, sondern auch in der Physik; zudem wurde seiner Meinung nach die Rolle von Kausalerklärungen mit Hilfe von Bedingungsfaktoren stark übertrieben.

[7] Vgl. Collingwood 1946, S. 213, wo ein Akt beschrieben wird als »die Einheit des Äußeren und des Inneren eines Ereignisses«.

[8] Unter »Behaviorismus« versteht man gewöhnlich eine Doktrin oder eine Methode, die das Verhalten von Organismen mit Hilfe von Stimulus und Response erklärt. Es ist jedoch auffallend, daß es in den *klaren* Fällen bedingter oder nicht-bedingter Reflexe nicht ganz natürlich ist, von einem »Verhalten« (des stimulierten und reagierenden Organismus) zu reden. Speichelfluß oder ein Kniereflex sind Reaktionen auf Stimuli. Aber nur wer seine Sprache schon durch den behavioristischen Jargon pervertiert hat, würde es für natürlich halten, solche Reaktionen ein »Verhalten« eines Hundes oder eines Menschen zu nennen. (Man könnte sie jedoch ein Verhalten bestimmter Drüsen oder eines Knies nennen.) Der interessante und kontroverse Teil der behavioristischen These könnte daher so interpretiert werden, daß nach ihm *auch* das Verhalten »behavioristisch« als (komplizierte Formen von) Reaktionen auf Stimuli erklärt werden kann. Meines Erachtens sind Beobachtungen wie diese nützlich, da sie uns auf begriffliche Unterschiede aufmerksam machen und uns vor voreiligen Generalisierungen warnen. Es ist nicht meine Absicht, gegen eine in der psychologischen Forschung etablierte technische Terminologie zu protestieren. Zum Begriff des Verhaltens und der damit verwandten Begriffe der Handlung und der Bewegung, siehe die interessante Arbeit von D. W. Hamlyn 1953.

[9] Es könnte nützlich sein, einen Unterschied zwischen *logischen* und *kausalen* Folgen zu markieren. Wenn wir von den Folgen einer Ansicht, einer Feststellung oder einer Proposition sprechen, dann meinen wir gewöhnlich logische Folgen. In Verbindung mit Handlungen gebraucht, bezieht sich der Ausdruck jedoch nahezu immer auf kausale Folgen.

[10] Vgl. das Beispiel des pumpenden Mannes in Anscombe 1957, Abschn. 23 bis 26.

[11] Für eine ausführlichere Behandlung der formalen Logik des Handlungsbegriffs siehe von Wright 1963a und 1968c.

170

¹² Muskeltätigkeit wird durch Nerventätigkeit verursacht. Vertreter der von mir hier skizzierten Ansicht würden daher oft sagen, daß die unmittelbare Wirkung des Willens irgendein Nervenereignis darstellt, das dann vermutlich als der unmittelbare äußere Aspekt der Handlung angesehen würde. Vgl. Pritchard 1945, S. 193: »Wo wir eine bestimmte Bewegung unseres Körpers gewollt haben und glauben, daß wir sie verursacht haben, können wir sie nicht direkt verursacht haben. Denn was wir (wenn überhaupt etwas) direkt verursachen, muß eine bestimmte Veränderung in unserem Gehirn gewesen sein.« Nervenereignisse kommen jedoch für das, was ich hier den unmittelbaren äußeren Aspekt einer Handlung genannt habe, nicht in Frage. Dies deshalb, weil sie nicht die *Ergebnisse* von *Basis*-Handlungen sind (siehe Kp. II, Abschn. 8). Wenn schon, dann gehören sie zu den äußeren Aspekten von Handlungen nur als die *Folgen* gewisser Basis-Handlungen. (Vgl. die Diskussion einer möglichen rückwirkenden Verursachung in Kp. II, Abschn. 10.) Wenn wir die Argumentation über den Willen als eine Ursache von Handlungen so konstruieren, daß der Wille die Ursache von Nervenereignissen sein soll, welche wiederum irgendein körperliches Verhalten verursachen, dann verwenden wir die Nervenzustände als einen »Keil«, der den inneren und den äußeren Aspekt einer Handlung trennt. Die angebliche Notwendigkeit dieser Trennung dient m. E. lediglich zur Illustration der begrifflich inadäquaten Natur einer »kausalen Theorie der Handlung«.

¹³ Zu Humes Betonung der Unabhängigkeit von Ursache und Wirkung siehe insbesondere Hume 1738, Buch I, Teil iii, Abschn. 6. Auch wenn man die Ansicht vertritt, daß kausale Verknüpfungen eine Spezies der Natur-Notwendigkeit darstellen, würde man die These vertreten wollen, daß Ursache und Wirkung voneinander *logisch* unabhängig sein müssen.

¹⁴ Diese Position wurde äußerst eindringlich von A. I. Melden und einer Reihe von unter seinem Einfluß schreibenden Autoren verfochten. Vgl. Melden 1961, S. 53: »Das innere Ereignis, das wir ›den Willensakt‹ nennen... muß von der angeblichen Wirkung logisch verschieden sein – dies ist sicherlich eine der Lehren, die wir aus einer Lektüre von Humes Diskussion der Kausalität ziehen können. Nun gilt jedoch: Nichts kann ein Willensakt sein, was nicht mit dem Gewollten logisch verknüpft ist – der Akt des Wollens ist nur als der Akt des Wollens dessen, was (auch immer) gewollt wird, verständlich.«

¹⁵ Für eine klare Diskussion des Arguments mit guten kritischen Beobachtungen siehe Stoutland 1970.

¹⁶ So z. B. in Melden 1961, wie sich aus dem obigen Zitat in Anmerkung 14 ergibt; ebenso in Daveney 1966 oder White 1967. Vgl. auch Wittgenstein 1967a, Abschn. 53–60.

¹⁷ Vgl. Stoutland 1970, S. 125. Der Autor weist ganz richtig darauf hin, daß die Auffassung, der zufolge »die Objekte der Intention Teil der internen Struktur der Intentionen« sind, keineswegs der (Behauptung der) Möglichkeit widerspricht, daß «es zwischen Intentionen und dem Vorkommen dessen, was sie erfüllt, eine kontingente Beziehung gibt«.

¹⁸ Um zu zeigen, daß zwei singuläre Propositionen, p und q, nicht logisch unabhängig sind, muß man zeigen, daß zumindest eine der vier Kombinationen $p\&q$, $p\&\sim q$, $\sim p\&q$, und $\sim p\&\sim q$ eine logische Unmöglichkeit darstellt. Aus der bloßen Tatsache, daß es logisch unmöglich ist, die eine Proposition zu veri-

fizieren bzw. zu falsifizieren, ohne auch die andere zu verifizieren bzw. zu falsifizieren, folgt nicht, daß die zwei Propositionen logisch unabhängig sind. Nur in Verbindung mit der weiteren These, daß es *logisch* möglich sein muß, den Wahrheitswert einer jeden singulären kontingenten Proposition zu kennen, d. h. sie zu verifizieren oder zu falsifizieren, folgt, daß die Propositionen unabhängig sind. Ich halte diese Auffassung der Beziehung zwischen Verifizierbarkeit und Bedeutung von Propositionen für akzeptabel, werde sie hier jedoch nicht weiter begründen.

[19] Die Möglichkeit, daß *Intentionen* als Ursachen fungieren, wird explizit diskutiert in Ch. Taylor 1964, Daveney 1966 und Malcolm 1968. Taylor sagt (S. 33), daß Intentionen ein Verhalten »herbeiführen« können. Er verneint aber auch (ebda.), daß die Intention »ein kausales Antecedens« des intendierten Verhaltens ist. Taylor verwendet »Ursache« in der Bedeutung, in der wir hier von einer »Humeschen Ursache« sprechen. »Ursache« hat jedoch, wie Malcolm bemerkt (S. 59 f.), auch eine weitere Verwendung. Malcolm unterscheidet (ebda.) zwischen Intentionen in einer Handlung und vorher gebildeten Intentionen, etwas Bestimmtes zu tun. Die ersten sind in keinem Sinne Ursachen, sagt er. Die zweiten führen ein Verhalten herbei und fungieren so als Ursachen, obwohl, wenn ich Malcolm richtig verstehe, nicht als Humesche Ursachen. Für eine Diskussion der Position Malcolms siehe Iseminger 1969.

[20] Diese Rolle von Gleichförmigkeiten des Verhaltens wird zu Recht in McIntyre 1966 betont. Der Autor, so scheint mir, interpretiert jedoch unkritisch diese Gleichförmigkeiten als »kausale Gesetze«. Die Tatsache z. B., daß eine Niederlage beim Kartenspiel jemanden (regelmäßig) verärgert, ist kaum »ein vollkommenes Beispiel einer Humeschen Verursachung« (ebda., S. 222), obwohl die für Ärger charakteristischen Körperzustände Humesche Ursachen haben können. Vgl. unten Kap. IV, Abschn. 5, zu Stimulus und Response und den »Jemanden dazu bringen, etwas zu tun«-Mechanismen.

[21] Der Typ von Begründung, der hier ein »praktischer Schluß« genannt wird, unterscheidet sich von dem in von Wright 1963b untersuchten. Dort wurde die sich aus den Prämissen ergebende Conclusio als eine Norm »*X* muß *a* tun« angesehen. Weiterhin unterscheiden sich beide Typen von den Formen praktischen oder »orthopraktischen« Begründens, die in Casteñada 1960/1961 und Rescher 1966 untersucht werden. All diese Typen sind miteinander verwandt, doch es scheint zweifelhaft, ob sie irgendeine allgemeine Grundform gemeinsam haben. Siehe auch oben Kp. I, Abschn. 9, und von Wright 1968b.

[22] Es ist ein logisches Merkmal von praktischen Schlüssen, daß ihre Prämissen und ihre Conclusio des Charakteristikum der sogenannten »referentiellen Opaqheit« besitzen. Dies bedeutet, daß man nicht ohne Einschränkung für die in ihnen vorkommenden Beschreibungen von Zuständen und Ergebnissen von Handlungen irgendeine andere Beschreibung desselben Zustands oder Ergebnisses substituieren kann. Eine Handlung, die intentional unter einer Beschreibung ihres Ergebnisses ist, braucht es nicht auch unter einer anderen Beschreibung zu sein, und ein Mittel zu einem Zweck, das unter einer Beschreibung als notwendig angesehen wird, braucht nicht auch unter einer anderen für notwendig gehalten zu werden.

[23] Zum begrifflichen Charakter und den Bedingungen des Versuchens siehe

von Wright 1963a, Kp. III, Abschn. 10, und McCormick und Thalberg 1967.

[24] Er kann sich natürlich darin irren. Sein Irrtum wird ihm dann normalerweise deutlich werden, wenn er sich daranmacht, das betreffende Ding zu tun. Sein Verhalten ist vielleicht völlig anders als alles, was ihn zu dem gewünschten Ergebnis führen würde. Es kann aber trotzdem ein auf diesen Zweck hin abzielendes Verhalten sein – als eine Bemühung, ihn zu erreichen, »gemeint« sein.

[25] Man könnte vielleicht vorschlagen, die Conclusio wie folgt zu formulieren: Folglich macht sich *A* (jetzt) daran, *a* nicht später als zum Zeitpunkt *t'* zu tun. Unter dieser Formulierung ihrer Conclusio wäre die Begründung meines Erachtens tatsächlich logisch gültig. Dies deshalb, weil »sich jetzt daranmachen, etwas in der Zukunft zu tun« kaum etwas anderes bedeuten kann als: von jetzt an und für einen bestimmten Zeitraum an seiner Intention bzw. seiner Meinung darüber, welche Handlung erforderlich ist, festhalten. (Vgl. was in Abschn. 8 zu Änderungen in Intentionen und kognitiven Einstellungen gesagt wird.) Doch dies ist ein anderer Sinn von »sich daranmachen« als der hier betrachtete. (Vgl. oben Abschn. 4.)

[26] Den Hinweis auf den Unterschied zwischen »seine Intention vergessen« und »vergessen, das Intendierte zu tun« verdanke ich Allen Wood.

[27] Vgl. oben Anm. 18.

[28] Zum Unterschied zwischen den zwei Bedeutungen von »tun können« (nämlich der Bedeutung, die eine Fähigkeit bezeichnet, und der, die einen Erfolg in einer bestimmten Situation bezeichnet) siehe von Wright 1963a, Kp. III, Abschn. 9.

[29] Doch in Fällen, wo es zu einem offenen Konflikt zwischen der Generalisierung und dem einzelnen Fall kommt, ziehen wir es vielleicht vor, uns auf die erstere zu verlassen, um die letztere neu zu beschreiben, anstatt zuzulassen, daß eine unabhängige Beschreibung des Einzelfalles die von uns für verläßlich gehaltene Generalisierung (bezüglich des Charakters, der Dispositionen oder Gewohnheiten des Handelnden) umwirft. Wir sagen manchmal »Dies *muß* er mit seinem Verhalten gemeint haben, weiß er doch selbst, wie er ist« obwohl er selbst hartnäckig und vielleicht sogar in gutem Glauben unsere Zuschreibung von Intentionalität negiert. (Unbewußte Motive.)

[30] Gerettet zu werden, wird vom Handelnden nicht *intendiert*. Es ist etwas, was er *will*. Was er intendiert, ist, grob gesprochen: zu tun, was er kann, um gerettet zu werden. Seine Intention ist, eine Situation zu schaffen, in der es für ihn möglich ist, aus seiner schlimmen Lage herauszukommen. Diese Intention treibt ihn dazu, auf die Frage, warum er »Hilfe!« schreit, eine wahre Antwort zu geben. Aber sie *braucht* ihn nicht dazu zu treiben. Ob sie es tut oder nicht, hängt von der epistemischen Einstellung ab, die seine Intention ergänzt. Er glaubt vielleicht, daß er auf jeden Fall gerettet werden wird, wenn er nur erst einmal die Aufmerksamkeit der Leute auf sich gezogen hat, und daß er jetzt sogar ohne Selbstgefährdung riskieren könnte, die anderen, wenn er gefragt wird, über seine Intentionen und über sein Wollen zu täuschen.

[31] Vgl. das »abschließende Postskript« zu Malcolm 1968, S. 72.

[32] Vgl. Wittgenstein 1953, Abschn. 337: »Die Absicht ist eingebettet in der Situation, den menschlichen Gepflogenheiten und Institutionen.«

[33] Der echt »praktische« Schluß könnte auch eine *Verpflichtung* zu einer Handlung genannt werden. Es ist eine in der ersten Person durchgeführte Begründung. Ihre Conclusio, wenn in Worten ausgedrückt, ist: »Ich soll *a* (jetzt) tun« oder »Ich soll *a* nicht später als zum Zeitpunkt *t* tun.« Die Einschränkungen »es sei denn, ich werde gehindert« oder »es sei denn, ich vergesse, auf den Zeitpunkt zu achten« gehören nicht zu dem Schluß als einer Verpflichtung. Sollte die Verpflichtung jedoch nicht erfüllt werden, so könnte sie als *Entschuldigungen* vorgebracht werden. Nur wenn wir uns den Fall vom Standpunkt eines Beobachters (einer »dritten Person«) aus ansehen, muß die Conclusio in der vorsichtigeren Form, nach der sich der Handelnde »daranmacht«, die Handlung zu tun, formuliert und den Einschränkungen hinsichtlich des Nicht-Gehindertwerdens und des Nicht-Vergessens unterworfen werden.

[34] Das Verträglichkeitsproblem wird sehr klar in Waismann 1953 dargestellt. Die Schwierigkeiten des Problems werden in Malcolm 1968 entfaltet. Der Ausdruck »Verträglichkeitsthese« wurde, soweit ich weiß, von Flew 1959 geprägt.

[35] »Intentionalität fehlt« bedeutet: so beschrieben, daß das Verhalten (die Bewegung) von *A's* Körper nicht intentional unter dieser Beschreibung ist.

[36] Aus diesem Grund stellt die Zwei-Stufen-Lösung Waismanns und anderer keine Lösung des Problems dar. Waismann unterscheidet zwischen Handlung als »eine Reihe von Bewegungen« und als »etwas, das einen Zweck oder eine Bedeutung hat«. Handlungen im ersten Sinne sind, sagt er, durch (physiologische) Ursachen determiniert; Handlungen im zweiten Sinne durch Motive und Gründe. Diese Auffassung kommt der hier getroffenen Unterscheidung zwischen Verhalten als Bewegung und als Handlung sehr nahe. Die Zwei-Stufen-Auffassung von Handlung (oder, wie ich eher sagen würde, von Verhalten) hängt, was nicht uninteressant ist, mit Kants Auffassung des Handelnden als einem »Bürger zweier Welten«, nämlich der Welt der Phänomena und der Noumena, zusammen. Nach der hier vertretenen Auffassung ist *Handlung,* wenn auch nicht genau im Kantischen Sinne, *eine noumenale Idee.*

[37] Von Wright 1963a, Kp. III, Abschn. 3.

[38] Die Aufteilung von Handlungen in Basis-Handlungen und Nicht-Basis-Handlungen bezieht sich, das ist zu beachten, nur auf *individuelle* Handlungen und nicht auf *generische* Handlungen. (Zu diesem Unterschied siehe von Wright, 1963a, Kp. III. Abschn. 2.) Ob eine (individuelle) Handlung eine Basis-Handlung ist oder nicht, hängt davon ab, wie sie jeweils *vollzogen* wird – direkt oder dadurch, daß man etwas anderes tut. Soweit ich sehe, gibt es keine direkt vollziehbare Handlung, deren Ergebnis nicht *auch* dadurch herbeigeführt werden könnte, daß man etwas anderes tut. Wenn daher Basis-Handlungen wie ursprünglich in Danto 1963, S. 435, definiert werden, dann würde es wahrscheinlich, entgegen der These Dantos, überhaupt keine Basis-Handlungen geben.

[39] Was ich »das kontrafaktische Element in Handlungen« nannte, besteht somit *nicht* darin, daß gewisse Veränderungen nicht vorkommen würden, wenn sie vom Handelnden nicht herbeigeführt würden. Das Element des Kontrafaktischen besteht vielmehr darin, daß der Handelnde *davon überzeugt ist,* daß gewisse Veränderungen ohne sein Handeln nicht vorkommen

werden. Diese Überzeugung hat eine Erfahrungsbasis. Doch dies zeigt nicht, daß zwischen gewissen Veränderungen (den Ergebnissen seiner Handlung) und seinem Handeln eine kausale Verbindung besteht. Handeln verursacht keine Ereignisse in der Welt. Die gegenteilige Annahme wäre »Animismus«. Wenn ein Ereignis das Ergebnis einer Handlung ist, die *keine* Basis-Handlung ist, dann ist seine Ursache irgendein anderes Ereignis, welches das Ergebnis einer unserer Basis-Handlungen ist. Die Ergebnisse von Basis-Handlungen wiederum können Ursachen haben, die nicht selbst Ergebnisse irgendeiner unserer Handlungen sind. Nur selten verifiziert ein außenstehender Beobachter tatsächlich ihr Wirken in unserem Handeln. *Wir* können ihr Wirken aus logischen Gründen nicht verifizieren, selbst wenn wir (die ganze Zeit hindurch) beobachten könnten, was in unserem Gehirn vor sich geht.

[40] Vgl. Wittgenstein 1967a, Abschn. 608.

IV. Erklärung in den Geschichts- und Sozialwissenschaften

[1] Zur Bedeutung von *Was?*-Fragen für historische Erklärungen vgl. Dray 1959.

[2] Die Idee des »Unter-einen-neuen-Begriff-Fassens« spielt eine große Rolle in William Whewells Philosophie der Induktion. Vgl. besonders Whewell 1858, Kap. V. Interessante Verwendungen derselben Idee im Bereich der Geschichtsphilosophie finden sich in den Schriften von W. H. Walsh. Siehe insbesondere Walsh 1942, S. 133–135, sowie Walsh 1951, S. 59–64.

[3] Dieses »Gesetz«, dessen Wirkungsweise ein Hauptthema der Hegelschen Lehre vom Sein im ersten Teil der *Logik* ist, kann als eine generelle anti-reduktionistische Idee angesehen werden. Die bevorzugten Beispiele stammen gewöhnlich aus der Chemie (vgl. Engels 1878, Teil I, Kap. XII, und Engels, *Dialektik*, S. 84). Sie unterscheiden sich jedoch ihrer Natur nach sehr stark von – angeblich für dasselbe Gesetz vorgebrachten – Beispielen aus dem sozialen Leben. Solche Beispiele sind etwa die Verwandlung von Geld in Kapital, wie sie Marx in 1867/1894 analysiert, oder die Verwandlung der bürgerlichen in die proletarische Demokratie, wie sie in Lenin 1918, Kap. V, Abschn. 4, skizziert wird. Das Gesetz vom Umschlag der Quantität in Qualität scheint mir ein gutes Beispiel zu sein für eine Tendenz, die sich sowohl bei Hegel als auch bei Autoren, die in seiner Tradition stehen, findet: die Tendenz, eine Anzahl begrifflich höchst disparater Dinge unter einem Begriff zusammenzuwerfen (vgl. Winch 1958, S. 72–73). Diese Tendenz ist teilweise für die vielen Ambivalenzen verantwortlich, die sich im Hegelschen und zu einem noch größeren Maße im Marxschen Denken finden. Vor diesem Hintergrund sollte man auch die Spannweite sehen, die zwischen einer für orthodox gehaltenen Interpretation und verschiedenen Formen von »Revisionismus« besteht.

[4] Die Diskussion über Kausalität in der Geschichte ist großenteils deshalb so verwirrend und unklar, weil in bezug auf historische Untersuchungen nicht unterschieden wird zwischen der Frage der Angemessenheit einer gewissen (kausalen) *Terminologie* und der Frage der Anwendbarkeit gewisser (kau-

saler) *Kategorien* oder Begriffe. Die Gründe, die gegen die Verwendung einer kausalen Sprache für historische Untersuchungen vorgebracht wurden, sind recht unterschiedlich. Zum Teil wird die Auffassung vertreten, daß die Annahme des Gesetzesschemas der Erklärung für den Bereich der Geschichte die Verwendung der (»altmodischen«) kausalen Terminologie obsolet macht – und daß wir deshalb nicht von Ursachen in der Geschichte (zu) sprechen sollten (brauchen). Zum Teil ist man der Ansicht, daß eine kausale Terminologie gerade wegen ihres Zusammenhangs mit dem Gesetzesschema der Erklärung – das dann natürlich abgelehnt wird – vermieden werden sollte. Begriffliche Klarheit erreicht man selten durch sprachliche Reformen; es scheint mir daher witzlos und fruchtlos, gegen die in den Geschichts- und Sozialwissenschaften üblicherweise verwendete kausale Terminologie zu protestieren bzw. davor zu warnen. Angebrachter ist es, vor einer Verwendung der methodologischen Bezeichnung »kausale Erklärung« in den Humanwissenschaften zu warnen (vgl. oben, Kap. III, Abschn. I, Anm. 4). Die wichtigste Frage ist jedoch, ob bzw. in welchem Maße kausale Erklärungen in den Geschichts- und Sozialwissenschaften subsumptionstheoretischen Erklärungsmustern entsprechen.

Wenn Croce, Collingwood oder Oakeshott (1933, S. 131) gegen Kausalität in der Geschichte protestieren, so richtet sich ihr Protest dagegen, daß eine Kategorie auf die Geschichte angewendet wird, die in den Naturwissenschaften zu Hause ist. Croce (1938, S. 16) spricht von der »semplice e fondamentale verità ... che il concetto di causa ... è e deve rimanere estraneo alla storia, perché nato sul terreno delle scienze naturali e avente il suo ufficio nell'ámbito loro.« Wenn Mandelbaum (1938, 1942) ihnen gegenüber die Legitimität von Kausalanalyse und Kausalerklärung in der Geschichte verteidigt, so geschieht dies teilweise im Namen einer erweiterten Verwendung einer kausalen Sprache, doch teilweise auch im Namen einer Auffassung von Kausalrelationen als »Abhängigkeitsbeziehungen« zwischen Ereignissen, die offensichtlich sowohl für die Naturwissenschaften als auch für die Humanwissenschaften anwendbar sein soll. Eine verwandte Auffassung, die Kausalität in der Geschichte an die Kausalität zwischen Naturereignissen angleicht, findet sich in Cohen 1942.

[5] Auch hier ist eine Warnung vor terminologischen Mehrdeutigkeiten am Platze. Wenn »Kausalerklärung« in der Geschichte in einem weiten Sinne verstanden wird, dann sind hinreichende Bedingungen sicherlich auch »direkt« relevant für die Suche nach historischen Erklärungen. Explanatorische Analysen mit Hilfe von Bedingungs-Relationen sind im Bereich der Humanwissenschaften genauso wichtig, und die Unterscheidung zwischen den verschiedenen Arten von Bedingungen ist dort genauso nützlich wie in den Naturwissenschaften. Der Unterschied liegt darin, daß Bedingungs-Relationen, die gesetzmäßige Verknüpfungen von Humeschen Kausalzusammenhängen ausdrücken, gewöhnlich in einer *obliquen* Weise in die Erklärungen in den Geschichts- und Sozialwissenschaften Eingang finden, was heißt, daß die Richtigkeit der Erklärung nicht von der Wahrheit der involvierten gesetzmäßigen Verknüpfungen abhängt (vgl. Kap. III, Abschn. 1). Zur Verwendung von Bedingungsbegriffen in kausalen Analysen und Erklärungen in der Geschichte siehe Dahl 1956, Marc-Wogau 1962 und Tranøy 1962.

⁶ Zu den Ursachen des Ersten Weltkrieges siehe das interessante, wenn auch oft umstrittene Buch von G. M. Thomson (1964). Thomson legt großes Gewicht auf die »kausalen« Rollen der neuen, als zufällige Konsequenzen verschiedener politischer Aktionen erzeugten Situationen.

⁷ Es wird natürlich nicht behauptet, daß die Akteure auf der historischen Bühne normalerweise bei ihren Handlungen verbal oder im Geiste praktische Schlüsse ziehen. *Manchmal* jedoch tun sie dies tatsächlich.

⁸ Marx' Konzeption vom historischen Prozeß ist im wesentlichen ein Versuch, die großen gesellschaftlichen Veränderungen auf Veränderungen technologischer Art zurückzuführen. Die klarste Formulierung findet sich wahrscheinlich in der Einleitung zu Marx 1859. Siehe auch Elster 1969a, b.

⁹ Der Unterschied zwischen der griechischen und der christlichen Einstellung zur »Natur« ist vielleicht ein treffendes Beispiel. Die Idee von der Herrschaft des Menschen über die Natur dank seiner Einsicht in kausale Mechanismen und seiner Macht, diese zu manipulieren, hängt ursprünglich mit der Säkularisierung einer jüdisch-christlichen religiösen Tradition zusammen. Doch dieser Säkularisierungsprozeß war seinerseits bedingt durch die Entwicklung des Handwerks und Waffenwesens im späten Mittelalter und somit durch Veränderungen technologischer Art.

¹⁰ Vgl. Wittfogel 1932. Der Autor unterscheidet zwischen zwei Typen von Produktionskräften, nämlich denen, die von gesellschaftlichen Bedingungen abhängen, und denen, die von Natur- (geophysischen) Bedingungen abhängen. Wittfogel behauptet, daß sowohl Marx selbst als auch einige der bedeutendsten Autoren in seiner Tradition ein feines Gespür hatten für die grundlegende Bedeutung der geophysischen Bedingungen (des »Naturmoments«) für die ökonomische und soziale Geschichte. Dieses Bewußtsein fehlt nach Meinung des Autors den Schriften vieler späterer »historischer Materialisten«, die ausschließliches Gewicht auf die gesellschaftlich bedingten Produktivkräfte legen.

¹¹ Einige Methodologen, so scheint mir, verdrehen und überschätzen die Bedeutung der Falsifikation für die wissenschaftliche Theorienbildung. Die primäre Rolle der Falsifikation besteht – im Zusammenhang mit verschiedenen Verfahren, die hauptsächlich für die Naturwissenschaften charakteristisch sind und traditionell in der induktiven Logik untersucht werden – in folgendem: der Suche nach Ursachen, der Eliminierung anderer Erklärungshypothesen, der Konzipierung eines »experimentum crucis« zur Entscheidung zwischen rivalisierenden Theorien etc. In diesem Verfahren wird ein relativ stabiles Begriffssystem für die Beschreibung und Erklärung von Phänomenen vorausgesetzt. Veränderungen in den Begriffssystemen, z. B. die Annahme oder Aufgabe von Paradigmata im Kuhnschen Sinne, sind nur indirekt, wenn überhaupt, das Ergebnis von »Falsifikation«.

¹² Kuhn (1967) bezweifelt, daß die Sozialwissenschaften schon eine Stufe erreicht haben, die durch universell gültige Paradigmata charakterisiert ist – deren Ablösung durch neue Paradigmata eine »wissenschaftliche Revolution« darstellt. Richtig ist wahrscheinlich, daß es in den Sozialwissenschaften keine *universellen* Paradigmata gibt und daß dies ein Merkmal ist, das sie von den Naturwissenschaften unterscheidet. Es ist jedoch sicherlich auch richtig, daß die marxistische Sozialwissenschaft Paradigma-dominiert ist – wenn auch die

Entwicklung der marxistischen Wissenschaft viele Versuche aufweist, von Paradigmata loszukommen. Was die Marxisten »bürgerliche Sozialwissenschaft« nennen, ist wahrscheinlich mehr von Paradigmata geformt, als jemand, der in der traditionellen akkumulativen Auffassung von Wissenschaft als einem konstant wachsenden Komplex von Tatsachen und Theorien groß geworden ist, zugeben will. Man kann daher mit einer gewissen Berechtigung von parallelen Typen von Sozialwissenschaften sprechen (vgl. Löwith 1932, S. 53). Sie unterscheiden sich weniger in konträren Auffassungen über Tatsachen als in den Paradigmata, die sie für ihre Beschreibungen und Erklärungen akzeptieren. Dieser Unterschied in den Paradigmata zeigt einen Unterschied in der *Ideologie*. »Revolutionen« in den Sozialwissenschaften sind daher das Ergebnis von Ideologiekritik.

[13] Die hier getroffene Unterscheidung ist *verwandt* mit der Unterscheidung Harts (1961) zwischen primären und sekundären Regeln. Hart lieferte den wertvollen Hinweis, daß ein normatives System wie etwa ein Gesetzeskodex eine Vereinigung dieser beiden Typen von Regeln darstellt. Es besitzt keineswegs den monistischen Charakter, der ihm beispielsweise von Kelsen (1949) zugeschrieben wird, nach dessen Ansicht sich jede gesetzliche Norm als eine zwingende Norm, d. h. als eine Norm, die Sanktionen vorsieht, rekonstruieren läßt. Harts Versuch, die sekundären Regeln zu charakterisieren, scheint mir jedoch nicht ganz geglückt.

[14] In bezug auf die wichtige Rolle, die man in soziologischen Untersuchungen Regeln zuschreibt, ist es interessant, Winchs Idee einer Sozialwissenschaft mit der Durkheims zu vergleichen. Beide Autoren legen großes Gewicht auf Regeln, doch keiner von ihnen macht den Unterschied, den ich hier zwischen den beiden Typen von Norm oder Regel gemacht habe. Durkheim denkt offensichtlich an Normen vorwiegend als Verhaltensregeln, die einen normativen Druck auf Verhalten ausüben. Winch wiederum befaßt sich primär mit Regeln, die Institutionen definieren oder eine bestimmte Praxis konstituieren. Man kann diesen Unterschied in der Akzentuierung mit dem generellen Unterschied zwischen der »positivistischen« Methodologie Durkheims und der »hermeneutischen« Methodologie Winchs in Verbindung bringen.

[15] Was ich an dieser *notwendigen Unvollständigkeit* historischer Beschreibungen zeigen wollte, ist ausführlicher dargestellt in Danto 1965b. Siehe insbesondere das ausgezeichnete Kapitel über narrative Sätze, S. 143–181.

[16] Siehe Löwith 1941, Teil I, Kap. i; ebenso Maurer 1965.

[17] Vgl. Buckley 1967, S. 18.

[18] Wie bereits in Kap. I, Abschn. 10, bemerkt, hatte die Kybernetik einen starken Einfluß auf gewisse Richtungen in der modernen marxistischen Philosophie und Sozialwissenschaft. In den osteuropäischen sozialistischen Ländern kam die Kybernetik sehr »in Mode«. Angesichts dieser Tatsache bin ich überrascht, daß – soviel ich weiß – kaum der Versuch unternommen wurde, das vom Marxismus übernommene und weiterentwickelte Hegelsche Begriffssystem im Lichte kybernetischer oder systemtheoretischer Ideen und der entsprechenden Terminologie *systematisch* zu reinterpretieren.

Eine systemtheoretische Reinterpretation der Hegelschen Logik führt nicht notwendig zu einer »kausalistischen« Theorie der wissenschaftlichen Erklärung. Kybernetische Erklärungen in der Biologie, z. B. eine Erklärung zielgerichteten Verhaltens nach den Richtlinien der klassischen Arbeit von Rosenblueth, Wiener und Bigelow (1943) sind, wie ich glaube, »kausalistisch« oder »mechanistisch«, und zwar in dem Sinne, als sie einem subsumptionstheoretischen oder Gesetzesschema der Erklärung entsprechen. Doch daraus folgt nicht, daß die Verwendung kybernetischer Kategorien für das Verstehen sozialer Phänomene in diesem Sinne »kausalistisch« ist. Phänomene, die mit Intentionalität und *echter* Teleologie verbunden sind, können ebenfalls in einer kybernetischen Terminologie erklärt werden, wie das im Text diskutierte Beispiel zeigen sollte.

[19] Vgl. Dahl 1956, S. 108.

[20] Vgl. Trotzkys bekannten Kommentar, als er sich wider Erwarten in einem kritischen Moment seines politischen Lebens eine Erklärung holte (Carr 1961, S. 92). Die Versöhnung des »eisernen Gesetzes der Geschichte« mit den Launen des Zufalls bildete stets ein Problem für das marxistische historische Denken. Sieh dazu Carr 1961, S. 95; Engels 1894.

[21] Vgl. Mill 1873, Buch VI, Kap. iii, Abschn. 2: »Die Handlungen von Individuen können nicht mit wissenschaftlicher Genauigkeit vorher bestimmt werden.« Für die Zwecke der Staats- und Gesellschaftswissenschaft, so fügt Mill hinzu, können wir jedoch in bezug auf das »Gesamtverhalten der Massen« Voraussagen machen, die in bezug auf den »Durchschnitt menschlicher Individuen nur wahrscheinlich« sind.

[22] Rapp 1968, S. 157 f. Zu Beispielen aus der Geistesgeschichte siehe auch Keynes 1921, Kap. XXIX.

[23] Zu einer ausführlicheren Diskussion der mit der Idee vom *Ausgleich des Zufalls* zusammenhängenden erkenntnistheoretischen Probleme siehe von Wright 1941/1957, Kap. VII, Abschn. 3.

[24] Vgl. Wittgenstein 1967b, S. 94: »Die Wahrscheinlichkeit hängt mit dem Wesen einer unvollständigen Beschreibung zusammen.« Ebenso Wittgenstein 1964, S. 293: »Das Gesetz der Wahrscheinlichkeit ist das Naturgesetz, was man sieht, wenn man blinzelt.«

[25] Der Ausdruck »Historizismus« wird in einer verwirrenden Anzahl von Bedeutungen verwendet (vgl. Carr 1961, S. 86). Popper (1969) versteht »unter ›Historizismus‹ jene Einstellung zu den Sozialwissenschaften ... die annimmt, daß *historische Voraussage* deren Hauptziel bildet« (S. 2). Doch nicht alle Autoren, denen er Historizismus vorwirft, sind in *diesem* Sinn Historizisten, am wenigsten von allen Hegel, eine der Hauptzielscheiben von Poppers Angriffen.

[26] Hegels Auffassung von Notwendigkeit in der Geschichte ist zweifellos ein Determinismus vom Verständlichkeits-, nicht vom Voraussagbarkeitstyp. Die dem historischen Prozeß innewohnende Notwendigkeit ist begrifflicher, logischer Art (vgl. Litt 1953, S. 223). Dies ist auch die Auffassung von Geschichtsphilosophen in einer hegelianischen Tradition wie etwa Croce und Collingwood. Die Marxsche Auffassung von Notwendigkeit ist dagegen von Natur aus mehrdeutig und schwankt zwischen den beiden Typen. Es gibt hier einen Bruch im Marxschen Denken. Es scheint zwischen einer »szientistischen« oder »positivistischen« Einstellung zum Determinismus und einer »hermeneutischen« Einstellung zu oszillieren. Diese Ambivalenz zeigt sich in der nachfolgenden Entwicklung des Marxismus (vgl. oben, Kap. I, Anm. 27).

So interpretiert z. B. Kon (1964, Bd. I, S. 290 ff.) die These des historischen Materialismus, daß die Geschichte und der soziale Prozeß von deterministischen Gesetzen regiert werden, als die Behauptung, daß historische Ereignisse auf der Makro-Ebene voraussagbar sind. Andere sehen im historischen Materialismus einen paradigmatischen Versuch, die Vergangenheit verständlich zu machen (vgl. oben, Abschn. 4). Ich selbst halte die letztere für die fruchtbarere Auffassung.

[27] D. h., es muß gezeigt worden sein, daß es als Handlung verstehbar ist. Vgl. Walsh 1959, S. 299.

[28] Siehe Foot 1957; ebenso Westermarck 1906, Kap. XIII.

Bibliographie

Diese Bibliographie zielt nicht auf Vollständigkeit ab; sie enthält nicht einmal alle wichtigeren Publikationen. Sie enthält vielmehr solche Beiträge, die ich bei meiner Arbeit zu Rate zog. Nicht alle hier aufgeführten Publikationen werden in den Anmerkungen auch tatsächlich erwähnt.

Ich verwende die folgenden Abkürzungen: APQ – American Philosophical Quarterly; BJPS – The British Journal for the Philosophy of Science; JHI – Journal of the History of Ideas; JP – The Journal of Philosophy; MW – Man and World; PAS – Proceedings of the Aristotelian Society; PPR – Philosophy and Phenomenological Research; PQ – The Philosophical Quarterly; PR – The Philosophical Review; PS – Philosophy of Science; RM – The Review of Metaphysics.

Abel, Th. 1948. »The Operation called ›Verstehen‹.« *American Journal of Sociology 54.* Erneut abgedruckt in und zitiert nach *Readings in the Philosophy of Science,* hrsg. von H. Feigl und M. Brodbeck. Appleton-Century-Crofts, New York, 1953.

Ackermann, R. 1965. »Deductive Scientific Explanation.« *PS 32.*

— 1967. »Explanations of Human Action.« *Dialogue 6.*

— 1969. »Mechanism, Methodology, and Biological Theory.« *Synthese 20.*

— und A. Stennes 1966. »A Corrected Model of Explanation.« *PS 33.*

Ajdukiewicz, K. 1934. »Das Weltbild und die Begriffsapparatur.« *Erkenntnis 4.*

Albert, H. 1968. *Traktat über kritische Vernunft.* J. C. B. Mohr, Tübingen.

Angel, R. B. 1967. »Explanation and Prediction: A Plea for Reason.« *PS 34.*

Anscombe, G. E. M. 1957. *Intention.* Basil Blackwell, Oxford.

Apel, K. O. 1955. »Das Verstehen (eine Problemgeschichte als Begriffsgeschichte).« *Archiv für Begriffsgeschichte 1.*

— 1966. »Wittgenstein und das Problem des hermeneutischen Verstehens.« *Zeitschrift für Theologie und Kirche 63.*

— 1967. *Analytic Philosophy of Language and the Geisteswissenschaften.* D. Reidel, Dordrecht-Holland. Ursprünglich veröffentlicht in *Philosophisches Jahrbuch 72,* 1965.

— 1968. »Szientistik, Hermeneutik, Ideologie-Kritik.« *MW 1.*

Aristoteles, *Ethica Nicomachea.*

Ashby, W. Ross 1952. *Design for a Brain: The Origin of Adaptive Behaviour.* John Wiley & Sons, New York (2nd rev. ed. 1960).

— 1956. *An Introduction to Cybernetics.* Chapman & Hall, London.

Ayala, F. J. 1970. »Teleological Explanation in Evolutionary Biology.« *PS 37.*

Berlin, I. 1954. *Historical Inevitability.* Oxford University Press.

Black, M. 1955. »Why Cannot an Effect Precede Its Cause?« *Analysis 16.*

— 1958. »Making Something Happen.« In S. Hook (Hrsg.) 1958.

181

Braithwaite, R. B. 1953. *Scientific Explanation*. Cambridge University Press.
Brandt, R., und J. Kim 1963. »Wants a Explanations of Actions.« *JP 60*.
Broad, C. D. 1926. *The Philosophy of Francis Bacon*. Cambridge University Press.
— 1930. »The Principles of Demonstrative Induction (I).« *Mind 39*.
— 1935. »Mechanical and Teleological Causation.« *PAS*, Suppl. Vol. 14.
— 1950. Critical Notice on Kneale 1949. *Mind 59*.
Brown, D. G. 1968. *Action*. Allen & Unwin, London.
Buckley, W. 1967. *Sociology and Modern Systems Theory*. Prentice-Hall, Englewood Cliffs, N.J.
— (Hrsg.) 1968. *Modern Systems Research for the Behavioral Scientist: A Sourcebook*. Aldine Publishing Company, Chicago.
Burks, A. W. 1951. »The Logic of Causal Propositions.« *Mind 60*.
Burtt, E. A. 1924. *The Metaphysical Foundations of Modern Physical Science*. Kegan Paul, Trench, Trubner & Co., London (2. rev. Ausg. 1932).

Campbell, N. 1921. *What Is Science?* Belege nach der Ausgabe Dover, New York, 1952.
Canfield, J. V. (Hrsg.). 1966. *Purpose in Nature*. Prentice-Hall, Englewood Cliffs, N.J.
Carr, E. H. 1961. *What Is History?* Macmillan, London.
Cassirer, E. 1946. »Galileo's Platonism.« In *Studies and Essays Offered in Homage to George Sarton*. Hrsg. von M. F. Ashley Montagu. Henry Schuman, New York.
Castañeda, H. N. 1960/1961. »Imperative Reasonings.« *PPR 21*.
Caws, P. 1965. *The Philosophy of Science*. D. Van Nostrand, Princeton, N.J.
Chisholm, R. M. 1946. »The Contrary-to-Fact Conditional.« *Mind 55*.
— 1966. »Freedom and Action.« In K. Lehrer (Hrsg.) 1966.
— und R. Taylor 1960. »Making Things to Have Happened.« *Analysis 20*.
Churchland, P. M. 1970. »The Logical Character of Action-Explanations.« *PR 79*.
Cohen, M. R. 1942. »Causation and its Application to History.« *JHI 3*.
Collingwood, R. G. 1940. *An Essay on Metaphysics*. Oxford University Press.
— 1946. *The Idea of History*. Oxford University Press.
Comte, A. 1830. *Cours de philosophie positive*.
— 1844. *Discours sur l'esprit positif*.
— 1851. *Le Système de politique positive*.
   [Comte 1830 (die ersten zwei »Leçons«) und 1844 hier zitiert nach der kommentierten Ausgabe von Ch. le Verrier (Classiques Garnier, Paris, 1949).]
Cornelius, H. 1903. *Einleitung in die Philosophie*. B. G. Teubner, Leipzig.
— 1931. »Zur Kritik der wissenschaftlichen Grundbegriffe.« *Erkenntnis 2*.
Cowan, J. L. 1968. »Purpose and Teleology.« *The Monist 52*.
Croce, B. 1938. *La Storia come Pensiero e come Azione*. Laterza & Figli, Bari.

Dahl, O. 1956. *Om årsaksproblemier i historik forskning* (Kausalitätsprobleme in der historischen Forschung). Universitetsforlaget, Oslo.
Danto, A. 1963. »What Can We Do?« *JP 60*.

182

— 1965a. »Basic Actions.« *APQ 2.*
— 1965b. *Analytical Philosophy of History.* Cambridge University Press.
— 1966. »Freedom and Forbearance.« In K. Lehrer (Hrsg.) 1966.
D'Arcy, E. 1963. *Human Acts.* Oxford University Press.
Daveney, T. F. 1966. »Intentions and Causes.« *Analysis 27.*
David, A. 1965. *La cybérnetique et l'humain.* Gallimard, Paris.
Davidson, D. 1963. »Actions, Reasons and Causes.« *JP 60.*
— 1967. »Causal Relations.« *JP 64.*
Derbolav, J. 1970. »Über die gegenwärtigen Tendenzen der Hegelaneignung.« *Akten des XIV. Internationalen Kongresses für Philosophie Wien 2.–9. September 1968.* Band V. Herder, Wien.
Desan, W. 1965. *The Marxism of Jean-Paul Sartre.* Doubleday, Garden City, N.Y.
Dilthey, W. 1883. *Einleitung in die Geisteswissenschaften.*
— 1894. *Ideen über eine beschreibende und zergliedernde Psychologie.*
— 1900. »Die Entstehung der Hermeneutik.«
— 1905. *Die Jugendgeschichte Hegels.*
— 1910. *Der Aufbau der geschichtlichen Welt in den Geisteswissenschaften.*
[Die obigen Werke veröffentlicht in W. Dilthey, *Gesammelte Schriften* (I–VII), B. G. Teubner, Leipzig, 1914–1927.]
Dingler, H. 1931. »Über den Aufbau der experimentellen Physik. *Erkenntnis 2.*
— 1953. »Was ist Konventionalismus?« *Actes du XIème Congrès International de Philosophie,* vol. 5. North-Holland, Amsterdam.
Donagan, A. 1962. *The Later Philosophy of R. G. Collingwood.* Oxford University Press.
— 1964/1966. »The Popper-Hempel Theory Reconsidered.« In W. H. Dray (Hrsg.) 1966.
Dray, W. H. 1957. *Laws and Explanation in History.* Oxford University Press.
— 1959. »›Explaining What‹ in History.« In P. Gardiner (Hrsg.) 1959.
— 1963. »The Historical Explanation of Actions Revonsidered.« In S. Hook (Hrsg.) 1963.
— 1968. »On Explaining How-Possibly.« *The Monist 52.*
— (Hrsg.) 1966. *Philosophical Analysis and History.* Harper and Row, New York.
Droysen, J. G. 1858. *Grundriß der Historik.*
— 1857/1937. *Enzyklopädie und Methodologie der Geschichte.*
[Beide veröffentlicht in J. G. Droysen, *Historik,* hrsg. von R. Hübner, Oldenburg, München, 1937.]
Ducasse, C. J. 1925. »Explanation, Mechanism, and Teleology.« *JP 22.*
— 1926. »On the Nature and the Observability of the Causal Relation.« *JP 23.*
— 1957. »On the Analysis of Causality.« *JP 54.*
— 1961. »Concerning the Uniformity of Causality.« *PPR 22.*
— 1965. »Causation: Perceivable? or Only Inferred?« *PPR 26.*
[Diese Arbeiten erneut abgedruckt in C. J. Ducasse, *Truth, Knowledge and Causation,* Routledge & Kegan Paul, London, 1968.]

Dummett, M. 1954. »Can an Effect Precede Its Cause?« *PAS*, Suppl. Vol. 28.
— 1964. »Bringing About the Past.« PR 73.
Durkheim, É. 1893. *De la division du travail social.*
— 1894. *Les règles de la méthode sociologique.*

Eberle, R., D. Kaplan, und R. Montague 1961. »Hempel and Oppenheim on Explanation.« *PS 28.*
Elster, J. 1969a. *Essays om Hegel og Marx.* Pax Forlag, Oslo.
— 1969b. »Teknologi og historie.« *Häften för kritiska studier 2.*
Eneroth, B. 1969/1970. »En tolkning av den marxistiska dialektiken« (»An Interpretation of Marxist Dialectics«), I–II. *Häften för kritiska studier* 2–3.
Engels, F. 1878. *Herrn Eugen Dührings Umwälzung der Wissenschaft* (»Anti-Dühring«).
— *Dialektik der Natur.* [Posth. veröffentl.]
— 1894. Letter to Starkenburg 25, I 1894. Zit. nach *Karl Marx und Friedrich Engels, Ausgewählte Schriften* II. Dietz, Berlin, 1955.

Fain, H. 1963. »Some Problems of Causal Explanation.« *Mind 72.*
Flew, A. 1954. »Can an Effect Precede Its Cause?« *PAS*, Suppl. Vol. 28.
— 1959. »Determinism and Rational Behaviour.« *Mind 68.*
Foot, Ph. 1957. »Free Will as Involving Determinism.« *PR 66.*
Frischeisen-Köhler, M. 1912. »Wilhelm Dilthey als Philosoph.« *Logos 3.*
Fromm, E. (Hrsg.) 1965. *Socialist Humanism.* Doubleday, Garden City, N.Y.

Gadamer, H. G. 1960. *Wahrheit und Methode, Grundzüge einer philosophischen Hermeneutik.* J. C. B. Mohr, Tübingen.
— 1964. »Kausalität in der Geschichte?« In *Ideen und Formen, Festschrift für Hugo Friedrich.* Vittorio Klostermann Verlag, Frankfurt/Main, Erneut in *Kleine Schriften* I.
— 1967. *Kleine Schriften* I–II. J. C. B. Mohr, Tübingen.
— 1969. »Hermeneutik.« In *Contemporary Philosophy* III, hrsg. von R. Klibansky. La Nuova Italia, Firenze.
— (Hrsg.) 1967. *Das Problem der Sprache.* Wilhelm Fink, München.
Gale, R. M. (Hrsg.) 1968. *The Philosophy of Time.* Macmillan, London.
Galileo, G. 1628. *Dialoghi sui massimi sistemi tolemaico e copernicano.*
— 1638. *Discorsi e dimostrazioni matematiche intorno à due nuove scienze.*
Gardiner, P. 1952. *The Nature of Historical Explanation.* Oxford University Press.
— 1966. »Historical Understanding and the Empiricist Tradition.« In *British Analytical Philosophy,* hrsg. von B. Williams und A. Montefiore. Routledge and Kegan Paul, London.
— (Hrsg.) 1959. *Theories of History.* The Free Press, Glencoe, Ill.
Gasking, D. 1955. »Causation and Recipes.« *Mind 54.*
Gluck, S. E. 1955. »Do Statistical Laws Have Explanatory Efficacy?« *PS 22.*
Goodman, N. 1947. »The Problem of Counterfactual Conditionals.« *JP 44.*
— 1954. *Fact, Fiction and Forecast.* The Athlone Press, London.
Gramsci, A. 1953. »Il materialismo storico e la filosofia di Benedetto Croce.« In *Opere* II. Feltrinelli, Milano.

184

Habermas, J. 1967. *Zur Logik der Sozialwissenschaften.* J. C. B. Mohr Tübingen.

Hall, A. D., und R. E. Fagen 1956. »Definitions of System.« In Buckley (Hrsg.) 1968.

Hamlyn, D. W. 1953. »Behaviour.« *Philosophy 28.*

Hampshire, St. 1959. *Thought and Action.* Chatto and Windus, London.

Hanson, N. R. 1959. »On the Symmetry of Explanation and Prediction.« *PR 68.*

Hart, H. L. A. 1961. *The Concept of Law.* Oxford University Press.

Hartmann, N. 1923. »Aristoteles und Hegel.« In N. Hartmann, *Kleinere Schriften* II. De Gruyter, Berlin, 1957.

— 1951. *Teleologisches Denken.* De Gruyter, Berlin.

Hegel, G. W. F. 1807. *Phänomenologie des Geistes.*

— 1812/1816. *Wissenschaft der Logik.*

— 1830. *Enzyklopädie der philosophischen Wissenschaften* (3. Auflage).

— *Jenenser Logik, Metaphysik und Naturphylosophie.* [posth. veröffentl., hrsg. von G. Lasson. Felix Meiner, Leipzig 1923.]

Hempel, C. G. 1942. »The Function of General Laws in History.« *JP 39.*

— 1959. »The Logic of Functional Analysis.« In *Symposium on Sociological Theory,* hrsg. von L. Gross. Harper und Row, New York.

— 1962. »Deductive-Nomological *vs.* Statistical Explanation.« In *Minnesota Studies in the Philosophy of Science* (III), hrsg. von H. Feigl und G. Maxwell. University of Minnesota Press.

— 1962/1966. »Explanation in Science and in History.« In W. H. Dray (Hrsg.) 1966.

— 1965. »Aspects of Scientific Explanation.« In *Aspects of Scientific Explanation and other Essays in the Philosophy of Science.* The Free Press, New York. Enthält auch Hempel 1942, 1959, und Hempel-Oppenheim 1948.

— und P. Oppenheim 1948. »Studies in the Logic of Explanation.« *PS 15.*

Henderson, G. P. 1968. »Predictability in Human Affairs.« In Vesey (Hrsg.) 1968.

Hobart, R. E. 1930. »Hume without Scepticism (I–II).« *Mind 39.*

Hook, S. (Hrsg.) 1958. *Determinism and Freedom.* New York University Press.

— (Hrsg.) 1963. *Philosophy and History.* New York University Press.

Hume, D. 1739. *A Treatise on Human Nature.*

— 1748. *An Enquiry Concerning the Human Understanding.*

— 1964. Eine Untersuchung über den menschlichen Verstand (hrsg. von R. Richter), Hamburg.

Iseminger, G. 1969. »Malcolm on Explanations and Causes.« *Philosophical Studies 20.*

Jaeger, W. 1934. *Paideia* I. Walter de Gruyter, Berlin.

Jarvis, J. 1962. »Practical Reasoning.« *PQ 12.*

Johnson, W. E. 1921/1924. Logic I–III. Cambridge University Press.

Kaila, E. 1956. *Terminalkausalität als Grundlage eines unitarischen Naturbegriffs.* I. Acta Philosophica Fennica 10.

Kaufmann, W. 1965. *Hegel*. Doubleday, Garden City, N.Y.

Kelsen, H. 1941. *Vergeltung und Kausalität, eine soziologische Untersuchung*. W. P. Van Stockum & Zoon, The Hague.

— 1949. *General Theory of Law and State*. Harvard University Press, Cambridge, Mass.

Kenny, A. 1963. *Action, Emotion and Will*. Routledge and Kegan Paul, London.

— 1966. »Practical Inference.« *Analysis 26*.

Keynes, J. M. 1921. *A Treatise on Probability*. Macmillan, London.

Kim, J. 1963. »On the Logical Conditions of Inductive Explanation.« *PS 30*.

Kirschenmann, R. R. 1969. *Information and Reflection, On Some Problems of Cybernetics and How Contemporary Dialectical Materialism Copes with Them*. D. Reidel, Dordrecht-Holland.

Klaus, G. 1961. *Kybernetik in philosophischer Sicht*. Dietz Verlag, Berlin.

Kneale, W. 1949. *Probability and Induction*. Oxford University Press.

— 1961. »Universality and Necessity.« *BJPS 12*.

Kolnai, A. 1968. »Agency and Freedom.« In Vesey (Hrsg.) 1968.

Kon, I. S. 1964. *Die Geschichtsphilosophie des 20. Jahrhunderts* I–II. Akademie-Verlag, Berlin.

Koyré, A. 1939, *Etudes galiléennes* I–III. Hermann Éditeurs, Paris.

Krajewski, W. 1963 »Spory i szkoły w filzofii marksistowskiej« (»Schulen und Kontroversen im Marxismus«). In *Szkice filozofizne* (Philosophische Entwürfe). Warschau.

Kuhn, Th. S. 1962. *The Structure of Scientific Revolutions*. University of Chicago Press.

— 1967. (Übers.) Die Struktur wissenschaftlicher Revolutionen, Frankfurt.

Kusý, M. 1970. »Szientismus oder Anthropologismus in der marxistischen Philosophie.« *Akten des XIV. Internationalen Kongresses für Philosophie Wien 2.–9. September 1968*. Band V. Herder, Wien.

Lagerspetz, K. 1959. *Teleological Explanations and Terms in Biology*. Ann. Zool. Soc. ›Vanamo‹ XIX: 6, Helsinki.

Lange, O. 1962. *Całość i rozwój świetle cybernetyki*. Państwowo Wydawnictwo Naukowe, Warszawa. Engl. Übers. *Wholes and Parts, A General Theory of System Behaviour*. Pergamon Press, Oxford.

Lauener, H. 1962. *Die Sprache in der Philosophie Hegels*. Paul Haupt, Bern.

Lehrer, K. (Hrsg.) 1966. *Freedom and Determinism*. Random House, New York.

Lenin, V. I. 1909. *Materializm i Empiriokrititsizm (Materialismus und Empiriokritizismus)*.

— 1918. *Gosudarstvo i revolytsia* (Staat und Revolution).

Lerner, D. (Hrsg.) 1965. *Cause and Effect*. The Free Press, New York.

Lewin, K. 1930/1931. »Der Übergang von der aristotelischen zur galileischen Denkweise in Biologie und Psychologie.« *Erkenntnis 1*.

Litt, Th. 1953. *Hegel, Versuch einer kritischen Erneuerung*. Quelle & Meyer, Heidelberg.

Losano, M. G. 1969. *Giuscibernetica, macchine e modelli cibernetici nel diritto*. Einaudi, Torino.

186

Louch, A. R. 1963. »The Very Idea of a Social Science.« *Inquiry 6*.
— 1966. *Explanation and Human Action*. Basil Blackwell, Oxford.
Lukács, G. 1948. *Der junge Hegel*. Europa Verlag, Zürich.
— 1955. »Zur philosophischen Entwicklung des jungen Marx.« *Deutsche Zeitschrift für Philosophie 2*.
Löwith, K. 1932. »Max Weber und Karl Marx,« I–II. *Archiv für Sozialwissenschaft und Sozialpolitik 67*.
— 1941. *Von Hegel zu Nietsche*. Europa Verlag, Zürich.

MacIntyre, A. 1957. »Determinism.« *Mind 66*.
— 1966. »The Antecedents of Action.« In *British Analytical Philosophy*, Hrsg. B. Williams und A. Montefiore. Routledge and Kegan Paul, London.
Mackie, J. L. 1965. »Causes and Conditions.« *APQ 2*.
— 1966. »The Direction of Causation.« *PR 75*.
Malcolm, N. 1967. Rev. of Ch. Taylor 1964. *PR 76*.
— 1968. »The Conceivability of Mechanism.« *PR 77*.
Mandelbaum, M. 1938. *The Problem of Historical Knowledge*. Liveright Publishing Corporation, New York.
— 1942. »Causal Analysis in History.« *JHI 3*.
Marc-Wogau, K. 1962. »On Historical Explanation.« *Theoria 28*.
Marcuse, H. 1932. *Hegels Ontologie und die Grundlegung einer Theorie der Geschichtlichkeit*. Vittorio Klostermann Verlag, Frankfurt am Main.
— 1941. *Reason and Revolution: Hegel and the Rise of Social Theory*. Oxford University Press.
— 1970. (Übers.) Vernunft und Revolution, Neuwied und Berlin.
Marković, M. 1969. »Basic Characteristics of Marxist Humanism.« *Praxis 5*.
Martin, J. M. 1969. »Another Look at the Doctrine of Verstehen.« *BJPS 20*.
Marx, K. 1859. *Zur Kritik der politischen Ökonomie*.
— 1867/1894. *Das Kapital* I–III.
Maurer, R. K. 1965. *Hegel und das Ende der Geschichte*. W. Kohlhammer Verlag, Stuttgart.
Maxwell, N. 1968. »Can There be Necessary Connections between Successive Events?« *BJPS 19*.
Mayr, E. 1965. »Cause and Effect in Biology.« In D. Lerner (Hrsg.) 1965.
McCormick, S., und I. Thalberg. 1967. »Trying.« *Dialogue 6*.
Melden, A. I. 1961. *Free Action*. Routledge and Kegan Paul, London.
Mill. J. St. 1843. *A System of Logic*.
— 1873. (Übers.) System der deductiven und inductiven Logik, Leipzig.
— 1865. »August Comte and Positivism.« *Westminster Review*.
Nagel, E. 1951. »Mechanistic Explanation and Organismic Biology.« *PPR 11*.
— 1953. »Teleological Explanation and Teleological Systems.« *Readings in the Philosophy of Science*, hrsg. von H. Feigl und M. Brodbeck, Appleton-Century-Crofts, New York.
— 1961. *The Structure of Science*. Harcourt, Brace and World, New York.
— 1965. »Types of Causal Explanation in Science.« In D. Lerner (Hrsg.) 1965.

Nerlich, G. C., und W. A. Suchting. 1967. »Popper on Law and Natural Necessity.« *BJPS 18*.

Neurath, O. 1931. *Empirische Soziologie*. Julius Springer, Wien.

Oakeshott, M. 1933. *Experience and Its Modes*. Cambridge University Press.

Pears, D. 1968. »Desires as Causes of Actions.« In Vesey (Hrsg.) 1968.

Poincaré, H. 1902. *La science et l'hypothèse*. Flammarion, Paris.

Popper, K. 1935. *Logik der Forschung*. Julius Springer, Wien.

— 1945. *The Open Society and Its Enemies* I–II. Routledge und Kegan Paul, London.

— 1957/1958. (Übers.) Die offene Gesellschaft und ihre Feinde. Bern/München.

— 1957. *The Poverty of Historicism*. Routledge and Kegan Paul, London.

— 1969. (Übers.) Das Elend des Historizismus. Tübingen.

— 1967. »A Revised Definition of Natural Necessity.« *BJPS 18*.

Pritchard, H. A. 1945. »Acting, Willing, Desiring.« *Moral Obligation: Essays and Lectures*. Oxford University Press, 1949.

Quetelet, A. 1846. *Lettres sur la théorie des probabilités appliquée aux sciences morales et politiques*.

— 1848. *Du systéme sociale et des lois que le regnissent*.

Radnitzky, G. 1968. *Contemporary Schools of Metascience* I–II. Akademiförlaget, Gothenburg.

Rapp, Fr. 1968. *Gesetz und Determination in der Sowjetphilosophie*. D. Reidel, Dordrecht-Holland.

Reid, Th. 1788. *Essays on the Active Powers of Man*.

Rescher, N. 1963. »Discrete State Systems, Markov Chains, and Problems in the Theory of Scientific Explanation and Prediction.« *PS 30*.

— 1966. »Practical Reasoning and Values.« *PQ 16*.

Rosenblueth, A. und N. Wiener 1950. »Purposeful and Non-Purposeful Behaviour.« *PS 17*. Erneut in Buckley (Hrsg.) 1968.

Rosenblueth., A., N. Wiener und J. Bigelow. 1943. »Behaviour, Purpose, and Teleology.« *PS 10*. Erneut in Canfield (Hrsg.) 1966 und Buckley (Hrsg.) 1968.

Russell, B. 1912/1913. »On the Notion of Cause.« *PAS 13*. Zitiert nach *Mysticism and Logic,* Penguin Books, London, 1953.

Sartre, J.-P. 1960. *Critique de la Raison Dialectique* I. Gallimard, Paris.

Schaff, A. 1961. *Marksizm a egzystencjalizm* (Marxismus und Existentialismus). Warschau.

Scheffler, I. 1957. »Explanation, Prediction, and Abstraction.« *BJPS 7*.

Schütz, A. 1932. *Der sinnhafte Aufbau der sozialen Welt, eine Einleitung in die verstehende Soziologie*. Julius Springer, Wien.

— 1962. *Collected Papers: I. The Problem of Social Reality*. Hrsg von M. Natanson. Martinus Nijhoff, The Hague.

— 1964. *Collected Papers: II. Studies in Social Theory*. Hrsg. von A. Brodersen. Martinus Nijhoff, The Hague.

188

Scriven, M. 1959. »Truisms as the Grounds for Historical Explanation.« In P. Gardiner (Hrsg.) 1959.

— 1964. »The Structure of Science.« Critical study of Nagel 1961. *RM 17*.

Simmel, G. 1892. *Die Probleme der Geschichtsphilosophie*. Duncker & Humblot, Leipzig.

— 1918. *Vom Wesen des historischen Verstehens*. E. S. Mittler & Sohn. Berlin.

Simon, H. 1952. »On the Definition of the Causal Relation.« *JP 49*.

— 1953. »Causal Ordering and Identifiability.« *Studies in Econometric Method*, hrsg. von W. C. Hood und T. C. Koopmans. John Wiley & Sons, New York. Erneut in Lerner (Hrsg.) 1965. Zit. nach Lerner (Hrsg.) 1965.

— und N. Rescher 1966. »Cause and Counterfactual.« *PS 33*.

Simon, J. 1966. *Das Problem der Sprache bei Hegel*. W. Kohlhammer Verlag, Berlin.

Skjervheim, H. 1959. *Objectivism and the Study of Man*. Universitetsvorlaget, Oslo.

Skolimowki, H. 1965. »Analytical Linguistic Marxism in Poland.« *JHI 26*. Erneut in H. Skolimowski, *Polish Analytical Philosophy*. Routledge und Kegan Paul, London, 1967.

Stegmüller, W. 1969. *Probleme und Resultate der Wissenschaftstheorie, I. Wissenschaftliche Erklärung und Begründung*. Springer Verlag, Berlin.

Stein, A. 1913. *Der Begriff des Geistes bei Dilthey*. Max Drechsel, Bern.

Stoutland, F. 1968. »Basic Actions and Causality.« *JP 65*.

— 1970. »The Logical Connection Argument.« *APQ 7*.

Suchting, W. A. 1967. »Deductive Explanation and Prediction Revisited.« *PS 34*.

Suppes, P. 1970. *A Probabilistic Theory of Causality*, North-Holland, Amsterdam.

Taylor, Ch. 1964. *The Explanation of Behaviour*. Routledge and Kegan Paul, London.

— 1966. »Marxism and Empiricism.« In *British Analytical Philosophy*, hrsg. von B. Williams und A. Montefiore. Routledge and Kegan Paul, London.

Taylor, R. 1950a. »Comments on a Mechanistic Conception of Purposefulness.« *PS 17*.

— 1950b. »Purposeful and Non-Purposeful Behavior: A Rejoinder.« *PS 17*.

— 1966. *Action and Purpose*. Prentice-Hall, Englewood Cliffs, N.J.

Thomson, G. M. 1964. *The Twelve Days*. Hutchinson, London.

Tranøy, K. E. 1962. »Historical Explanation: Causes and Conditions.« *Theoria 28*.

Vanquickenborne, M. 1969. »An Analysis of Causality in Everyday Language.« *Logique et Analyse 12*.

Vesey, G. N. A. (Hrsg.) 1968. *The Human Agent*. Macmillan, London.

Wach, J. 1926/1933. *Das Verstehen, Grundzüge einer Geschichte der hermeneutischen Theorie im 19. Jahrhundert* I–III. J. C. B. Mohr, Tübingen.

Waismann, Fr. 1953. »Language Strata.« *Logic and Language*. 2nd Series, hrsg. von A. Flew. Basil Blackwell, Oxford.

Wallace, J. D. 1969. »Practical Inquiry.« *PR 78.*
Walsh, W. H. 1942. »The Intelligibility of History.« *Philosophy 27.*
— 1951. *An Introduction to the Philosophy of History.* Hutchinson, London.
— 1959. »›Meaning‹ in History«. In P. Gardiner (Hrsg.) 1959.
— 1962/1963. »Historical Causation.« *PAS 63.*
Weber, M. 1913. »Über einige Kategorien der verstehenden Soziologie.« *Logos 4.*
— 1921. *Wirtschaft und Gesellschaft, Grundriß der verstehenden Soziologie.* 4. Auflage, J. C. B. Mohr, Tübingen 1956.
— *Gesammelte Aufsätze zur Wissenschaftslehre.* J. C. B. Mohr. Tübingen 1922. (Enthält Weber 1913.)
Westermarck, E. 1906. *The Origin and Development of the Moral Ideas* I. Macmillan, London.
Whewell, W. 1858. *Novum Organon Renovatum* (3. Auflage). John W. Parker & Son, London.
White, A. R. 1967. *The Philosophy of Mind.* A. A. Knopf, New York.
Whiteley, C. H. 1968. »Mental Causes.« In Vesey (Hrsg.) 1968.
Wiener, N. 1948. *Cybernetics.* The M. I. T. Press. Cambridge, Mass.
Wilenius, R. 1967. *Filosofia ja politiikka (Philosophie und Politik).* Tammi, Helsinki.
Winch, P. 1958. *The Idea of a Social Science and Its Relation to Philosophy.* Routledge and Kegan Paul, London.
— 1966. (Übers.) Die Idee der Sozialwissenschaft und ihr Verhältnis zur Philosophie. Frankfurt.
— 1964a. »Understanding a Primitive Society.« *APQ 1.*
— 1964b. »Mr. Louch's Idea of a Social Science.« *Inquiry 7.*
Windelband, W. 1894. »Geschichte und Naturwissenschaft.« Erneut in *Präludien,* 3. Auflage, J. C. B. Mohr, Tübingen 1907.
Wittfogel, K. A. 1932. »Die natürlichen Ursachen der Wirtschaftsgeschichte« I–III. *Archiv für Sozialwissenschaft und Sozialpolitik 67.*
Wittgenstein, L. 1921/1922. *Tractatus logico-philosophicus.* Kegan Paul, London.
— 1953. *Philosophische Untersuchungen.* Basil Blackwell, Oxford.
— 1964. *Philosophische Bemerkungen.* Basil Blackwell, Oxford.
— 1967a. *Zettel.* Basil Blackwell, Oxford.
— 1967b. *Gespräche, aufgezeichnet von Friedrich Waismann,* hrsg. von B. F. McGuinness. Suhrkamp, Frankfurt am Main.
— 1969. *Philosophische Grammatik.* Suhrkamp, Frankfurt am Main.
Von Wright, G. H. 1941/1957. *The Logical Problem of Induction,* 2. rev. Auflage. Basil Blackwell, Oxford.
— 1951. *A Treatise on Induction and Probality.* Routledge and Kegan Paul, London.
— 1957. »On Conditionals«. *Logical Studies.* Routledge and Kegan Paul, London.
— 1963a. *Norm and Action.* Routledge and Kegan Paul, London.
— 1963b. »Practical Inference.« *PR 72.*
— 1965. »›And Next.‹« *Acta Philosophica Fennica 18.*
— 1968a. »›Always.‹« *Theoria 34.*

— 1968b. »The Logic of Practical Discourse.« In *Contemporary Philosophy* I, hrsg. von R. Klibansky. La Nuova Italia, Firenze.
— 1968c. *An Essay in Deontic Logic and the General Theory of Action.* North-Holland, Amsterdam.
— 1969. *Time, Change and Contradiction.* Cambridge University Press.

Yolton, J. W. 1966. »Agent Causality.« *APQ 3.*

Namenregister

Sachregister

Fischer Athenäum Taschenbücher

Literatur- und Sprachwissenschaft

Peter U. Beicken

Forschungsbericht zu Franz Kafka

ca. 240 Seiten (FAT 2014)

Uta Quasthoff

Soziales Vorurteil und Kommunikation

Eine sprachwissenschaftliche Analyse des Stereotyps

ca. 300 Seiten (FAT 2025)

Viktor Žmegač/ Zdenko Škreb (Hg.)

Zur Kritik literatur- wissenschaftlicher Methodologie

ca. 240 Seiten (FAT 2026)

Utz Maas

Linguistik als Legiti- mationswissenschaft

Argumente für die Emanzipation des Sprachunterrichts

ca. 240 Seiten (FAT 2058)

Hugo Dittberner

Heinrich Mann Eine kritische Einführung

ca. 200 Seiten (FAT 2053)

Heinz Ludwig Arnold (Hg.)

Deutsche Literatur im Exil

Geschichte der deutschen Literatur aus Methoden Band 6

ca. 300 Seiten (FAT 2035)

Christa Bürger

Textanalyse als Ideologiekritik

Studien zur zeitgenössischen Unterhaltungsliteratur

ca. 160 Seiten (FAT 2063)

Dietger Pforte (Hg.)

Comics im ästhetischen Unterricht

ca. 220 Seiten (FAT 2061)

Diese Titel sind in einer Leinen- ausgabe im Athenäum Verlag, Frankfurt, erhältlich.

Sozial-
wissenschaften
Wissenschafts-
forschung

Peter Weingart (Hrsg.)
Wissenschaftssoziologie I
Wissenschaftliche Entwicklung als sozialer Prozeß
1973, 320 Seiten, Leinen, DM 28,—

Peter Weingart (Hrsg.)
Wissenschaftssoziologie II
Determinanten wissenschaftlicher Entwicklung
1973, ca. 300 Seiten, Leinen, ca. DM 28,—

J. S. Spiegel-Rösing
Wissenschaftsentwicklung und Wissenschaftssteuerung
Einführung in die Wissenschaftsforschung
1973, ca. 250 Seiten, kart., ca. DM 18,—

Peter Weingart (Hrsg.)
Perspektiven der Wissenschaftsforschung
Eine Vorlesungsreihe: Lakatos, Kambartel, Oehler, Krohn/
Van de Daele, Radnitzky u. a.
1973, ca. 300 Seiten, kart., ca. DM 24,—

ATHENÄUM VERLAG